民航运输类专业"十二五"规划教材

管理学原理与实务

何锋 郭凤 主编

国防工业出版社

·北京·

内 容 简 介

本书全面系统地介绍了管理学的基础理论知识和实践技能,可分为两大部分,共 10 个学习单元。第一部分包括学习单元一至学习单元三,主要介绍管理的基本概念、性质和职能,管理者以及管理的基本理论和方法,管理理论的演变过程,组织内外部的环境及其对企业的影响,管理道德和社会责任的概念和意义。第二部分包括学习单元四至学习单元十,以管理的五大职能为主线展开,主要介绍了决策、计划、组织、机组资源管理、领导、控制、创新的具体内容。

本书可作为高等职业院校管理学课程的教材,也可作为行业培训教材或广大管理者学习的参考书。

图书在版编目(CIP)数据

管理学原理与实务/何锋,郭凤主编. —北京:国防工业出版社,2016.3 重印
民航运输类专业"十二五"规划教材
ISBN 978-7-118-09955-3

Ⅰ.①管… Ⅱ.①何…②郭… Ⅲ.①管理学—高等学校—教材 Ⅳ.①C93

中国版本图书馆 CIP 数据核字(2015)第 002885 号

※

*国防工业出版社*出版发行
(北京市海淀区紫竹院南路 23 号 邮政编码 100048)
三河市众誉天成印务有限公司印刷
新华书店经售

*

开本 787×1092 1/16 印张 16½ 字数 324 千字
2016 年 3 月第 1 版第 2 次印刷 印数 4001—10000 册 定价 36.00 元

(本书如有印装错误,我社负责调换)

国防书店:(010)88540777 发行邮购:(010)88540776
发行传真:(010)88540755 发行业务:(010)88540717

《管理学原理与实务》
编 委 会

主　编　何　锋　郭　凤

副主编　王云佩　高雪姣

参　编　马春婷　刘智勇　孔祥哲

前　言

管理自古就有,无处不在,管理活动是人类社会最普遍的活动。管理学作为研究管理活动中一般原理和方法的学科,既是一门科学,也是一门艺术。任何组织的管理活动都必须遵循管理学所揭示的一般规律和基本原理,这就要求管理者必须掌握一定的管理知识;同时,管理学也是一门实践性和应用性很强的学科,这就要求管理者能够创造性和艺术性地运用自己所掌握的理论知识,解决管理工作中遇到的实际问题,而不能犯教条主义的错误。

当今时代的管理环境瞬息万变,市场竞争日趋激烈,为管理工作带来了巨大的挑战,传统的管理模式和方法已经不能满足管理的需要。管理者要积极探索新思路、新方法,打破陈规,以创新的手段解决遇到的新问题,应对复杂多变的管理环境。

本书根据高职高专教育教学和人才培养的目标,结合高职高专课程改革和教材建设规划的要求,致力于培养"基础理论知识适度、技术应用能力强、知识面较宽、素质高"的应用型、技能型人才。针对高职学生基础理论知识薄弱、学习兴趣不浓等特点,本着理论够用、实践为主的原则,本书围绕管理活动的五大职能(计划、组织、领导、控制和创新)展开,系统地介绍了管理学的基本知识和理论。

本书的语言简洁明了,通俗易懂,用学生容易接受和理解的表达进行理论阐述。每一单元前都精心选择了导入案例,提起学生的学习兴趣;设置学习目标,明确知识要点和能力要求;理论知识中穿插大量的拓展案例,帮助学生更好地理解所学知识;每单元后都有管理故事和管理定律,增加了教材的趣味性,拓展了学生的知识面;本单元小结对主要知识点进行概括,方便学生记忆和复习;思考与讨论题可以进一步巩固课堂所学知识,训练项目可增强学生动手动脑的实践能力,案例分析有助于培养学生综合分析和解决实际管理问题的能力。本书的内容设置注重理论和实践的结合,强调教学形式和手段的创新。

何锋负责本书总体统稿并负责学习单元一的编写,王云佩负责学习单元二、四、五内容的编写,郭凤负责学习单元三、七、八内容的编写,高雪姣负责学习单元六、九、十内容的编写。本书在编写过程中,参考了大量的相关书籍和网络资源,由于篇幅所限未能在书中一一列出,在此对相关作者表示衷心的感谢和诚挚的歉意! 同时,对三

V

亚航空旅游职业学院各位领导和同仁在编写过程中给予的大力支持和热心帮助深表感谢！

由于时间的仓促和编者的水平有限，书中难免存在疏漏和错误，敬请广大读者批评指正！

编者

目　录

学习单元一　管理概论

导入案例

宴会中的管理学

有一天,一位管理学家参加朋友举办的一个宴会。

酒过三巡之后,宴会的主人给管理学家出了一个题目。他说,"你是做管理的,你有没有什么办法能够让我们这次宴会更加成功呢?"管理学家说,"那我就试着用管理的方法来完成这个任务吧。"接下来,管理学家通过管理学的方法圆满地完成了主人交给他的任务。

宴会主人举办这次宴会的核心目的有两个:一是让大家能够有机会进行充分的沟通和交流;二是让大家在一起能够玩得尽兴。因此,针对这两个目的,管理学家分别采取了两个步骤。

第一,建立能够激发大家参与热情并带有内在激励性质的目标任务机制。参加宴会的朋友们来自各个不同的行业,有高校的教授、有政府的官员、有企业的领导等,不一而足。但大家都有一个共同的特点:都具有丰富的工作和生活经历,对工作、对人生都有自己独立的看法。因此,建立的第一个规则就是,请大家轮流说说自己最近一段时间以来最大的心得体会,说得好的,大家敬他一杯。结果大家发言非常踊跃,有的人是独立表达自己的感受和观点;有的人是在附和、论证、补充、深挖前面人的观点;还有的人则是挑战前面人的观点。气氛非常热烈。一轮下来,十几个人都讲完了,两瓶酒也喝完了。而且,更为重要的是,话匣子打开之后,大家纷纷要求进行自由辩论,纷纷要求表达自己的观点,气氛热烈得甚至大家都忘记了喝酒和吃菜。于是,为了既让大家尽兴,又能让大家充分表达自己的观点,管理学家又采取了第二步措施:建立一套大家都认同的发言规则,既保证大家都拥有平等表达自己意见的机会,又保证大家能够根据自己的酒量喝得恰到好处,能够尽兴。

管理学家首先给大家建立了四条规则,并在大家一致同意后执行。

(1)任何人都拥有发言权,但是有一个前提条件:发言前必须先把自己杯中的酒喝光。谁喝光了酒,谁就拥有两分钟的发言权。不喝酒的,没有发言权。

(2)如果自己不想发言,但是想听某一个人的观点,那可以把自己面前的酒喝光,然后把两分钟的发言权授权给指定的人。

(3)选举一个主持人,负责维护游戏规则;选举一个时间管理员,负责进行时间监督。

(4) 所有被主持人认定违反规则的人,自动喝光面前的酒,并被剥夺一次发言权。两次违规的,剥夺当晚发言权。主持人违反规则的,自罚三杯,取消主持人资格,并剥夺当晚发言权。

规则一出,场面立即变得非常有趣:想发言的人急不可待地喝光了杯中酒,滔滔不绝地开始演讲,但时间一到,就被中止发言,不论是他自己想说,还是别人想听,都得有人喝酒;而想反对别人观点、又不想喝酒、又没有人授权给他发言的那位,则不断地用鼻音发出的"哼哼"声表示反对,把大家逗得哈哈大笑……

不知不觉中,四瓶红酒全部喝完,但没有人喝醉,而且,大家都觉得今天的晚宴既分享了思想、增长了知识、增进了友谊,又没有让任何一个人喝多。每次喝酒都是自觉自愿的。大家都感叹管理的力量。

其实,整个晚上,管理学家使用的管理方法主要就是两个:一个是运用工作设计的原理和方法,针对宴会目标和参与者的特点设计一个能够激发大家参与热情的"工作"任务,调动大家的参与(工作)热情;第二个就是等大家的激情都调动起来之后,运用团队管理的方法,建立科学合理并被大家接受和认同的游戏规则,可以让大家在规则下充分发挥自己的水平,包括喝酒的水平、表达观点的水平、征服别人的水平。

管理启示:管理就在我们身边,生活中时时处处都存在着锻炼我们管理能力的、实践我们管理理论的机会,只要我们做一个有心的人,就能够不断地提高自己的管理水平,使我们的生活和工作越来越好。

(资料来源:世界经理人网站,http://blog.ceconlinebbs.com/BLOG_ARTICLE_2784.HTM)

学习目标

1. 掌握管理的基本概念。
2. 理解管理的职能与性质。
3. 熟悉管理者的分类、角色及管理技能。
4. 认识管理的基本原理和方法。

第一节　管理的概念、性质与职能

一、管理的概念

"一千个人眼中有一千个哈姆雷特。"对于"管理是什么"这一问题的答案,也同样没有定论,从不同的角度理解,管理就有不同的含义。

管理活动自古就有,但把管理作为一门学科进行系统的研究,是最近一两百年的事情。无数的学者、管理思想家以及企业管理的实践者,通过长期的实践探索与研究,总结出各种管理理论与方法,将管理变成一门科学、一门艺术、一门哲学。不过,一直以来,不同的人对于管理仍然有着不同的认知与态度。

"科学管理之父"弗雷德里克·泰勒(Frederick Winslow Taylor)认为:"管理就是确切地知道你要别人干什么,并使他用最好的方法去干。"在泰勒看来,管理就是指挥他人能用最好的办法去工作。

诺贝尔奖获得者赫伯特·西蒙(Herbert A. Simon)对管理的定义是:"管理就是制定决策。"

"现代管理学之父"彼得·德鲁克(Peter F. Drucker)认为:"管理是一种工作,它有自己的技巧、工具和方法;管理是一种器官,是赋予组织以生命的、能动的、动态的器官;管理是一门科学,一种系统化的并普遍适用的知识;同时管理也是一种文化。"

亨利·法约尔(Henri Fayol)认为:"管理是所有的人类组织都有的一种活动。这种活动是由五项要素组成的:计划、组织、指挥、协调和控制。"

斯蒂芬·P. 罗宾斯(Stephen P. Robbins)给管理的定义是:"所谓管理,是指同别人一起,或通过别人使活动完成得更有效的过程。"

以上是几个具有代表性的管理概念的观点,从不同的角度和研究方向对管理的本质提出了看法。综合各家之说,本书认为管理的概念为:在一定的组织中,管理者通过计划、组织、领导、控制及创新等手段,协调人力、物力、财力、信息等资源,以期高效地达到组织目标的过程。

对于这一概念的理解可以从以下几个层面进行:

1. 管理的载体是组织

组织是两个或两个以上的个人为了实现共同的目标组合而成的有机整体,比如班级、学校、企业、国家都是我们所说的组织。单独的个人行为不构成管理,管理必须通过一定的组织来发挥它的功能,管理离不开组织。

2. 管理的本质是协调

组织拥有的人力、物力、财力、时间、信息等都是被管理的对象,这些组织资源是有限的,管理者需要通过计划、组织、领导、控制和创新等管理手段最大限度地使各项资源得到合理的优化配置。

3. 管理的目的是为了实现组织目标

管理是一项有目的的活动,所有的管理活动都是围绕实现组织的目标来展开的。实现不了组织目标,那么一切活动都将成为无用功,任何付出都会毫无意义。组织目标的实现程度直接决定管理活动的效果。

4. 管理的过程是一系列相互关联、连续进行的活动

具体的管理工作必须要通过计划、组织、领导、控制、创新等管理职能来开展,这些职能相互联系、相互制约,构成完整的管理活动。

拓展案例

袋鼠与笼子

有一天动物园管理员们发现袋鼠从笼子里跑出来了,于是开会讨论,一致认为是笼子的高度过低。所以他们决定将笼子的高度由原来的 10 米加高到 20 米。结果第二天他们发现袋鼠还是跑到外面来,所以他们又决定再将高度加高到 30 米。没想到隔天居然又看到袋鼠全跑到外面,于是管理员们大为紧张,决定一不做二不休,将笼子的高度加高到 100 米。

一天长颈鹿和几只袋鼠在闲聊,"你们看,这些人会不会再继续加高你们的笼子?"长颈鹿问。

"很难说。"袋鼠说:"如果他们再继续忘记关门的话!"

管理启示:事有"本末""轻重""缓急",关门是本,加高笼子是末,舍本而逐末,当然会不得要领。管理是什么? 管理的本质就是抓事情的主要矛盾和次要矛盾,认清事情的"本末""轻重""缓急",然后从重要的方面下手。

思考讨论:你在日常生活中有没有遇到过类似情形? 你是如何认识管理的?

(资料来源:世界经理人论坛,http://www.ceconlinebbs.com/FORUM_POST_900001_900003_790677_0.HTM)

二、管理的性质

1. 管理的自然属性和社会属性

管理二重性理论指出:凡是直接生产过程具有社会结合过程的形态,而不是表现为独立生产者的孤立劳动的地方,都必然会产生监督劳动和指挥劳动,不过它具有二重性。这里所说的"监督劳动与指挥劳动"实际上就是指管理的二重性,即管理为了合理组织社会生产力所表现出来的自然属性和在一定社会生产关系下所体现的社会属性。

1)自然属性

管理的自然属性是与生产力、社会化大生产相联系的,体现了管理出现的客观必然性。任何社会,只要进行有组织的实践活动,人与人之间必然要进行分工协作,管理也就必不可少。凡是许多人进行协作的劳动,过程的联系和统一都必须表现在一个指挥的意志上,就像一个乐队要有一个指挥一样。社会化的共同劳动需要管理,需要按照社会化大生产的要求,合理地进行计划、组织、领导和控制。

管理的自然属性不受生产关系性质和社会制度的约束,它只取决于生产力的发展水平,这是管理的共性。随着生产力的提高,社会化大生产规模随之扩大,管理的功能和水平也会随之提高。因此,管理的理论、方法和技术是不分国界、不分阶级的,"古为今用""洋为中用"正是体现了这一点。

2)社会属性

管理的社会属性是与生产关系、社会制度相联系的,体现了管理出现的目的性。任何管理活动都是在特定的生产关系条件下进行的,受到一定的社会制度的影响和制约,管理活动必然要体现特定生产关系的要求,维护和巩固一定的生产关系。

管理的社会属性表明,社会的生产关系决定着管理的性质,决定着管理的体制,决定着管理方式、手段的选择和运用,决定着管理的目的。在资本主义社会,管理者服务于自己阶级的利益;在社会主义国家,管理者为提高劳动者的物质文化生活水平、为劳动者的全面发展服务。

在不同的生产关系和社会制度下,管理的自然属性相同,但是社会属性却不同。因此,对待资本主义国家的管理理论、方法和经验,我们必须辩证地学习与借鉴,要"取其精华,去其糟粕",不可盲目照搬照用。

2. 管理的科学性与艺术性

管理既是一门科学,又是一门艺术。管理的科学性与艺术性相互作用、相互结合,才能共同发挥管理的功能,促进组织目标的实现。

1)科学性

管理的科学性指人类在长期的社会实践活动中,将管理活动的规律进行总结,形成原则、程序和方法,建立系统化的理论体系,用理论来指导自己的实践。管理的科学性要求人们在管理活动中不断探索和发现管理的规律,遵循规律办事。

2)艺术性

管理的艺术性是指在实践中创造性地运用管理理论知识的技巧,必须将管理理论与具体的实践活动相结合。在实际的管理过程中,管理者面对的管理环境和管理对象都是复杂多变的,也会存在许多未知的、无法预料的因素,管理者必须能够随机应变。管理没有一成不变的模式,没有放之四海而皆准的经验,管理的原理与方法也应该随着时间、空间的改变而改变。

管理的科学性与艺术性并不矛盾。管理需要有科学的理论做指导,没有理论指导的实践是盲目的,盲目的实践大多是要失败的,我们在生产、生活中应该正确地遵循事物发展的客观规律。同时,具体的管理活动都是在特定的环境下进行的,它要求管理者能够因时因地制宜,灵活地、创造性地运用管理科学。

拓展案例

海南农民种植的一种叫"白象牙"的芒果,因为在开花时受精受粉不完全,导致"发育不良",结出的果只有鸡蛋般大小,这种果子学名称为"败育果"。前几年,这种果只能作为淘汰品处理。但是,原本要扔掉的小东西,在通过合理的转换后却变成了"珍珠果"。这种果由于其口感好,果肉中几乎没有纤维,核小甚至无核,深受人们的欢迎。经过转变的"珍珠果"在市场上的售价是正常大小的优质象牙芒果售价的2~3倍,而且供不应求。在海口、广州、深圳等地,这种小个的象牙芒果成为当地人的送礼佳品。

管理启示:气候还是那个气候,芒果还是那个芒果,但结果却大不相同。这就是管理的应变性,遇到不同的情况、不同的对象,进行不同的处理。

(资料来源:百度文库)

三、管理的职能

所谓管理职能,是管理过程中各项行为的内容的概括,是人们对管理工作应有的一般过程和基本内容所做的理论概括。管理工作是由一系列相互关联、连续进行的活动构成的,这些活动包括计划、组织、领导、控制、创新等,它们构成管理的基本职能。

最早系统地提出管理职能的是法国的管理学家法约尔。他在《工业管理与一般管理》一书中提出管理包括计划、组织、指挥、协调、控制五个职能。在法约尔之后,许多学者根据社会环境的新变化,对管理的职能进行了进一步的探究,有了许多新的认识。但当代管理学家们对管理职能的划分,大体上没有超出法约尔的范围。

古利克和厄威克认为,管理的职能是计划、组织、人事、指挥、协调、报告、预算。

哈罗德·孔茨和西里尔·奥唐奈里奇认为,管理的职能是计划、组织、人事、领导和控制。

20世纪60年代以来,西蒙等人在解释管理职能时,突出了决策职能。

美国学者米和希克斯在总结前人对管理职能分析的基础上,提出了创新职能。

综合前人对管理职能的认识,本书较为赞同国内一些学者的观点,将管理职能划分为计划、组织、领导、控制、创新等五项基本职能。

1. 计划职能

计划职能是指管理者事先对未来应采取的行动所作的谋划和安排。计划是管理的首要职能,组织在从事任何一项活动之前,都要首先制定计划,确保达成组织目标。计划职能一般包括:调查与预测、组织目标的确定、具体的计划安排等。

2. 组织职能

组织职能是指按计划对组织活动中的各种要素和人们在工作中的分工合作关系进行合理的安排。组织职能对于发挥集体力量、合理配置资源、提高劳动生产率具有重要的作用。管理学认为,组织职能一方面是指为了实施计划而建立起来的一种结构,该种结构在很大程度上决定着计划能否得以实现;另一方面是指为了实现计划目标所进行的组织过程。组织职能一般包括:设计和建立组织结构、配备人员、组织运行和变革。

3. 领导职能

领导职能是指领导者运用组织赋予的权力,组织、指挥、协调和监督下属人员,完成领导任务的职责和功能。组织中最重要的资源是人,作为一个领导,其主要的责任是激发下属人员的潜能,让每一个下属工作人员的潜力发挥到最大。领导职能一般包括:选择正确的领导方式;指挥、协调和激励下属,调动下属的工作积极性;选择有效的沟通渠道。领导职能是管理过程中最经常、最关键的职能,贯穿管理的整个过程。

4. 控制职能

控制职能是指为了保证组织各部门、各环节按照计划运行,确保组织目标实现而进行的管理活动。控制职能一般包括:制定各种控制标准;检查各项工作是否按计划进行,是否符合既定的标准;若有工作发生偏差要及时发出信号,然后分析偏差产生的原因,纠正偏差或制定新的计划,以确保组织目标的实现。

5. 创新职能

创新职能是管理学新提出的一项职能。当今社会科学技术的发展一日千里,市场环境瞬息万变,企业竞争激烈,各种新思想、新技术、新产品、新市场等都给管理工作带来了严峻的挑战。若想在大浪淘沙中立于不败之地,唯一的方法就是不断创新,因循守旧、墨守成规、一成不变的组织注定会被时代的浪潮所淘汰。创新职能体现在管理的方方面面,事事皆可创新,创新无处不在。创新职能的内容十分广泛,包括观念创新、组织创新、制度创新、技术创新、产品创新、环境创新、文化创新等。

拓展案例

从前,有一个农夫种了五亩地,这一年恰逢大旱,农夫只得一担一担地从很远的河里挑水来灌溉。

一个工匠看见农夫这样辛苦,便告诉他,自己愿意帮他做一个水车,比用桶挑要轻松多了,而且灌溉农田很有效。

农夫却说:"谢谢你的好意了,等你做好水车,我的禾苗早就干死了。我还是用桶挑实在些,你走吧,我不需要水车。"

农夫挑的那点儿水怎么能满足地里禾苗的需要呢?很快,地里就光秃秃了。

管理启示:一些人对待新的观念、新的事物,犹如遇洪水猛兽,避之惟恐不及。日新月异的变化令他们措手不及,固步自封,必将为时代所淘汰。

管理的五项基本职能不是相互独立的,而是相互联系、相互交叉、相互制约的,它们共同构成完整的管理活动。如果简单地把管理理解为计划、组织、领导、控制、创新这些职能的总称,那么管理就变成了一项项具体的活动,失去了它统一的实质。管理者的工作就是为了更好地取得协调,让这五项职能在运作上高度契合,运用联系的、发展的、辩证的眼光看待和履行这些职能。

第二节 管理者

一、管理者的定义和分类

1. 管理者的定义

任何管理活动都是通过人来进行的,人是管理活动的主体,离开了管理者,管理职能将无法实现,因此管理者在管理活动中有着非常重要的地位。

传统观点认为管理者在组织中拥有正式职位和职权,指挥下属完成具体任务。现代观点认为管理者必须对组织负责,为组织做出实质性贡献,而不管其是否具有监督的权力和拥有下属。综合两种观点,管理者的定义可以表述为:在组织中直接监督和指导他人工作的人,通过其职位和知识,对组织负有贡献的责任,因而能够实质性地影响该组织经营及达成目标的能力者。

2. 管理者的分类

1)按管理人员所处的管理层次划分

按管理人员所处的管理层次可将管理者划分为高层管理者、中层管理者、基层管理者,如图1-1所示。

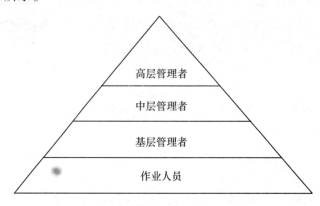

图1-1 按管理人员所处的管理层次分类

（1）高层管理者。高层管理者是指处于一个组织中最高领导层,对整个组织的管理负有全面责任的人,他们在组织中拥有最高职位和职权。高层管理者的主要职责是制定组织的总目标、总战略,主要侧重组织的长远发展计划和重大决策的制定,拥有组织资源的控制权,负责沟通组织与外部的联系。高层管理者以决策为主要职能,也称决策层。高层管理者的称谓主要有总裁、副总裁、行政长官、总经理、首席运营官、首席执行官、董事会主席等。

（2）中层管理者。中层管理者是指处于高层管理者与基层管理者之间的中间层次的管理者。中层管理者的主要职责是贯彻执行高层管理者所制定的重大决策，负责制定具体的计划并执行，同时监督和协调基层管理者的工作，向高层报告工作。中层管理者是高层管理者决策的执行者，也称执行层，是连接高层管理者和基层管理者的桥梁和纽带。中层管理者的称谓主要有部门主管、机构主管、项目经理、业务主管、地区经理、部门经理、门店经理等。

（3）基层管理者。基层管理者是指那些在组织中直接负责非管理类员工日常活动的人。基层管理者的主要职责是将组织的决策在基层落实，制定作业计划，直接指挥和监督现场作业人员，保证完成上级下达的各项计划和指令。基层管理者主要关心的是具体作业任务的完成，也称作业层。基层管理者的称谓主要有督导、团队主管、教练、轮值班长、系主任、部门协调人、部门组长等。

拓展案例

蒋华是某新华书店邮购部经理。该邮购部每天要处理大量的邮购业务，在一般情况下，登记订单、按单备货、发送货物等都是由部门中的业务人员承担的。但在前一段时间里，接连发生了多起 A 要的书发给了 B，B 要的书却发给了 A 之类的事，引起了顾客极大的不满。今天又有一大批书要发送，蒋华不想让这种事情再次发生。

请问：如果你是蒋华，应该怎样处理这批书？为什么？

（资料来源：百度文库）

2）按管理工作的性质与领域划分

按管理工作的性质与领域可将管理者划分为综合管理者和专业管理者。

（1）综合管理者。综合管理者是指负责管理整个组织或某个部门中全部活动的管理人员，他们管理的内容涉及到整个组织或部门的多重方面，有权指挥和支配该组织或部门的全部资源与活动。

在管理规模较小的组织中，综合管理者往往由高层管理者担任；而管理规模较大的组织中，除了高层管理者之外，一些中层管理者也会担任综合管理者。例如，学校的校长、系主任和工厂的厂长、车间主任都是综合管理者。

（2）专业管理者。专业管理者是指负责管理组织中某个具体职能的管理人员，他们只对某一职能或专业领域的目标负责，只能在本职能或专业领域内行使职权。专业管理者多为中层管理者或基层管理者。例如，人事经理、销售经理、学生科长、保卫处长等都是专业管理者。

二、管理者的角色

在实际工作中，由于面临的环境、立场不同，管理者的行为和职责会随之发生变化，因此管理者在组织中扮演了各种不同的角色。管理学家亨利·明茨伯格研究发现管理者扮演着十种角色，这十种角色可被归入三大类：人际角色、信息角色和决策角色。

1. 人际角色

人际角色是管理者履行的礼仪性和象征性的角色,一般表现在处理与组织成员或组织外部人员的关系时。它包括三个具体的角色。

1)代表人角色

这是管理者所担任的最基本的角色。作为组织的领导,每位管理者有责任代表本组织或本部门出席一些礼仪性和象征性的活动,比如接待重要的访客、参加某些职员的婚礼、与重要客户共进午餐等。

2)领导者角色

由于管理者是一个企业的正式领导,要对该组织成员的工作负责,在这一点上就构成了领导者的角色。在这一角色中,管理者通常负责雇佣和培训职员,对员工进行激励或者引导,以某种方式使他们的个人需求与组织目的达到和谐一致。

3)联络者角色

管理者要保证组织成员之间以及组织和外部利益相关体之间的沟通畅通,这样的沟通通常都是通过参加组织内外部的各种会议、参加各种公共活动和社会事业来实现的。因此管理者无论对内对外都扮演着联络者的角色。

2. 信息角色

信息角色意味着管理者要负责获取或传递必要的信息,确保和其一起工作的人具有足够的信息,从而能够顺利完成工作。管理者在信息传递方面有三种具体的角色。

1)监督者角色

作为监督者,管理者为了得到信息而不断审视自己所处的环境,通过询问联系人和下属,以及在处理各种内外部事物和分析报告中主动收集对组织有用的信息。担任监督角色的管理者所收集的信息很多都是口头形式的,通常是传闻和流言。当然也有一些董事会的意见或者是社会机构的质问等。

2)传播者角色

作为传播者,管理者必须分享并分配信息,要把外部信息传递到组织内部,把内部信息传给更多的人知道。当下属彼此之间缺乏便利联系时,管理者有时会分别向他们传递信息。信息可以通过会议、文件等形式传播。

3)发言人角色

这个角色是面向组织的外部的。管理者需要将本组织的计划、政策和成果等信息传递给组织以外的人,使得那些对组织有重大影响的人能够了解组织的经营状况,比如举行对外发布会、向媒体传递信息。

3. 决策角色

决策角色是指管理者拥有决策指挥权,在处理信息并得出结论后,可以直接调动下级人员,安排各种资源。管理者在决策方面担任以下四种角色。

1）企业家角色

企业家角色指的是管理者必须努力组织资源去适应周围环境的变化,要善于寻找和发现新的机会,如开拓新市场、开发新产品、开展新服务等。

2）危机处理者角色

管理者必须在组织遭遇重大的、意外的、突发性的危机事故时,能够采取正确的补救行动,并且善于处理冲突或解决问题,如应急预案的制定和执行。

3）资源分配者

管理者负责组织中人、财、物、信息等资源的合理配置。

4）谈判者角色

对在各个层次进行的管理工作研究显示,管理者花了相当多的时间用于谈判。一方面,管理者参加能够增加谈判的可靠性;另一方面,管理者有足够的权力来支配各种资源并迅速做出决定。谈判是管理者不可推卸的工作职责,而且是工作的主要部分,谈判的对象包括组织成员、外部客户、上游供应商、合作企业等。

拓展案例

跟屁虫的悲哀

有一种名叫列队虫的小昆虫,它就是我们常说的跟屁虫。它之所以有这么难听的名字,是因为它有一种独特的爬行方式:当很多列队虫在一起走的时候,它们会一只只地首尾相接,排成一列前进。带头的那只列队虫就负责寻找桑树叶——它们最主要的食物。不管这只虫爬向哪里,后面那些一定会跟着。

有位科学家以一组列队虫做了一次有趣的实验,将它们绕成一个圆圈,让带头者和最后一只首尾相接。这样一来就没有了领导者和跟随者之分了。在圆圈的中央,他放上一盘桑叶。这位科学家想知道,这种没有领导者和跟随者之分的情景能维持多久。他认为,等它们饿得厉害时,这个圆圈一定会解散,大家会抢着去吃桑叶。但结果却大出他的预料:这些列队虫最后饿得奄奄一息,仍然首尾相接形成一个圆圈,食物虽然就在中间,离它们仅几英寸远,但它们仍然只知道一只跟着一只爬行,不知道自己应该去寻找食物。

管理启示:组织中的每个成员处在不同的地位中,扮演着不同的角色。这就好比演戏一样,如果大家都扮演一样的角色,这个戏就没法演。

（资料来源:李石华. 趣味管理学. 郑州:郑州大学出版社,2007）

三、管理者的技能

管理者需要有特定的技能来完成管理任务,管理者需要三种基本的技能,即技术技能、人际技能和概念技能。要成为有效的管理者,三种技能缺一不可,但不同层次的管理者对三种管理技能的要求不尽相同,如图1-2所示。

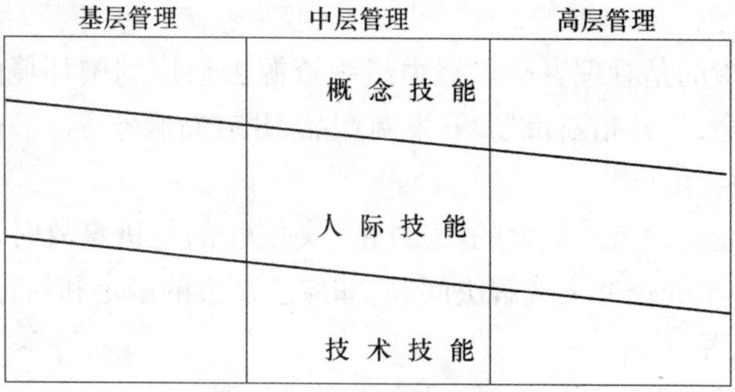

基层管理	中层管理	高层管理
	概 念 技 能	
	人 际 技 能	
	技 术 技 能	

图 1-2　管理层次与管理技能

1. 技术技能

技术技能是指管理者掌握和运用某种特定专业领域的知识、技术和方法的能力，如财务技能、销售技能、计算机技能等。管理者虽然没有必要成为某一领域的专家，但必须掌握一定的技术技能，才能对所管辖的业务范围内的各项工作进行有效的指导。一般来说，基层管理者因为从事一线管理工作，对技术技能的要求会比较高。

2. 人际技能

人际技能是指管理者与各类人员打交道、处理人际关系的能力，包括：观察人、理解人、掌握人的心理规律的能力；人际交往、融洽相处、与人沟通的能力；了解并满足下属需要、进行有效激励的能力；善于团结他人，增强向心力、凝聚力的能力等。具有良好人际技能的管理者能够使员工充满热情和信心，人际技能对于各个层次的管理者都是必备的。

3. 概念技能

概念技能是指管理者统观全局、面对复杂多变的环境，具有分析、判断、抽象和概括并认清主要矛盾，抓住问题实质，形成正确概念，从而形成正确决策的能力，核心是敏锐的观察力与思维力。例如，对突发性紧急事件的应变能力，对关系组织生死存亡的重大问题的决断能力。管理者所处的层次越高，面临的环境和问题越复杂多变，对概念技能的要求程度也就越高。

互动话题

近年来，许多雇主愿意聘用那些既接受过技术训练又学过管理的应聘者。讨论一下出现这种现象的原因是什么。

第三节　管理的基本原理与方法

管理是一门科学，有其自身的客观规律，管理的基本原理和方法就是在对这些客观规律总结归纳的基础上形成的。认识和掌握管理的基本原理和方法可以更好地指导管理活动,解决在管理过程中遇到的实际问题,是做好管理工作的基础。

一、管理的基本原理

管理的基本原理是对管理的实质和客观规律的表述,违背了会受到客观规律的惩罚。

1. 系统原理

1）系统原理的含义

系统就是若干相互联系、相互作用、相互依赖的要素结合而成的,具有一定的结构和功能,并处在一定环境下的有机整体。系统在自然界和人类社会是普遍存在的,小到班组、学校、部门、企业,大到国家、世界都是以系统的形式存在的。作为管理载体的任何组织也都可以视为一个个的系统或子系统。

系统原理是现代管理科学的一个最基本的原理。它是从系统论的角度来认识和处理企业管理中出现的问题,运用系统的观点、理论和方法对管理活动进行充分的系统分析,以达到管理的优化目标。

2）系统的特征

（1）整体性。系统是一个有机的整体,组成系统的各要素之间、要素与系统之间应当以整体为主进行协调,局部服从整体,以达到整体效果最优。我们通常所说的"整体大于部分之和",也就是说系统的功能不是各要素功能的简单相加,而是往往大于各部分功能的总和。例如,一台机器的零部件只有组装在一起时才能发挥出这台机器的作用。

（2）层次性。在自然界中,从整个宇宙系统到微小的粒子系统;在人类社会中,从世界到家庭,中间存在着若干个层次,各层次之间相互作用、相互联系。一个复杂的大系统可能划分为许多不同层次的子系统以及子系统以下的子子系统,一些小系统也可能综合起来形成一个大系统。因此,在我们面对一个庞大复杂的系统时,可以把它划分为不同的层次进行研究,然后再把这些要素、部分联系起来,考察系统的整体结构和功能。

（3）目的性。任何系统的存在都有其目的,若干要素集合在一起,相互作用、相互影响就是为了实现该目的。因此,人们首先应该确定系统的目的,以便依据这个目的进行系统要素的选择、确定要素的联系方式及系统的运行方向。

（4）适应性。系统不是孤立存在的,任何系统都存在于一定的环境中,系统会和周围环境产生各种联系。系统不仅要能被动地适应环境的变化,还要能主动地改变环境,使之适合于自身发展的需要。

（5）相关性。系统中的各组成要素之间存在着相互依存、相互制约的关系,它们相互作用形成完整的系统,使系统具备整体的功能,其中某一要素的变化会影响其他要素和系统整体的变化。

拓展案例

冷战期间,苏联于 1965 年生产了著名的"米格 25"喷气式战斗机,此机曾打破和创造过 8 项飞行速度、9 项飞行高度、6 项爬升时间的世界纪录,其优越的性能受到世界各国的青睐。然而,"米格 25"一直蒙着一层神秘的面纱,没有人知道"米格 25"战斗机为何能有如此性能,当时研究米格机的西方专家们也认为它高深莫测,并千方百计地解密它。

1976 年 9 月 6 日下午 1 时 11 分,苏联防空军飞行员维克多·别连科上尉,驾"米格 25"战斗机叛逃到日本北海道函馆民用机场。9 月 19 日,美方 11 名米格机专家乘坐日方 C－1 运输机火速赶到现场,开始对飞机进行拆卸。最后的结果让所有人大吃一惊:这架飞机上并没有什么惊人的新技术,而且技术非但不先进,反而很落后。例如,该机电子设备太笨重,大量使用早已过时的真空管,飞机蒙皮破天荒地使用了耐高温的不锈钢焊接技术,工艺技术粗糙等。但仅仅是现有并不高级技术的有机组合,却使"米格 25"战斗机取得了惊人的系统效果。

管理启示:如果部分能够良好地组合在一起,整体的作用将大于部分的作用。在企业中,一个团队的力量大于单枪匹马的个人英雄。在管理过程中,管理者的作用就是将大到每一个分公司,小到每一个员工都能组合在一起成为一个无懈可击的整体去应对市场竞争。

(资料来源:刘丰. 小理论,大管理. 广州:广东省出版集团、广东经济出版社,2010)

2. 人本原理

1) 人本原理的含义

一切管理活动都离不开人,人既是管理的主体,又是管理的客体,人本原理本质上是一种以人为中心的管理思想。它要求将组织内的人际关系放在首位,将管理工作的重点放在激发被管理者的积极性和创造性方面。

2) 人本原理的主要观点

(1) 人是管理的主体。人是管理活动的执行者,管理目标都是作为管理主体的人通过计划、组织、领导、控制、创新等职能来实现的。一个组织中最重要的资源是人,其他资源都需要人来协调,离开人就无所谓管理。因此,人是管理的主体,管理的中心工作就是调动人的积极性,发挥人的主观能动性,激发人的创造性,从而推动组织目标的实现。

(2) 有效管理的关键是员工参与。每个人都希望在工作中得到尊重和重视,员工参与即是企业提供一个平台,通过各种形式让员工可以在不同程度上参与到企业的各项管理和决策中来,发表自己的意见和看法。企业的发展依靠员工,员工在参与企业管理的过程中会增强自身对企业的主人翁意识,激发他们的工作动力和工作热情;员工在参与过程中会觉得自己与管理者处于平等的地位,拉近两者之间的距离,有利于促进两者之间的交流沟通;员工参与管理可以集思广益,同时让企业的决策在企业各层级的员工中得到认同,顺利实施;员工参与管理还有助于提高员工能力,提升员工素质。

(3) 现代管理的核心是使人性得到最完美的发展。西方有句谚语:"人的一半是天使,一半是魔鬼。"人性都有两面性,善恶不是绝对的,人性中有美好的一面,也有丑陋的一面。人性也不是一成不变的,而是可以在后天环境中得到重新塑造和改变的。在管理者的影响力下,下属的人性也会发生变化。人人都有向善的一面,管理者在管理过程中应当有意识地引导、塑造下属正面、积极的生活和工作态度,使人性向着真、善、美的方向发展。

(4) 管理是为人服务的。哲学家康德曾说过,"人是目的"。一切管理活动都离不开人,同时管理的根本目的也是服务于人。以人为本,这个"人"不仅包括组织内部成员,还包括与组织有联系的外部人员。服务于人,一方面是指组织应该服务于内部员工,激励员工,发展员工;另一方面是指服务于顾客,满足顾客要求。

3. 效益原理

1) 效益原理的含义

追求效益是企业永恒的主题,管理活动自然也以实现高效益为目标。效益是指劳动占用、劳动消耗与获得的劳动成果之间的比较,即产出与投入之间的一种比例关系。产出多于投入即为正效益,反之则为负效益。效益原理就是希望能通过管理者的努力,用尽可能少的劳动占用、劳动消耗获得尽可能多的劳动成果,用低投入获得高产出。

2) 效益、效果和效率的联系与区别

效益是与效果、效率相互联系又相互区别的概念,要理解效益原理需要弄清三者之间的关系。

(1) 效果是劳动投入产出的结果,这种结果不一定能带来效益,只有符合组织目标的效果才能带来效益。

(2) 效率是单位时间内所取得效果的数量,或者获得单位效果所耗费的劳动投入。单位时间内耗费的劳动投入越少,而取得的效果越大,则意味着效率越高;反之,如果耗费的劳动投入越多,而取得的效果越小,则意味着效率越低。

显然,多的效果和高的效率不见得能带来满意的效益;但良好的效益通常是以多的效果和高的效率为前提的。

3) 效益原理的基本途径

追求效益是没有错误的,但是企业不能为了追求效益而不择手段。效益原理要求管理者树立全面、正确的效益观念。组织在追求效益的过程中必须做到以下几点:

(1) 坚持社会效益和经济效益相统一的观点。效益可分为经济效益与社会效益。管理者应当确立可持续发展的效益观,即企业在追求经济效益的同时,应当保持生态环境和社会环境的协调发展。

(2)追求局部效益与追求全局效益协调一致。局部效益和全局效益是统一的,如果全局效益很差,局部效益一般难以持久。局部效益的提高也会带动全局效益的提高。但局部效益和全局效益有时又会产生冲突,这时必须将全局效益放在首位,部分服从整体。

(3)长远效益与当前效益相结合。管理者应该有高瞻远瞩的眼光,不要以牺牲长远利益为代价来换取眼前的蝇头小利。管理者应当保持创新,追求长期稳定的高效益。

(4)讲求实效。正确理解效果、效率与效益的关系,不能单纯追求好效果或高效率,而要看它们是否能带来真正的效益。

4. 责任原理

1)责任原理的含义

责任原理是指在合理分工的基础上明确组织各部门和个人必须完成的工作任务和必须承担的相应责任,从而保证和提高组织的效益。责任通常有两层含义:一是分内应做的事,二是如果没有做好自己的工作,而应该承担的不利后果或义务。因此,管理者一方面要承担自己在组织中应尽的责任,另一方面要为自己在管理工作中的失误接受惩罚。责任原理可以更好地挖掘每位组织成员的潜力。

2)责任原理的具体实现

(1)合理的职位设计、权限授权。管理的基本原则是:一定的人对所管的一定的工作完全负责。责任良好履行的前提取决于职位设计和权限授权是否合理,也就是责任、权限、利益和能力是否相互适应。

① 权限:为了保证职责的有效履行,任职者必须具备相应的权力,它决定了对某事项进行决策的范围和程度。实行真正的管理必须借助于一定的权力。

② 利益:管理者履行责任,承担风险,也应当获得相应的好处,包括物质与精神两方面的利益。

③ 能力:这是完全负责的关键因素。管理能力由科学知识、组织才能和实践经验三者构成。管理者能够承担多大的责任,取决于他有多大的能力。

管理过程就是追求责、权、利统一的过程。因此,管理中责、权、利三者之间的关系,责任对实现管理目的的影响,以及实现责任原理要求的途径,就是责任原理所研究的问题。职责和权限、利益、能力之间的关系遵循等边三角形定理,如图1-3所示。

职责、权限、利益三者对等,负有什么样的责任,就应该具有相应的权力,同时应该取得相对称的利益。能力略小于职责,使工作富有挑战性,也会促使管理者不断学习新的知识和技能,提升自身能力。

图 1 - 3　责权利的等边三角形定理

（2）奖惩要分明、公正而及时。奖罚分明才能体现激励的作用,公正才能对整个组织具有约束作用,及时才能取得奖和罚应有的导向作用。组织应该建立规范健全的奖惩制度,监督责任的履行。

拓展案例

伦迪汽车分销公司是一家新成立的企业,下设若干销售门市部。公司刚成立时,为具体体现民主管理,制定了若干的责任制度,运转尚属顺利。随着时间的推移,员工中相互推诿的事情时有发生,但在处理这种事情时,又说不清谁应承担责任,以致有的事情就不了了之。为了推进民主管理,公司力争让下属参与某些重要决策。他们引进了高级小组制度,从每一个销售门市部挑选一名非管理者,共挑出五人,公司主管人员每月与他们开一次会,讨论各种问题的解决方法和执行策略。尽管如此,但人们的积极性并没有充分地调动起来。经过两年的经营,公司的营业收入有了一定的增长,但企业的税前利润增长不快,第二年比第一年只增长 1.8%。这给主管人员带来很大的苦恼。

思考讨论:请分别用人本原理、效益原理和责任原理来解释,为什么伦迪汽车分销公司会出现员工推诿责任、工作积极性不高、公司利润增长缓慢这些现象? 应该如何解决这些问题?

二、管理的一般方法

管理方法是指用来实现管理目的、保证管理活动顺利进行而运用的手段、方式、途径和措施等的总称。我们利用管理原理指导管理活动,要想将抽象的管理理论转化为具体的实施方案,就要借助于管理方法这一中介和桥梁。管理方法具体包括法律方法、行政方法、经济方法和教育方法。

1. 法律方法

法律方法是指借助国家法规和组织制度,严格约束管理对象为实现组织目标而工作的一种方法。法律方法实质上是通过国家的强制力量来影响和改变管理活动的。

法律方法的具体形式包括国家的法律法规、组织内部的规章制度、司法和仲裁等。这种方法是严肃的、规范的、强制性的,且广泛适用于管理的各个领域。组织管理者应该加强法制宣传,强化组织成员的法律意识,加强法律方法的使用效果。

法律方法不能解决所有的管理问题,比如有些行为没有触犯法律却给组织带来了不良的后果,这时候就需要借助于其他管理方法。所以法律方法要和其他的管理方法综合使用,才能达到最佳的管理效果。

2. 行政方法

行政方法是指依靠行政权威,借助行政手段,直接指挥和协调管理对象的方法,具体形式包括命令、指示、规定、条例、规章、制度及计划、监督等。行政方法具有权威性、强制性、无偿性和垂直性的特点,是组织管理非常行之有效的一种重要方法。

每个组织都有其行政结构,规范组织成员的职责和权限,行政方法实质上是通过组织中的行政职责和职权来进行管理的。在实际的管理过程中,行政方法容易引起被管理者的心理抵抗,单独使用就比较难以维持持久的管理效果。

3. 经济方法

经济方法是指依靠利益驱动,运用经济手段,通过调节和影响被管理者物质需要而促进管理目标实现的方法,具体形式主要包括价格、信贷、税收、利润、工资、奖罚等。经济方法具有利益性、关联性、灵活性、平等性等特点。物质利益是人们普遍关心的问题,因此经济方法可以在最大程度上调动员工的积极性、主动性和责任感,让员工自觉自发地完成自己的工作。

运用经济方法要注意一些负面作用,容易滋生"一切向钱看"的不良倾向。人们除了物质需要以外,还有精神层面的需要,经济方法要结合教育方法共同使用。

4. 教育方法

教育方法是指借助于社会学和心理学原理,运用教育、激励、沟通等手段,对被管理者施加影响的方法,具体形式包括宣传教育、思想沟通、激励等。这种方法能够提高组织成员的素质,加强其对组织的价值观念、文化思想的认同感,从而向着组织期望的方向转化。教育方法具有自觉自愿和作用持久的特点,但发挥效果需要一个相对比较长的时期。

教育方法相比其他方法较为灵活,管理者要善于针对不同的管理对象,具体情况具体对待,采用不同的形式解决实际问题。在进行教育时不要使用粗暴的批评和简单的惩罚,要注意沟通方式,做到批评与表扬相结合。

王献之依缸习字

晋代书法家王献之是王羲之的儿子,自小跟父亲学写字。有一次,他要父亲传授习字的秘诀,王羲之没有正面回答,而是指着院里的18口水缸说:"秘诀就在这些水缸中,你把这些水缸中的水写完就知道了。"

王献之作为书圣之子,字自然很好,他心中不服,认为自己人虽小,字已经写得很不错了,下决心再练基本功,在父亲面前表现一下。他天天模仿父亲的字体,练习横、竖、点、撇、捺,足足练习了两年,才把自己写的字给父亲看。父亲笑而不语,母亲在一旁说:"有点像铁划了。"王献之又练了两年各种各样的钩,然后给父亲看,父亲还是不言不语,母亲说:"有点像银钩了。"王献之这才开始练完整的字,足足又练了四年,才把写的字捧给父亲看。王羲之看后,在儿子写的"大"字下面加了一点,成了"太"字,因为他嫌儿子写的"大"字架势上紧下松。母亲看了王献之写的字,叹了口气说:"我儿练字三千日,只有这一点像羲之写的!"王献之听了,这才彻底服了。从此,他更加下功夫练习写字了。

后来,王献之真的写完了18口缸中的水,与他的父亲一样,成了著名的书法家。

要在艺术上有较高的造诣,在基础上认真地下一番苦功夫是非常必要的。正像中国俗话所说的"磨刀不误砍柴功""千里之行,始于足下",牢固的基础是通向成功之路的起点。管理亦是如此。

管理定律

氨基酸组合效应

蛋白质是一种复杂的有机化合物,组成蛋白质的基本单位是氨基酸,各种氨基酸残基按一定的顺序排序,并通过脱水缩合形成肽链,蛋白质也便形成了。

氨基酸是含有氨基和羧基的一类有机化合物的通称,是构成动物营养所需蛋白质的基本物质。具体来说,组成蛋白质的氨基酸分为八种,即赖氨酸、色氨酸、苯丙氨酸、苏氨酸、蛋氨酸、异亮氨酸、亮氨酸、缬氨酸。美国国家科学院最早提出:组成人体蛋白质的八种氨基酸,只要有一种含量不足,其他七种就无法合成蛋白质。

这就是现代企业管理中经常提到的"氨基酸组合效应"。这一效应说明,在系统管理和决策时需要做到:①要全盘统筹,认识到诸要素都起到重要作用;②不能厚此薄彼,甚至人为地忽略掉某一环节的存在;③在即将做出决定时,最好再次重点分析一下薄弱环节的影响力。

(资料来源:刘丰. 小理论,大管理. 广州:广东省出版集团、广东经济出版社,2010)

本单元小结

1. 管理的概念:在一定的组织中,管理者通过计划、组织、领导、控制及创新等手段,协调人力、物力、财力、信息等资源,以期高效地达到组织目标的过程。

2. 管理的性质:自然属性和社会属性,科学性和艺术性。

3. 管理的职能:计划、组织、领导、控制、创新。

4. 管理者的概念:在组织中直接监督和指导他人工作的人,通过其职位和知识,对组织负有贡献的责任,因而能够实质性地影响该组织经营及达成目标的能力者。

5. 管理者的分类:①按管理的层次分为高层管理者、中层管理者和基层管理者;②按管理的专业和领域分为综合管理者和专业管理者。

6. 管理者的角色:人际角色、信息角色、决策角色。

7. 管理者的技能:技术技能、人际技能、概念技能。

8. 管理的基本原理:系统原理、人本原理、效益原理、责任原理。

9. 管理的一般方法:法律方法、行政方法、经济方法、教育方法。

思考与讨论

一、单项选择题

1. 负责对整个组织作决策,并为整个组织制定计划和目标的是(   )。

A. 高层管理者　　　　　　　　B. 中层管理者

C. 基层管理者　　　　　　　　D. 作业人员

2. 组织中最重要的资源是(   )。

A. 人　　　　　B. 资金　　　　　C. 时间　　　　　D. 信息

3. 管理者要负责获取或传递必要的信息,确保和其一起工作的人具有足够的信息,从而能够顺利完成工作,这时管理者在扮演(   )。

A. 人际角色　　　　　　　　B. 信息角色

C. 决策角色　　　　　　　　D. 企业家角色

4. 在作出是否收购其他企业的决策中,管理者必须从多个角度出发全面分析拟购企业的目前状况及可能的发展余地等情况,这种情况下管理者更需要的是(   )。

A. 诊断技能　　　　　　　　B. 人际关系技能

C. 概念性技能　　　　　　　D. 技术技能

5. 通过管理者的努力,实现用尽可能少的劳动占用、劳动消耗获得尽可能多的劳动成果,用低投入获得高产出,这是(　　　)的内容。

  A. 系统原理　　　　　　　　　B. 人本原理

  C. 效益原理　　　　　　　　　D. 责任原理

二、多项选择题

1. 法约尔认为,管理是由(　　　)等职能为要素组成的活动过程。

  A. 计划　　　　　　　　　　　B. 组织

  C. 指挥　　　　　　　　　　　D. 协调　　　　　　E. 控制

2. 管理的二重性是指管理的(　　　)。

  A. 科学性　　　　　　　　　　B. 自然属性

  C. 艺术性　　　　　　　　　　D. 社会属性　　　　E. 实践性

3. 管理的一般方法包括(　　　)。

  A. 法律方法　　　　　　　　　B. 行政方法

  C. 经济方法　　　　　　　　　D. 教育方法　　　　E. 技术方法

三、思考题

1. 什么是管理? 你怎样理解管理的含义?

2. 为什么说管理既是一门科学又是一门艺术?

3. 管理工作中应当遵循哪些基本原理?

4. 结合具体实例谈谈管理方法的综合运用。

四、训练项目

1. 课堂训练

训练目的:理解管理者的角色与技能。

训练内容:根据自愿原则,学生组成小组,以6~8人为一组,模拟组建一家公司,自定公司名称,确定公司业务。每个学生以"我要做一个什么样的管理者"为题,发表公司总经理竞聘演讲稿(要有发言提纲,包括本公司经营需要什么样的总经理、自己具备哪些条件、今后怎样进行经营管理等内容),小组投票确定总经理。

成果与检测:

(1)每位学生写出一份竞聘演讲稿,每个公司推荐一名成员进行竞聘演讲。

(2)投票选出公司的总经理。

(3)由教师根据各小组成员的表现进行打分。

公司名称:＿＿＿＿＿＿＿＿＿＿＿＿＿＿＿＿＿＿＿＿＿＿＿＿＿＿＿＿＿＿

公司业务:＿＿＿＿＿＿＿＿＿＿＿＿＿＿＿＿＿＿＿＿＿＿＿＿＿＿＿＿＿＿

竞聘演讲稿:＿＿＿＿＿＿＿＿＿＿＿＿＿＿＿＿＿＿＿＿＿＿＿＿＿＿＿

＿＿＿＿＿＿＿＿＿＿＿＿＿＿＿＿＿＿＿＿＿＿＿＿＿＿＿＿＿＿＿＿＿＿

＿＿＿＿＿＿＿＿＿＿＿＿＿＿＿＿＿＿＿＿＿＿＿＿＿＿＿＿＿＿＿＿＿＿

＿＿＿＿＿＿＿＿＿＿＿＿＿＿＿＿＿＿＿＿＿＿＿＿＿＿＿＿＿＿＿＿＿＿

＿＿＿＿＿＿＿＿＿＿＿＿＿＿＿＿＿＿＿＿＿＿＿＿＿＿＿＿＿＿＿＿＿＿

_____

_____

_____

_____

_____

_____

_____

_____

_____

2. 课外训练

训练目的：了解管理者的职责与素质。

训练内容：自愿组成调查访问小组，每组6~8人，选择一家企业进行调查。在调查访问之前，每组要经过讨论制定调查访问的主题，并把步骤和主要问题计划好。调查访问结束后，每个同学把自己所得到的重要信息，如照片、文字资料、影音资料等整理成册。

参考问题：

(1) 企业中主要有哪些管理工作？属于哪种管理层次？

(2) 这些管理工作的职责和权利是什么？

(3) 做好这些管理工作需要哪些素质？如何培养？

调查访问的企业：_____

调查访问的主题：_____

调查访问的对象：_____

调查访问的问题及答案：

问题一：_____

回答：_____

_____

问题二：_____

答案：_____

_____

问题三：_____

答案：_____

_____

问题四：_____

答案：_____

_____

问题五：_____

答案：_____

五、案例分析

甜美的音乐

　　马丁吉他公司成立于1833年,位于宾夕法尼亚州拿撒勒市,被公认为世界上最好的乐器制造商之一,就像Steinway的大钢琴、Rolls Royce的轿车,或者Buffet的单簧管一样,马丁吉他每把价格超过10000美元,却是你能买到的最好的东西之一。这家家族式的企业历经艰难岁月,已经延续了六代。目前的首席执行官是克里斯琴·弗雷德里克·马丁四世,他秉承了吉他的制作手艺。他甚至遍访公司在全世界的经销商,为他们举办培训讲座。很少有哪家公司像马丁吉他一样有这么持久的声誉,那么,这家公司成功的关键是什么? 一个重要原因是公司的管理和杰出的领导技能,它使组织成员始终关注像质量这样的重要问题。

　　马丁吉他公司自创办起做任何事都非常重视质量。即使近年来在产品设计、分销系统以及制造方法方面发生了很大变化,但公司始终坚持对质量的承诺。公司在坚守优质音乐标准和满足特定顾客需求方面的坚定性渗透到公司从上到下的每一个角落。不仅如此,公司在质量管理中长期坚持生态保护政策。因为制作吉他需要用到天然木材,公司非常审慎和负责地使用这些传统的天然材料,并鼓励引入可再生的替代木材品种。基于对顾客的研究,马丁公司向市场推出了采用表面有缺陷的天然木材制作的高档吉他,然而,这在其他厂家看来几乎是无法接受的。

　　马丁公司使新老传统有机地整合在一起。虽然设备和工具逐年更新,雇员始终坚守着高标准的优质音乐原则。所制作的吉他要符合这些严格的标准,要求雇员极为专注和耐心。家庭成员弗兰克·亨利·马丁在1904年出版的公司产品目录的前言里向潜在的顾客解释道:"怎么制作具有如此绝妙声音的吉他并不是一个秘密。它需要细心和耐心。细心是指要仔细选择材料,巧妙安排各种部件。关注每一个使演奏者感到惬意的细节。所谓耐心是指做任何一件事不要怕花时间。优质的吉他是不能用劣质产品的价格造出来的。但是谁会因为买了一把价格不菲的优质吉他而后悔呢?"虽然100年过去了,但这些话仍然是公司理念的表述。虽然公司深深地植根于过去的优良传统,现任首席执行官马丁却毫不迟疑地推动公司朝向新的方向。例如,在20世纪90年代末,他做出了一个大胆的决策,开始在低端市场上销售每件价格低于800美元的吉他。低端市场在整个吉他产业的销售额中占65%。公司DXM型吉他是1998年引入市场的,虽然这款产品无论外观、品位和感觉都不及公司的高档产品,但顾客认为它比其他同类价格的绝大多数吉他产品的音色都要好。马丁为他的决策解释道:"如果马丁公司只是崇拜它的过去而不尝试任何新事物的话,那恐怕就不会有值得崇拜的马丁公司了。"

马丁公司现任首席执行官马丁的管理表现出色,销售收入持续增长,在 2000 年接近 6 亿美元。位于拿撒勒市的制造设施得到扩展,新的吉他品种不断推出。雇员们描述他的管理风格是友好的、事必躬亲的,但又是严格的和直截了当的。虽然马丁吉他公司不断将其触角伸向新的方向,但却从未放松过对尽其所能制作顶尖产品的承诺。在马丁的管理下,这种承诺决不会动摇。

　　案例思考:

　　1. 马丁作为管理者应具备哪三大技能? 你认为哪种管理技能对马丁最重要? 为什么?

　　2. 根据明茨伯格的管理者角色理论,说明马丁在分别扮演什么管理角色? 解释你的答案。

　　(1) 当马丁访问马丁公司世界范围的经销商时;

　　(2) 当马丁评估新型吉他的有效性时;

　　(3) 当马丁使员工坚守公司的长期原则时。

　　3. 马丁宣布:"如果马丁公司只是崇拜它的过去而不尝试任何新事物的话,那恐怕就不会有值得崇拜的马丁公司了。"这句话对全公司的管理者履行计划、组织、领导和控制职能意味着什么?

　　　　　　　　　　(资料来源:中华考试网,http://www.examw.com/glzx/anli/104172/)

学习单元二　管理理论演进

卖早餐的学问

有一个早餐摊点，只有四十岁左右的夫妇两个人，男人负责蒸包子、炸油条以及收钱，女人负责煮馄饨、给客人盛饭，以及收拾桌子。一般客人去了只需告诉女人吃什么，女人负责把食品端到客人桌上，吃完饭客人离开经过门口的时候男人负责收钱，然后女人抽空收拾桌子。在中国各个城市的大街小巷，有无数这样的"夫妻档"早餐摊点，运营得井井有条。

另外一家三星级酒店餐厅，早晨兼卖早餐，服务员就是酒店的服务员，制作食品的也就是餐厅厨师，仅前台就有四五个人，后台洗碗、做饭的加起来共有七八个人。客人去了先要在点餐处点餐，交钱打出小票，然后拿着小票去领餐处和若干客人挤在一起找几个手忙脚乱的服务员领餐，交钱的时候还经常看见收钱的专职人员扯着脖子问领餐的人："包子还有没有？"桌子经常没有人收拾，经常听到客人端着盘子站着喊服务员收拾桌子，盘子也有洗得不干不净的。

两个早餐点，占地面积和服务的客户差不多，前一个硬件设施远落后于后一个，但是人均效率、利润以及客户满意度等，都远远高于后者。究其原因，主要在于以下几点：

首先，后者的运营流程需要再造，从交钱到取餐，流程不连贯，而且繁琐，其中的无效环节过多，需要整合。

其次，后者组织结构需要调整，使其更加吻合新的运营流程，缩减不必要的岗位，同时明确岗位责任，若干岗位必须覆盖所有工作，而且分工明确，该洗碗洗碗，该做饭做饭。

再次，二者的薪酬结构不同是造成二者区别的另一个主要原因，一个盈亏自负，一个待遇固定，故此激励效果不同。

管理启示：同样的工作内容，不同的组织、不同的管理方法，工作效率和工作结果千差万别。从中可以看出管理方法和管理理论的正确运用对于组织有着决定性的影响，管理活动必须在正确的管理理论的指导下进行，才能卓有成效。

（资料来源：新浪博客，http://blog.sina.com.cn/s/blog_c3472ec30101xce5.html）

学习目标

1. 了解中外早期管理理论的萌芽。
2. 掌握古典管理理论的内容。
3. 熟悉行为科学理论的形成过程,理解其各代表人物的思想。
4. 了解现代与当代管理理论的发展特点和管理理论未来的发展趋势。

理论来源于生活,生活检验着理论。管理活动自古就有,无数管理的先行者通过自己的不懈努力,为我们积累了宝贵的经验,总结出科学的理论。现在的管理者无疑是幸运的,因为可以站在巨人的肩膀上向前眺望;现在的管理者也是身怀重任的,因为前方仍然有更多的未知等待着我们……

管理理论的发展源远流长,从早期的管理思想萌芽开始,大致经历了古典管理理论、行为科学理论、现代管理理论和当代管理理论的新发展等几个阶段。本章将根据时间顺序依次介绍这些管理思想和理论。

第一节　中外早期管理思想

一、中国早期管理思想

中国是四大文明古国之一,有着五千年光辉灿烂的古老文明。中华民族悠久的历史进程承载了丰富的管理实践活动,向世界展示了中国古代劳动人民的聪明智慧。在长期的实践活动中,涌现出了大量富有深远影响意义的管理思想和管理著作,为人类社会的进步和管理的发展做出了重要贡献,至今仍有非常广泛的实用价值和指导作用。

纵观历史长河,中国古代的管理学家多如繁星,他们的著作典籍也浩如烟海,我们选取其中最具代表性的一些管理思想,让大家从中领略中国古代管理思想的特点。

1. 儒家管理思想

儒家思想是中国古代的主流意识,对中国、东亚、欧洲乃至全世界都产生过深远影响。儒家思想由孔子创立,有孟子、荀子等代表人物。

儒家管理思想的内涵丰富复杂,"王者之道,仁政德治",这句话可以概括儒家管理思想的核心及其管理手段和管理方式。

1）儒家思想的核心

儒家思想的核心是"仁",讲求"人治"。"以人为本",对人的管理和施行管理的人是儒家管理思想的中心,要求管理者重视人在管理过程的地位,重视人的发展,通过人治来治人,不能一味用规章制度去桎梏人,而应该充分调动人的主观能动性;儒家管理思想还重视"人和",即人际关系,"上下不和,虽安必危",管理者必须要能正确处理组织成员之间的关系,协调好人际关系。

2）儒家思想的管理手段

儒家思想在管理手段上偏重于礼义之治。"礼"指人与人之间特殊的关系和由此关系衍生的行为规范;"义"则是对这些关系和规范的维护执行。"礼、义,治人之大法",儒家管理思想以"礼"为规范,以"义"为准绳来约束和评判人们的思想、行为。儒家管理思想认为人们之所以能够建立组织结构,实行劳动分工,其根本原因是人与人之间存在"义",用礼来规范,用义来协调,组织才能顺利高效运行。

3）儒家思想的管理方法

在管理方法上,儒家思想主张"德治"。"为政以德,譬如北辰,居其所而众星共之",以道德的力量去感化人、教育人,使人从心理上得到改造,这是最彻底、最积极的管理方法。

2. 道家管理思想

道家管理思想起始于春秋末期的老子,以其独特的宇宙观、社会观和人生观,在哲学思想上独树一帜,代表人物有老子和庄子。道家管理思想主张"无为而治"和以柔克强。

1）无为而治的最高管理原则

老子认为,天地万物皆由道而生,"道生一,一生二,二生三,三生万物。"道是存在于世界万物之中的普遍法则。"道法自然",即道的法则就是自然而然,万物顺应自然规律发展演变,统治者也应该顺应自然,掌握政治要领即可,不要对百姓的私人活动作过多的干涉。老子在治国问题上强调"政减刑轻",反对以严苛的政治、法律手段治国。

道家的"无为"不是要求人们消极地听天由命,而是认为人的思想和行为应该顺应自然的要求,不要违反客观规律、随意蛮干。其次,在管理中,"无为而治"是对领导人而言的,要求领导者能够知人善任,大胆放权,而不要事必躬亲,这样下属才能合理分工,权责分明,各展所长,取得"无为而无不为"的效果。再者,"无为而治"要求管理的原则、方法,组织的制度、决策既要在相对长的时期内保持稳定,又要能够顺应形势进行调整和改革。

2）以柔弱胜刚强的管理思想

老子曾说过:"天下之至柔,驰骋天下之至坚。"这其中蕴含了辩证的哲学思想,事物的对立面是相互依存、相互转化的,柔可以转化为刚,弱可以转化为强。人们往往更同情和支持弱势一方,而弱势者也更容易抱成一团,同仇敌忾,因此"抗兵相加,哀者胜矣。"在管理过程中,不能忽视任何弱小因素所起到的作用,而要做好充分的计划安排,使自己立于不败之地。

3. 法家管理思想

法家学派以"法制"为核心,提出富国强兵、以法治国的思想。法家学派始于春秋战国,由子产所创,后经韩非子集大成,形成了系统的法家思想。韩非子不仅提出要以法治国,还提出要守法、重势、用术。

法家主张法治,反对人治、礼治。法家认为人性本恶,好利是人之本性,人的道德观念会随着物质生活的变化而改变,仅凭礼义道德是不能达到管理的目的的。所以,应当制定健全的法律,通过赏罚使人们趋利避害,实现管理目标。在法治进程中,要重势,"君王柄以处势,故行令禁止"。法律的施行,需要权力保障。在实施管理过程中,管理者还要善于用术,综合运用各种管理方法,来控制和矫正下属的活动,保证组织目标的实现。韩非子提出"七术"来进行控制,"一曰众端参观,二曰必罚明威,三曰信赏尽能,四曰一听责下,五曰疑诏诡使,六曰挟知而问,七曰倒言反事。"

4. 兵家管理思想

兵家管理思想起源于春秋战国,以孙子为代表人物,以研究军事理论、从事军事活动为主。商场如战场,兵家的军事管理思想与现代企业管理有许多相通之处,对于现代企业管理有着重要的借鉴意义和指导作用,《孙子兵法》也成为当今商界必备的实战手册。

1)系统原理

《孙子兵法》开篇便提出"兵者,国之大事",随后又分别用"五事七计"从不同方面说明决定胜负的因素。在管理过程中,要从全局出发制定目标,协调局部之间的关系,发挥各部分的最大效用。

2)战略思想

"上兵伐谋,其次伐交,其次伐兵,其下攻城",管理的决策过程是一个深思熟虑、精心谋划的过程。要做到"不战而屈人之兵",就要善于使用计谋战胜对手。

3)领导者素质

"将者,智、信、严、仁、勇也。"智能发谋,信能赏罚,仁能附众,勇能果断,严能立威,将领只有具备了这五个关键要素,才能够带领军队攻坚克难、战无不胜。而这五项素质也是对现代领导者的要求。

4)信息管理

"知己知彼,百战不殆。"了解自己,才能知道自身优势何在,以扬长避短,进行谋略安排;了解对手,才能知道其劣势何在,以避强击弱,出其不意,克敌制胜。深刻的了解建立在对大量可靠信息的掌握和分析上,谁掌握信息谁就掌握主动权。

5)组织结构和用人思想

"治众如治寡,分数是也。"管理多数人如同管理少数人一样,也要考虑合理的组织结构设计。对于组织成员,要"令之以文,齐之以武",既要晓之情理,耐心开导,又要严肃纪律,赏罚分明。

互动话题

现在,很多管理学家和企业家阅读和研究《论语》《孙子兵法》《三国演义》《红楼梦》《西游记》等一些中国古代著作,并从中总结出很多广泛适用的管理经验和方法。你如何看待这种现象?

二、外国早期管理思想

西方古代的管理实践活动起源于希腊、埃及、巴比伦、罗马等文明古国,人们积累了一些朴素的管理思想。18世纪后期到19世纪的工业革命时期,人们主要凭管理经验进行管理。这段时期,人们开始有意识地对管理活动进行研究,一些管理理论开始萌芽,比较具有代表性的人物有亚当·斯密、罗伯特·欧文、查尔斯·巴贝奇等。

1. 亚当·斯密

亚当·斯密(Adam Smith ,1723—1790)是古典政治经济学的主要创立者。1776年,亚当·斯密发表代表作《国富论》,该著作提出了一些非常重要的管理思想,对管理理论的发展有重大的促进作用。

1) 劳动是国民财富的源泉

劳动创造财富,因此研究劳动生产力的提高是增加国民财富的主要途径。

2) 劳动分工可以提高劳动生产率

亚当·斯密认为,劳动分工之所以能够提高劳动生产率有以下几点原因:劳动分工可以使劳动者的技巧熟练,提高劳动效率;劳动分工可以减少变换工作带来的损失;劳动分工可以使劳动简化,有利于创造新工具和改进设备。

拓展案例

亚当·斯密制针

一个劳动者,如果他对这种职业没有受过相应训练,又不知怎样使用这种职业上的机械,纵使他竭力工作,一天也许能制造出一枚针,但要做出20枚,那是绝对不可能的。按照现代经营的方法,这种作业已经成为专门职业。一个人抽铁丝,一个人拉直,一个人切截,一个人削去铁丝的一端,一个人磨另一端以便装上圆头等,这些都是专门的职业,这样针的制造分为十几种操作,由于有了分工,同样数量的劳动者就能完成比过去多得多的工作量。

(资料来源:赵国忻. 管理学基础. 北京:科学出版社,2013)

3) "经济人" 的假设

亚当·斯密认为人类有自私利己的天性,以追求自身利益最大化为目标。为了达到自己的私利,每个人都在努力地创造财富,无意识地增加了社会财富和公共利益。"如此一来,他就好像被一只无形之手引领,在不自觉中对社会的改进尽力而为。在一般情形下,一个人为求私利而无心对社会做出贡献,其对社会的贡献远比有意图做出的大。"

管理者可以通过协调和引导,使员工个人目标与组织目标趋于一致,从而调动员工积极性,为实现共同的目标而努力。

2. 罗伯特·欧文

罗伯特·欧文(Robert Owen,1771—1858),英国空想社会主义者,现代人事管理之父,人本管理的先驱。罗伯特·欧文最具代表性的著作是《新社会观》和《新道德世界书》。

欧文的管理思想基于"人是环境的产物"这一观点,他认为只有在适宜的物质和道德环境下,才能培养出好的品德。欧文在管理过程摒弃了把工人当作机器的做法,提出了很多人性化的管理措施,比如:提高雇佣童工参加劳动的最低年龄;呼吁关注工人,改善劳动条件,缩短劳动时间;禁止对工人实施体罚,在厂内为工人提供免费膳食;设立按成本向工人销售生活必需品的商店;主张儿童应受到全面教育,提出全面发展思想。

欧文的很多设想超越了当时的现实生活,只是空想,但是他的人性化管理对后来的管理尤其是人事管理具有非常大的影响。

3. 查尔斯·巴贝奇

查尔斯·巴贝奇(Charles Babbage,1792—1871),英国著名数学家、发明家、机械工程师以及计算机先驱,同时他也是科学管理的先驱者。巴贝奇在管理上最重要的贡献就是将科学领域的概念引入到企业管理中来。

1832年,巴贝奇出版《论机械和制造业的经济》一书,提出了在科学分析的基础上有可能制定出企业管理的一般原则。巴贝奇进一步发展了亚当·斯密关于劳动分工的利益的思想,分析了分工提高工作效率的原因,并将脑力劳动也进行了分工。巴贝奇还重视人的作用,鼓励工人建议,强调劳资关系,提出了固定工资加利润分享的报酬制度。

这一时期还出现很多其他科学管理运动的先行者,他们在管理的组织结构、工资激励、人事分工、职能划分等方面提出了自己的观点,但是却没有形成完整的理论体系。直到19世纪末期,工业的大规模发展使管理人员面临越来越多、越来越复杂的管理活动,一批西方管理学家开始用比较先进的、系统的管理方法处理问题。1911年,美国管理学家泰勒出版《科学管理原理》,标志着西方管理理论的形成。

第二节　古典管理理论

19世纪末20世纪初,古典管理理论形成,主要有科学管理理论和组织管理理论。

一、科学管理理论

1. 科学管理理论的创建

美国管理学家弗雷德里克·温斯洛·泰勒(Frederick Winslow Taylor,1856—1915),于1911年出版《科学管理原理》,这一著作的问世标志着管理作为一门科学的诞生。

19 世纪末 20 世纪初,美国的工业化进程加剧,但是企业管理水平落后、劳动生产率低下,经济危机又引发了一系列的矛盾亟待解决,工业革命解放了大量劳动力以及前期管理思想的积累,这些都为科学管理理论的形成奠定了基础。

泰勒一生的大部分时间都在致力于如何提高劳动生产率。他经过亲自试验和认真研究,总结出科学的管理原理和方法来代替惯例和经验,并在此基础上提出了具有划时代意义的科学管理理论。

拓展案例

泰勒生平

泰勒出生于美国费城一个富有的律师家庭,中学毕业后考上了哈佛大学法律系,但不幸因眼疾而被迫辍学。1875 年,泰勒进入费城的一家小机械厂当学徒工,1878 年转入米德维尔钢铁厂当技工。他工作努力,表现突出,很快就升任工长、总技师,1884 年任总工程师。1898—1901 年受雇于宾夕法尼亚的伯利恒钢铁公司。1901 年后,他把大部分时间用在写作和演讲上。1906 年担任美国机械工程师学会主席职务。泰勒在工作中发现,许多工人往往会表现出故意偷懒,磨洋工,工作效率很低。他认为:"谋求提高生产率,生产出较多的产品,关键在于要确定一个工作日的合理工作量。"从这点出发,泰勒于 1880 年在米德维尔钢铁厂的一个车间进行了工时研究和金属切割的试验,通过上述一系列试验和长期的管理实践,他在其代表作——《计件工资制》《车间管理》《科学管理原理》等书中,系统地提出了科学管理思想。他在米德维尔的 12 年间从事的工时研究试验,为他创立科学管理理论奠定了基础。

(资料来源:胡伟. 管理学. 北京:化学工业出版社,2009)

2. 科学管理理论的主要内容

1)科学管理理论的基本观点

泰勒的科学管理理论有三个基本观点,科学管理的原理和方法都是基于这三个基本观点的:

(1)科学管理的目的是提高劳动生产率。

(2)提高劳动生产率的重要手段是用科学管理的方法代替传统管理的方法。

(3)科学管理的核心是劳资双方在心理上和精神上进行一次彻底的思想革命。

2)科学管理理论的主要内容

(1)工作定额。泰勒认为管理的中心问题是提高劳动生产率,提高生产率的关键在于制定出合理的日工作量。泰勒通过对工人的动作和工作时间进行研究,将工作过程分解成若干基本动作,对这些动作进行调整和优化,给工人配备最适用的工具,制定合理的工作流程;在此基础上,记录每个动作的时间,加上工人必要的休息时间和无法避免的延误时间,得到完成该项工作所需的总时间。根据这个时间就可以确定一个工人一天合理的工作量,即工作定额。

（2）标准化。标准化是把工人多年积累的经验知识和传统技巧归纳整理并结合起来进行分析比较，转化成科学的规律和方法的过程。标准化的内容包括操作方法的标准化，工具、机器、材料的标准化，作业环境的标准化，工作时间的标准化。标准化是提高劳动生产率的有效途径。

 拓展案例

铁锹试验

1898 年，泰勒在伯利恒钢铁公司发现一个现象。搬运工都是使用自己的铁锹工作，这些铁锹样式不同，大小各异。在一次调查中，泰勒发现搬运工一次可铲起 35 磅①的煤粉，而铁矿石则可铲起 38 磅。为了获得一天最大的搬运量，泰勒开始着手研究每一锹最合理的铲取量。

泰勒找了两名优秀的搬运工用不同大小的铁锹做试验，发现一锹铲取量为 21.5 磅时，一天的材料搬运量为最大，同时也得出一个结论，在搬运铁矿石和煤粉时，最好使用不同的铁锹。根据试验结论，泰勒针对不同的物料设计了不同的铁锹，工人不再使用自己的铁锹，而是根据自己的工作内容从公司领取特制的标准铁锹。结果堆料场的工人由 400～600 名降到 140 名，每个工人的工作量提高到 59 吨/天，工人日工资也由 1.15 美元提高到了 1.88 美元。

思考讨论：标准化与劳动生产率、劳动报酬之间存在什么关系？

（资料来源：百度文库）

（3）计件工资制。泰勒认为原有的工资制度不能充分调动工人的积极性，他在 1895 年提出了一种刺激性的报酬制度——差别计件工资制。这种制度包括三个要点：①要制定科学的工作定额。②按照工人完成定额的不同情况采取不同的工资率。如果工人达到或超过了定额，就按高工资率付酬，为正常工资率的 125%。而且是全部工作量都按这个高工资率计算。如果工人的生产没有达到定额，就按低工资率付酬，为正常工资率的 80%。③工资支付的对象是工人而不是职位，即根据工人的实际工作表现而不是根据工作类别来支付工资。实行差别计件工资制，有利于充分发挥工人积极性，有利于提高劳动生产率，还有利于吸收真正适合的工人来工作。

（4）工人的挑选和培训。泰勒认为：为了提高劳动生产率，必须挑选第一流的工人。所谓第一流的工人，就是适合并愿意做这项工作的人。要成为第一流的工人，要求管理者根据其能力和特点分配合适的工作，并进行培训，让其掌握科学的工作方法，保持高涨的工作热情。

---

① 1 磅 = 0.45359237038 千克。

拓展案例

搬运铁块试验

1898 年，泰勒在伯利恒钢铁公司开展动作研究时进行了一项搬运铁块试验。

他在从事管理研究时看到公司搬铁块工作量非常大，有 75 名搬运工人负责这项工作，把铁块搬上火车运走。每个铁块重 40 多千克，搬运距离为 30 米，尽管每个工人都十分努力，但工作效率并不高，每人每天平均只能搬运 12.5 吨的铁块。

泰勒经过认真的观察分析，最后测算出，一个好的搬运工每天应该能够搬运 47 吨，而且不会危害健康。泰勒首先是科学地挑选工人，并进行了培训。经反复挑选，他找到的这个人是个大块头、强壮的荷兰移民，叫施米特。

泰勒用金钱来激励施米特，使他按规定的方法装运生铁。泰勒的一位助手按照泰勒事先设计好的时间表和动作对这位工人发出指令，如搬起铁块、开步走、放下铁块、坐下休息等。泰勒试着转换各种工作因素，以便观察它们对施米特的日生产率的影响。例如，在一些天里工人可能弯下膝盖搬生铁块；而在另一些天，可能直起膝盖去搬。在随后的日子里，泰勒还试验了行走的速度、持握的位置和其他变量。通过长时间的试验，这名工人平均每天工作量从原来的 12～13 吨猛增至每天装运 48 吨，工资也增加了 70%，于是其他人也渐渐要求泰勒指导他们掌握新的工作方法。

从这以后，搬运工作的定额就提高到了 47.5 吨。

管理启示：①精心挑选工人；②诱导工人使之了解这样做对他们没有损害，还可以得到利益；③对他们进行训练和帮助，使之获得完成既定工作量的技能；④按科学的方法去做可节省体力。

（资料来源：百度文库）

（5）计划职能与执行职能分离。泰勒认为，工人单凭个人经验不可能找到科学的方法，而且他们也没有条件和时间去从事这方面的试验和研究。泰勒主张将计划职能和执行职能分开，建立专门的计划层，工人只负责执行，企业管理者承担计划职能，负责制定工作定额，实施标准化，拟定计划发布指令等工作。

3. 科学管理理论的其他代表人物

科学管理理论在 20 世纪初得到了广泛的传播与应用，在泰勒同时代和在他之后，还有许多其他管理学家为科学管理做出了贡献。

1）亨利·甘特（Henry Gantt, 1861—1919）

甘特是泰勒在米德维尔工厂和伯利恒钢铁公司的同事，是泰勒创立和推广科学管理理论的亲密合作者，也是科学管理运动的先驱之一。甘特对管理理论发展的贡献主要有：第一，发明了甘特图，用图表记载工作计划和任务进度；第二，提出奖励工资制，工人在规定时间内完成规定定额，可以拿到规定报酬，另加一定奖金，在规定时间内不能完成定额，则不能拿到奖金。如果工人少于规定时间完成定额，则按时间比例另加奖金。这种奖励工资制比差别计件工资制可操作性强,在现实中的适用范围更广。

2)吉尔布雷思夫妇

动作研究之父弗兰克·吉尔布雷斯(Frank Bunker Gilbreth,1868—1924)和管理第一夫人莉莲·吉尔布雷斯(Lillian M. Gilbreth,1878—1972),他们是夫妻,二人主要致力于实践研究和动作研究,坚持动作经济原则并推广到工人中,使工作效率大为提高。

二、组织管理理论

组织管理理论形成于 19 世纪末 20 世纪初,与科学管理理论几乎同时创立,主要研究组织内部的管理职能和组织结构。

1. 法约尔的一般管理理论

亨利·法约尔(Henri Fayol,1841—1925),出生于法国一个中产阶级家庭,19 岁毕业于圣艾蒂安国立矿业学院并取得矿业工程师资格,1860 年被任命为科芒特里—富香博公司的科芒特里矿井组工程师,在他漫长而成绩卓著的经营生涯中,他一直珍视这项事业。1918 年他退休时的职务是公司总经理,后继续在公司里担任一名董事直至去世。

法约尔认为,管理理论是指"有关管理的、得到普遍承认的理论,是经过普遍经验并得到论证的一套有关原则、标准、方法、程序等内容的完整体系;有关管理的理论和方法不仅适用于公私企业,也适用于军政机关和社会团体"。因此,他的管理理论被称作"一般管理理论"。1916 年出版的《工业管理和一般管理》一书是法约尔的代表作,集中体现了他的管理思想。

法约尔的一般管理理论主要包括三方面的内容:企业经营的六种基本活动、管理者的六种能力、一般管理的十四条原则。

1)企业经营的六种基本活动

法约尔通过对企业全部活动进行分析,认为企业的全部活动可分为六种,管理只是六种经营活动中的一种。

(1)技术活动,如生产、制造、加工等;

(2)商业活动,如购买、销售、交换等;

(3)财务活动,如资金的筹集和最适当的利用;

(4)安全活动,如财产安全和员工的人身安全;

(5)会计活动,如财产清点、资产负债表、成本、统计等;

(6)管理活动,如计划、组织、指挥、协调和控制。

在这六种活动中,法约尔主要集中研究了管理活动,强调了管理的五大职能,即计划、组织、指挥、协调和控制。

2)管理者的六种能力

法约尔认为管理人员应该具备相应的管理能力和管理素质,这些能力和素质是可以通过教育获得的。

（1）身体——健康、体力旺盛、敏捷；

（2）智力——理解和学习能力、判断力、精力充沛、头脑灵活；

（3）道德——有毅力、坚强、勇于负责任、有首创精神、忠诚、有自知之明、自尊；

（4）一般文化——具有不限于从事职能工作范围的各方面知识；

（5）专业知识——对自己所担任的技术、商业、财务、会计、安全和管理等方面的专业知识有较深入的了解；

（6）经验——从业务实践中获得知识，这是人们从自己的行为中汲取教训的能力。

3）一般管理的十四条原则

（1）劳动分工。劳动分工不只适用于技术工作，而且也适用于管理工作。应该通过分工来提高管理工作的效率。

（2）权力和责任。权力与责任相互依存。凡是行使职权的地方，就应当建立责任，责、权、利相结合。

（3）纪律。纪律是一个企业兴旺发达的关键，员工必须遵守组织中的行为规范。纪律应当明确、公正。

（4）统一指挥。无论什么时候，一个下属人员只应接受一个上级的命令。双重指挥是冲突和混乱的根源。

（5）统一领导。对于力求达到同一目的的全部活动，只能有一个领导人和一项计划。

（6）个人利益服从整体利益。在一个企业中，个人或一些人的利益不能凌驾于企业利益之上。

（7）人员的报酬原则。人员的报酬应该合理，并尽量使企业和员工都满意，能鼓励员工的劳动热情。

（8）集中。需要根据企业的实际情况，决定集中化的最适程度。权力集中与分散的措施本身可以经常变化。

（9）等级制度。即从最高权力机构直至低层管理人员的领导系列。一个正式组织中，信息是按照组织的等级系列来传递的。但是，有时因为遵循等级链可能导致信息传递的延误或失真。为此，法约尔设计了一种"跳板"，在一定条件下，允许横向交叉沟通。

（10）秩序。组织中的所有资源都应该各得其所，每件物品都有最适合它存放的地方，每个人都有最适合他的工作岗位。

（11）公平。它是由善意和公正产生的，管理者应当诚恳、平等地对待下属。

（12）人员的稳定。员工熟悉自己的工作需要相当长的时间，过高的员工流失率会导致低效率。人员的稳定是相对的，而人员的流动是绝对的。对于企业来说，就要掌握人员的稳定和流动的合适的度，以利于企业中成员能力得到充分的发挥。

（13）首创精神。首创精神是对人们的工作热情和工作积极性的最有力的刺激因素，应尽可能地鼓励和发展员工的首创精神。

（14）人员的团结。企业应当鼓励团队精神，营造团结和谐的组织氛围。

2. 韦伯的行政组织理论

马克斯·韦伯（Max Weber，1864—1920），德国著名社会学家、政治学家、经济学家、哲学家，对西方古典管理理论的确立做出杰出贡献，是现代社会学和公共行政学最重要的创始人之一，被后世称为"组织理论之父"，代表作是《社会组织和经济组织理论》。

1）权力的分类

韦伯认为，任何一种组织都必须以某种形式的权力为基础。没有权力，组织将无法达到其目标。根据来源的不同，韦伯将权力划分为三种类型：一是法定权力，是理性的、法律规定的权力；二是传统权力，通过传统惯例或世袭得来；三是超凡权力，来源于对个别人特殊的超凡的神圣、英雄主义等的崇拜和追随。

2）行政组织理论的特点

韦伯设计的官僚行政组织的理想组织模式是高度理想化的，在现实中不存在。这种组织模式具有以下特点：

（1）明确分工。组织中的人员应当有固定和正式的职责并依法行使职权。

（2）严密的组织结构和清晰的等级关系。明确规定每个职务的职权范围和义务，按照等级原则进行安排，形成自上而下的等级结构。

（3）人员的选拔、升迁和工资。人员的任用完全根据职务的要求，通过正式考评和培训来选拔。组织成员有固定薪金和明确的升迁制度。

（4）正式的规章制度。在任何情况下，每一个组织成员都要遵守规则和纪律。

（5）非个性化的关系。组织成员之间、组织与外界的关系是一种不受个人情感影响、完全以理性为准则的关系。

（6）职业导向。管理者是专职人员而不是他所管理单位的所有者，他们领取固定的工资并在组织中寻求自身的职业发展。

互动话题

比较古典管理理论的几种代表理论有什么区别，并对几种管理理论进行评价，总结其优缺点。

第三节　行为科学理论

古典管理理论的推行，使生产率得到大幅度的提高。但是，古典管理理论过分强调管理的科学性、合理性和纪律性，忽视了人在管理中的作用，限制了员工的主动性和创造性。到 20 世纪 30 年代,劳资关系日益紧张,工人长期怠工、罢工导致劳动生产率停滞不前;另一方面,随着科技的进步,脑力劳动逐渐占据主导地位,单纯依靠古典管理理论和方法已经不能满足管理的需求。于是,一些管理学家开始了对新的管理思想和管理方法的探寻和研究。

一、人际关系理论

1. 霍桑实验

1924 年开始,美国西方电气公司在芝加哥附近的霍桑工厂进行了一系列实验,探讨工作环境对劳动生产率的影响。霍桑实验共分四个阶段。

第一阶段:照明实验(1924—1927)。实验假设是"提高照明度有助于减少疲劳,使生产效率提高"。在实验中,设置了实验组和控制组,两组工人分别在不断变化的照明强度和固定的照明强度下工作。经过两年多的实验发现,照明度的改变对生产效率并无影响,可见假设不成立。

从 1927 年,以梅奥教授为首的一批心理学工作者接管实验小组,继续进行实验。

第二阶段:继电器装配实验(1927—1929)。实验假设是"福利措施会激励生产积极性"。这一实验选出 6 名女工在单独的房间里从事继电器装配的工作。在实验过程中逐步增加一些福利措施,如缩短工作日、延长休息时间、免费供应茶点等,2 个月之后取消了各种福利措施。经过两年多的实验发现,不管福利待遇如何改变,都不会影响产量的持续上升,工人自己也说不清楚生产率提高的原因。经过深入的了解发现,导致生产率上升的主要原因有两点:①参加实验的光荣感;②成员间良好的相互关系。

第三阶段:访谈实验(1929—1931)。实验小组在全公司范围内展开了调查访问。访谈计划持续了两年多,调查访问了两万多人,工人的产量大幅提高。在访谈中,工人们表达了对工厂的各项管理制度和方法的不满,发泄过后心情舒畅,士气提高,使产量得到提高。

这两个阶段的实验表明:人际关系是影响劳动生产率的重要因素,而不是工作环境和福利待遇。为了进一步验证这一结果,实验小组展开了第四阶段的实验。

第四阶段:接线板工作实验(1931—1932)。在这个试验中选了 14 名男工人在单独的房间里工作,其中有 9 名绕线工、3 名焊接工、2 名检验工。对这个班组实行特殊的工人计件工资制度。按照设想,工人为了得到更多的报酬会努力工作。但观察的结果发现,产量只保持在中等水平上,每个工人的日平均产量都差不多,而且工人并不如实地报告产量。工人之间形成了一些自发的约定,谁也不能干得太多,谁也不能干得太少;不准向管理当局告密;不要企图对别人保持距离或多管闲事。进一步调查发现,工人们之所以维持中等水平的产量,是担心产量提高,会使工作定额提高或使同伴失业。

2. 梅奥的人际关系理论

1933年,梅奥总结霍桑实验8年的研究结果,出版了《工业文明中的人类问题》,创立了"人际关系理论"。

人际关系理论的主要观点如下:

1) 工人是"社会人"

古典管理理论把工人看做单纯追求金钱和物质的"经济人",人际关系理论否定了这一假设,认为工人是"社会人",除了金钱和物质,还有社会方面、心理方面的需求,如友情、安全感、受人尊敬等。

2) 企业中存在着非正式组织

企业成员在共同工作的过程中,由于具有共同的社会情感而形成非正式组织。非正式组织有自己的核心人物和领袖,有自己的行为规范,维护组织成员的共同利益。非正式组织的存在对劳动生产率有很大影响,管理者必须要重视非正式组织的作用。

3) 提高工人满意度是提高劳动生产率的关键

梅奥认为,在决定劳动生产率的诸多因素中,工人的满意度是首要因素,工作条件、福利待遇只是第二位的。工人的满意度越高,工作的积极性、主动性就越高,生产率也会随之提高。

二、需求层次理论

美国心理学家亚伯拉罕·马斯洛(Abraham H. Maslow,1908—1970)于1943年发表《人类激励理论》,提出了需求层次理论。

马斯洛把需求分成生理需求、安全需求、社交需求、尊重需求和自我实现的需求五类,依次由较低层次到较高层次排列,如图2-1所示。

图2-1 需求层次理论示意图

需求层次理论有两个基本出发点:一是人人都有需求,而且需求是有层次的,只有低层次的需求得到满足之后,才会产生更高层次的需求,已经满足的需求将不会产生激励作用;二是人在特定时期都会有一种需求占主导地位,其他需求处于从属地位,应优先满足主导需求。

三、双因素理论

弗雷德里克·赫茨伯格(Frederick Herzberg,1923—2000),美国心理学家、管理理论家、行为科学家,双因素理论的创始人。1959 年,赫茨伯格出版《工作的激励因素》一书,在其中提出了双因素激励理论。

双因素理论认为引起人们工作动机的因素主要有两个:一是保健因素;二是激励因素。保健因素是造成员工不满的因素,通常与工作环境或工作关系有关,如工作的场所、安全设施、企业的规章制度、上下级的关系等。保健因素不能得到满足时,员工会产生不满;当保健因素得到改善,不满情绪就会消除。保健因素不能对员工的工作积极性起到激励作用。激励因素是能使员工感到满意的因素,通常与工作的性质和内容有关,如工作是不是员工喜欢的、工作的成就感、上级的重视等。激励因素的改善能够给员工带来满意感,激发员工的工作热情,提高工作效率;但是激励因素不具备时,也不会造成员工的极大不满。

拓展案例

赵女士是会计专业的研究生,毕业之后接受了许多公司的面试,最终选择了一家著名的会计公司,入职后被派到南京办事处工作。赵女士对所得到的一切很满意:公司知名度高,工作具有挑战性,可以获得很好的工作经验,待遇优厚。赵女士认为自己是班上最出色的学生,获得良好的报酬和工作机会是情理之中的事情。

一年之后,赵女士对自己的工作仍然很满意,工作积极,表现突出。上级对她也很满意,刚刚为她加薪 500 元。但是最近几周,赵女士的工作积极性却急速下降。原来是办事处来了一位刚刚毕业的新员工,和赵女士相比,此人缺乏实践经验,但他的工资却比赵女士加薪后的工资还多 200 元。除了愤怒,赵女士不知道还有什么语言能形容现在的心情,她甚至想辞职,提出要另找一份工作。

思考:赵女士为什么会感到愤怒? 公司应该如何挽留赵女士?

（资料来源:豆丁网,http://www.docin.com/p-621359609.html）

四、X-Y理论

1957 年美国行为科学家道格拉斯·麦格雷戈(Douglas M. Mc Gregor,1906—1964)在《管理评论》杂志上发表了《企业的人性方面》一文,提出了有名的"X-Y理论"。

1. X 理论的主要内容

（1）大多数人是懒惰的,总是尽可能地逃避工作。

（2）大多数人都没有雄心壮志,也不喜欢负责任,宁愿听从别人的指挥,安于现状。

（3）大多数人的个人目标与组织目标都是互相矛盾的，为了达到组织目标必须用强迫、指挥、控制并用处罚威胁等手段，使他们做出适当的努力去实现组织的目标。

（4）大多数人都是缺乏理性的，不能克制自己，容易受到外界影响。

（5）大多数人工作都是为了满足最基本的需求，容易受到金钱和物资的激励。

（6）人群大致分为两类，多数人符合上述人性假设，只有少数人能克制自己，具备解决问题的想象力和创造力，这部分人应当承担起管理的责任。

2. Y理论的主要内容

（1）一般人都是积极向上的，他们对工作的态度取决于是把工作看做一种满足还是一种惩罚。通常人们视工作如同休息和游戏一样自然。

（2）强制和惩罚不是促使人们为实现组织的目标而努力的唯一手段，人们能够进行自我管理和自我控制。

（3）个人目标和组织目标之间是没有矛盾的，是可以通过适当的条件和机会统一起来的。

（4）在适当条件下，人们不仅愿意承担责任，还会主动要求承担责任。

（5）大多数人在解决组织的困难问题时，都能发挥较高的想象力、聪明才智和创造性。

（6）在现代社会条件下，一般人的智慧潜能只能得到一部分发挥。

第四节　现代与当代管理理论

第二次世界大战之后，特别是进入到20世纪70年代，社会生产力迅猛发展，管理活动日趋复杂多变，许多学者和企业管理者开始研究现代管理问题，涌现出各种管理思想和管理理论。这段时期是管理理论发展最活跃的时期，也是管理理论逐渐成熟的时期。

一、现代管理理论的丛林

美国著名管理学家哈罗德·孔茨（Horold Koontz，1908—1984）在1961年发表《管理理论的丛林》一文，对各种管理理论进行了分类，将其概括为6个学派，后又发表《再论管理理论的丛林》，将管理学派增加至11个。下面将对其中最具代表性的几个学派进行介绍。

1. 管理科学学派

管理科学学派是泰勒科学管理理论的延续和发展，主张在管理过程中采用运筹学、系统工程、电子技术等科学方法和数量方法解决问题。

管理科学理论有以下特点：

1）管理科学的核心是决策科学化

管理科学理论认为决策贯穿管理的始终,力求减少决策中的个人艺术成分,依靠建立一套决策程序和数学模型来增加决策的科学性。

2）注重定量分析

管理科学理论在管理决策中广泛使用数学模型,认为决策的过程就是建立和运用数学模型的过程。他们将管理领域中的人、财、物、信息等资源进行定量分析,运用数学模型分析各因素之间的关系,寻求数量化的最优决策。

3）广泛使用电子计算机

随着组织规模的扩大,管理问题的困难程度日益增加,影响决策的各因素关系错综复杂,建立数学模型后,进行定量分析需要经过大量的计算,借助于电子计算机可以使运算速度大大提高。

2. 管理过程学派

管理过程学派发展自法约尔的一般管理理论,主要研究管理者的管理过程和管理职能。该学派的主要观点是,任何组织的管理人员所从事的管理职能都是相同的,可以将管理人员的工作划分为若干职能;对这些职能进行分析研究,可以归纳出一些管理的基本规律,指导员工行为,实现组织目标。

3. 经验主义学派

经验主义学派也称为案例学派,强调管理应从企业管理的实际出发,以企业成功的经验和失败的教训为研究对象,然后对这些管理经验加以归纳总结,找出共性,形成管理理论和方法,来指导实际的管理工作。经验主义学派认为必须研究管理案例,通过案例研究来借鉴成功企业和管理者的经验。

4. 社会系统学派

社会系统学派将组织看作是一个协作的社会系统,认为组织的存在必须具备协作的意愿、共同的目标和信息沟通三个要素,组织中管理者的权力大小来自于下级的接受程度。

5. 决策理论学派

决策理论学派重点研究决策理论,认为管理就是决策,将行为科学、系统理论、运筹学和计算机科学等综合运用到决策过程中,形成了一套科学的决策方法和合理的决策程序。决策理论的代表人物西蒙提出了决策应基于满意的行为准则。组织中不同层次的管理者所需要做的决策也不尽相同,大致有程序化决策和非程序化决策,对于复杂的非程序化决策可以依靠于组织设立的人—机系统。

6. 系统管理学派

系统管理学派是建立在一般系统理论的基础上的,用系统论的观点对组织或企业进行系统分析、系统管理。

该学派的主要观点是:①任何组织都是由一些相互联系且共同作用的要素所构成的系统,系统的运行效果是由这些要素的相互作用的效果决定的。管理者要确保组织各要素之间的相互协调,以实现组织的整体目标。②任何组织都是一个开放的社会系统,它与外界环境不断地相互影响、相互作用,在相互影响中达到一种动态平衡。

7. 权变管理理论

权变意为权宜应变,随机制宜。该学派认为,管理中没有普遍适用的、最好的管理理论和方法。管理活动中要根据组织所处的内外部环境的变化随机应变,制定出适合实际情况的管理模式、方案和方法。权变主要体现在计划、组织和领导的方式上:计划要有有弹性,留有余地;组织结构要有弹性;领导方式要有艺术性。

除了以上理论学派,现代管理理论的丛林还包括人类行为学派、人际关系学派、群体行为学派和经理角色学派等。

拓展案例

王中是一个冷冻食品厂厂长,该厂专门生产一种奶油特别多的冰淇淋。在过去的四年中,每年的销售量者稳步递增。但是,今年的情况发生了较大的变化,到八月份,累计销售量比去年同期下降17%,生产量比所计划的少15%,缺勤率比去年高20%,迟到早退现象也有所增加。王中认为这种现象的发生,很可能与管理有关,但也不能确定发生这些问题的原因,也不知道应该怎样去改变这种情境。他决定去请教管理专家。

思考讨论:具有不同管理思想(科学管理思想、行为管理思想、管理科学思想、权变管理思想、系统管理思想)的管理专家,会认为该厂的问题出在哪里?并提出你的解决方法。

(资料来源:冯国珍. 管理学习题与案例. 上海:复旦大学出版社,2008)

二、当代管理理论的新发展

20世纪80年代以后,科学技术日新月异,知识经济迅速发展,市场竞争日益激烈,人类社会进入信息化、全球化时代,管理的新观念、新思想层出不穷,管理理论呈现出新的发展趋势。

1. 业务流程再造

1993年,美国的迈克尔·哈默与詹姆斯·钱皮合著出版了《企业再造——工商管理革命宣言书》,标志着企业再造理论的产生。

业务流程再造也称企业流程重组,这一理论认为传统的组织结构已经不适应激烈竞争的市场环境,要"一切重新开始"。对企业现有的业务流程进行根本的再思考和彻底的再设计,利用先进的科学技术以打破传统的职能型组织结构,建立全新的过程型组织结构,实现企业经营在成本、质量、服务、速度上的显著改善。业务流程再造致力于消除一切不能给企业增加价值的不必要活动,对剩下的必要活动进行调整,提升企业的核心竞争力。

进行业务流程再造的过程中应注意以下问题：

（1）以客户为中心；

（2）企业管理面向业务流程；

（3）注重整体最优；

（4）重视每个人在整体中发挥的作用,强调团队合作；

（5）业务流程再造面向组织外部的客户和供应商；

（6）利用信息手段协调矛盾。

拓展案例

怎样让石头漂起来

"石头怎样才能在水上漂起来?"海尔集团 CEO 张瑞敏目光炯炯地看着讲台下的中层干部们,提出了这样一个像是脑筋急转弯的问题。这是海尔的一次关于流程再造的高级经理人培训会上的一幕情景,张瑞敏作为主持人正在与学员们互动讨论。

"把石头掏空!"有人喊了一句,张瑞敏摇摇头。

"把石头放在木板上。"又有人答道,张瑞敏又摇摇头："没有木板。""做一块假石头",这个回答引来一片笑声,张瑞敏还是摇摇头："石头是真的。"

"速度。"海尔集团见习副总裁喻子达回答道。

"正确。"张瑞敏脸上露出了笑容："《孙子兵法》上说：'激水之疾,至于漂石者,势也。'速度决定了石头能否漂起来。网络时代,速度同样决定了企业能否跃上新的高峰!"这个细节形象地说明了张瑞敏进行企业业务流程再造的初衷之一。

"打破鸡蛋才能做蛋卷。"流程再造理论的创立者哈默博士这样形象地阐释流程再造,并将其定义为"重新开始"。海尔的流程再造革命就是一个为做出美味的蛋卷而把鸡蛋打破的过程,在企业的发展高峰期,为了构建新的竞争优势,大幅度超越竞争对手,抢占下一轮竞争的制高点,彻底打破原有的管理模式和业务流程。

只有能透视到潜在威胁并且志存高远、不畏艰险的人,才知道应该而且敢于走过去,在避开潜在危险的同时开拓更加广阔的天地。

张瑞敏和海尔的决策层无疑属于这样的人。

到今天,业务流程再造这场革命仍在海尔进行着。

（资料来源:新浪网,财经新闻,http://finance.sina.com.cn/o/20020906/1414251597.html）

2. 学习型组织

"学习型组织"理论是美国麻省理工学院教授彼得·圣吉在其著作《第五项修炼》中提出来的。学习型组织理论认为,在新的经济背景下,传统的组织类型生命力越来越脆弱,未来真正出色的企业应该是能够使所有组织成员全心投入并有能力不断学习的组织。

学习型组织具有以下特点：

1）组织成员拥有共同的愿景

组织的共同愿景，是组织中所有成员的共同理想，它将组织成员凝聚在一起，号召他们为这个共同的目标奋斗。

2）创造性

组织由多个有创造性的个体构成，企业的发展是创造性的工作。

3）不断学习

这是学习型组织的本质特征，不断学习包括四点含义：一是终身学习，活到老，学到老，知识一直在更新，组织要培养成员终身学习的习惯；二是全员学习，组织中各个层次的管理者和作业人员都要全心投入到学习中，尤其是决定着企业发展方向和命运的决策层；三是全过程学习，学习要贯彻组织系统运行的始终，学习和工作应该是一体的，在工作中学习，边学边做；四是团队学习，学习型组织不但重视个人的学习和发展，更重视组织成员的合作学习和群体智力的开发。

4）"地方为主"的扁平式结构

学习型组织的结构应该是扁平式的，下层单位可以拥有充分的自决权。这样可以保证上下级之间的沟通和理解，更有利于组织整体的互相学习和分工协作。

5）自主管理

通过自主管理，组织成员可以自己选择伙伴组成团队，自己发现解决问题，制定自己的学习目标，自己进行决策、控制和检查，自己评定总结。

6）组织的边界将被重新界定

传统组织根据职能或部门来界定，学习型组织的边界界定是以组织各要素之间以及各要素与外部环境之间的相互作用为基础的。例如，顾客的意见不再仅仅是参考，而是成为企业营销决策的组成部分。

7）员工家庭与事业的平衡

每个人都希望家庭事业双丰收。学习型组织努力使员工的工作和家庭生活相得益彰，减少两者之间的冲突，找到两者之间的平衡。

8）领导者的新角色

在学习型组织中，领导者是设计师、仆人和教师。他们负责设计和建立一种组织，背负实现共同愿景的使命，让人们了解真实情况，提高学习能力。

彼得·圣吉指出，要建立具有以上特征的学习型组织，必须具备五项修炼的技能，即建立共同的愿景、团队学习、改变心智模式、自我超越和系统思考。

学习型组织认为企业的竞争力是企业的学习力，在知识经济时代，只有不断学习，获取资源，才能在竞争浪潮中立于不败之地。

拓展案例

有一个博士分到一家研究所，成为学历最高的一个人。

有一天他到单位后面的小池塘去钓鱼，正好正、副所长在他的一左一右，也在钓鱼。他只是微微点了点头,与这两个本科生,有啥好聊的呢?

不一会儿,正所长放下钓竿,伸伸懒腰,"蹭蹭蹭"从水面上如飞般地走到对面上厕所。博士眼睛睁得都快掉下来了。"水上飘?不会吧?这可是一个池塘啊。"正所长上完厕所回来的时候,同样也是"蹭蹭蹭"地从水上飘回来了。"怎么回事?"博士又不好去问,自己是博士啊!过一阵,副所长也站起来,走几步,"蹭蹭蹭"地飘过水面上厕所。这下子博士更是差点昏倒:"不会吧,到了一个江湖高手集中的地方。"博士也内急了,这个池塘两边有围墙,要到对面厕所非得绕十分钟的路,而回单位上又太远,怎么办?博士也不愿意去问两位所长,憋了半天后,也起身往水里跨,"我就不信本科生能过的水面,我博士生不能过。"只听"咚"的一声,博士栽到了水里。两位所长将他拉了出来,问他为什么要下水,他问:"为什么你们可以走过去呢?"两所长相视一笑:"这池塘里有两排木桩子,由于这两天下雨涨水正好在水面下。我们都知道这木桩的位置,所以可以踩着桩子过去。你怎么不问一声呢?"

管理启示:学历代表过去,只有学习力才能代表将来。尊重经验的人,才能少走弯路。一个好的团队,也应该是学习型的团队。

（资料来源:雅瑟. 管理就像一本故事书. 北京:北京工业大学出版社,2009）

3. 战略管理思想

1965 年,安索夫出版了《企业管理》一书,成为现代企业战略理论研究的起点。此后,很多学者积极地参与企业战略理论的研究,逐渐形成了战略管理思想的理论和方法。

战略管理是指从全局和长远的观点对一个企业或组织在一定时期的发展方向、目标、任务和政策,以及资源调配做出决策和管理的艺术。企业战略管理主要解决三个核心问题:"企业在哪里?企业去哪里?何时行动?"战略管理思想主要包括战略制定和战略实施两个部分,不仅要制定企业战略,还要对战略进行实施、评价和控制,直至达到企业战略的总目标。战略管理一般涉及的都是关系到企业生存与发展的重大问题,决定企业经营的成败,是企业高层管理者的主要职责。

4. 组织文化

组织文化是一个组织价值观、行为准则、规章制度等的集中体现,主张以人为本,高度重视员工在组织中的价值,希望通过组织文化激发员工的使命感,凝聚员工的归属感,加强员工的责任感,实现员工的成就感。

组织文化的本质是组织的意识形态以及与之相适应的组织机构和制度。组织文化是组织的灵魂,推动组织健康稳健地向前发展。

管理故事

古木与雁

一天,庄子和他的学生在山上看见山中有一棵参天古木因为高大无用而免遭于砍伐,于是庄子感叹说:"这棵树恰好因为它不成材而能享有天年。"

晚上,庄子和他的学生到他的一位朋友的家中作客。主人殷勤好客,便吩咐家里的仆人说:"家里有两只雁,一只会叫,一只不会叫,将那一只不会叫的雁杀了来招待我们的客人。"

庄子的学生听了很疑惑,向庄子问道:"老师,山里的巨木因为无用而保存了下来,家里养的雁却因不会叫而丧失性命,我们该采取什么样的态度来对待这繁杂无序的社会呢?"

庄子回答说:"还是选择有用和无用之间吧,虽然这之间的分寸太难掌握了,而且也不符合人生的规律,但已经可以避免许多争端而足以应付人世了。"

世间并没有一成不变的准则。面对不同的事物,需要不同的评判标准。同样,也没有普遍适用的管理理论和方法,要根据环境的变化和实际的情况改进管理方法和管理制度。聪明的领导者应该学会与时俱进,灵活应变,不断提升自己的管理水平和领导艺术。

管理定律

马蝇效应

马蝇是一种依靠吸食像马这样大型动物的血液维生的昆虫。再懒惰的马,只要身上有马蝇叮咬,它也会感到奇痒难忍,不停奔跑以求赶走身上的马蝇。所以一旦有了马蝇,马就必须动起来,不然就会遭到被叮咬的惩罚。这样马蝇对马而言就是一种行动上的激励,即为"马蝇效应"的原意。

马蝇效应来源于美国前总统林肯的一段有趣的经历。1860年大选结束后,很多人反对萨蒙·蔡思进入内阁,认为他狂妄自大,目中无人,嫉妒心强,林肯却任命他为财政部长。面对众人的不解,林肯以他那特有的幽默神情讲道:"你们不是在农村长大的吗?那么你一定知道什么是马蝇了。有一次我和我的兄弟在肯塔基老家的一个农场犁玉米地,我吆马,他扶犁。这匹马很懒,但有一段时间它却在地里跑得飞快,连我这双长腿都差点跟不上。到了地头,我发现有一只很大的马蝇叮在它身上,于是我就把马蝇打落了。我的兄弟问我为什么要打掉它。我回答说,我不忍心让这匹马那样被咬。我的兄弟说:'哎呀,正是这家伙才使得马跑起来的嘛!'"然后,林肯意味深长地说:"如果现在有一只叫'总统欲'的马蝇正叮着蔡思先生,那么只要它能使蔡思部长不停地跑,我就不想去打落它。"

出色的领导,都深谙激励之术。企业中总有一些令人讨厌的人或事,但是他们却可以激励他人不断努力工作,起到正面的促进作用。人的欲求是千差万别的。有的人比较理想,可能更看重精神上的东西,比如荣誉、尊重;有的人比较功利,可能更看重物质上的东西,比如金钱。针对不同的人,要对症下药,投其所好,用不同的方式去激励他。总之,要让这匹马儿欢快地跑起来。

本单元小结

1. 中国早期最具代表性的管理思想:以孔子为代表的儒家管理思想;以老子为代表的道家管理思想;以韩非子为代表的法家管理思想;以孙子为代表的兵家管理思想。

2. 外国早期管理思想的代表:①亚当·斯密认为劳动是国民财富的源泉,劳动分工可以提高劳动生产率,提出"经济人"的假设;②罗伯特·欧文的人性化管理思想;③查尔斯·巴贝奇将科学领域的概念引入到企业管理。

3. 古典管理理论的代表理论:泰勒的科学管理理论;法约尔的一般管理理论;韦伯的行政组织理论。

4. 行为科学理论的代表理论:梅奥的人际关系理论;马斯洛的需求层次理论;赫茨伯格的双因素理论;麦格雷戈的 X – Y 理论。

5. 现代管理理论的丛林最具代表性的学派:管理科学学派、管理过程学派、经验主义学派、社会系统学派、决策理论学派、系统管理学派、权变管理理论等。

6. 当代管理理论的新发展:业务流程再造、学习型组织、战略管理思想和组织文化。

思考与讨论

一、单项选择题

1. 美国管理大师彼得·德鲁克说过,如果你理解管理理论,但不具备管理技术和管理工具的运用能力,你还不是一个有效的管理者;反过来说,如果你具备管理技巧和能力,但是不掌握管理理论,那么充其量你只是一个技术员。这句话说明(　　)。

A. 有效的管理者必须掌握管理理论

B. 有效的管理者必须掌握管理技能

C. 有效的管理者是在实践中锻炼出来的

D. 有效的管理者 = 管理理论掌握 + 管理技能运用

2. 科学管理的中心问题是(　　)。

A. 管理的职能　　　　　　　B. 提高劳动生产率

C. 管理的原则　　　　　　　D. 提高劳动积极性

3. 人际关系理论认为人是(　　)。

A. 经济人　　　B. 理性人　　　　C. 社会人　　　D. 复杂人

4. (　　)认为没有一成不变的、普遍使用的、最好的管理理论和方法。

A. 管理过程学派　　　　　B. 权变理论学派

C. 管理科学学派　　　　　D. 系统管理学派

5. 在当今社会,提出企业要一切从头开始、一切重新开始的是(　　)。

A. 企业流程再造　　　　　B. 学习型组织

C. 战略管理思想　　　　　D. 组织文化

二、多项选择题

1. 下面属于古典管理理论的有(　　)。

A. 劳动分工理论　　　　　B. 科学管理理论

C. 一般管理理论　　　　　D. 行政组织理论　　　　　E. 需求层次理论

2. 霍桑实验的结论是(　　)。

A. 工人是社会人

B. 工人是经济人

C. 企业中存在非正式组织

D. 工作环境和福利待遇对于生产率没有任何影响

E. 提高劳动生产率的关键在于提高员工的满意度

3. 20 世纪 80 年代以后,管理理论的研究出现了一些新的观点和思想,下面哪些观点和思想是在新思潮中诞生的(　　)。

A. 人是环境的产物,管理者要采取人性化的管理措施

B. 应当借鉴成功企业家和大企业的管理经验来研究管理问题

C. 未来真正出色的企业应当使所有员工能够全身心投入学习并有学习的能力

D. 企业应当从全局和长远的观点对未来一定时期的发展方向、目标、任务和政策,以及资源调配做出决策和管理

E. 组织文化能够激发员工的使命感,凝聚员工的归属感,加强员工的责任感,实现员工的成就感

三、思考题

1. 泰勒的科学管理理论的主要内容是什么?有什么局限性?

2. 人际关系理论的主要观点有哪些?对实际的管理工作有何指导意义?

3. 比较麦格雷戈的 X 理论和 Y 理论,这两种理论对管理者的管理风格有什么影响?

4. 结合社会现实,谈谈 21 世纪的管理出现了什么新趋势。

四、训练项目

1. 课内训练

训练目的:增进对不同管理理论的认识和理解。

训练内容:教师事先准备写有不同管理理论名称的卡片,学生根据自愿原则组成小组,以 6～8 人为一组,每组派一名代表抽取卡片,根据本组所抽取到的管理理论名称来阐述该理论的代表人物、主要内容、在管理实践应用中的优缺点。每组发言时间

15 分钟,一名小组成员负责主要发言,其他成员可进行补充。

成果与检测:

(1) 教师根据各组学生的发言进行打分。

(2) 检测学生对管理理论的熟悉程度及概括总结能力。

管理理论:＿＿＿＿＿＿＿＿＿＿＿＿＿＿＿＿＿＿＿＿＿＿＿＿＿＿＿

代表人物:＿＿＿＿＿＿＿＿＿＿＿＿＿＿＿＿＿＿＿＿＿＿＿＿＿＿＿

主要内容:＿＿＿＿＿＿＿＿＿＿＿＿＿＿＿＿＿＿＿＿＿＿＿＿＿＿＿

＿＿＿＿＿＿＿＿＿＿＿＿＿＿＿＿＿＿＿＿＿＿＿＿＿＿＿＿＿＿＿＿

＿＿＿＿＿＿＿＿＿＿＿＿＿＿＿＿＿＿＿＿＿＿＿＿＿＿＿＿＿＿＿＿

＿＿＿＿＿＿＿＿＿＿＿＿＿＿＿＿＿＿＿＿＿＿＿＿＿＿＿＿＿＿＿＿

＿＿＿＿＿＿＿＿＿＿＿＿＿＿＿＿＿＿＿＿＿＿＿＿＿＿＿＿＿＿＿＿

管理实践中的优缺点:＿＿＿＿＿＿＿＿＿＿＿＿＿＿＿＿＿＿＿＿＿＿＿

＿＿＿＿＿＿＿＿＿＿＿＿＿＿＿＿＿＿＿＿＿＿＿＿＿＿＿＿＿＿＿＿

＿＿＿＿＿＿＿＿＿＿＿＿＿＿＿＿＿＿＿＿＿＿＿＿＿＿＿＿＿＿＿＿

＿＿＿＿＿＿＿＿＿＿＿＿＿＿＿＿＿＿＿＿＿＿＿＿＿＿＿＿＿＿＿＿

＿＿＿＿＿＿＿＿＿＿＿＿＿＿＿＿＿＿＿＿＿＿＿＿＿＿＿＿＿＿＿＿

2. 课外训练

训练目的:学习中国古代管理思想在当今社会的应用。

训练内容:学生自愿组成小组,每组 6~8 人,选择中国四大古典名著中的一本或者儒、道、法、兵四大学派的任一代表著作(如《论语》《道德经》《韩非子》《孙子兵法》等)进行阅读学习,参考其中的管理实践和经验,结合现代企业管理的实际,总结其中的管理思想。小组成员共同学习交流后,将总结的实例及得到的启示、思想等整理成稿。

训练指导:可以从某一小的角度详细分析,如某一个人物身上体现出来的用人思想,或某一个事件折射出来的管理理念,也可以从全书的角度概括其中蕴含的管理经验和管理思想。

古典著作:＿＿＿＿＿＿＿＿＿＿＿＿＿＿＿＿＿＿＿＿＿＿＿＿＿＿＿

分析人物或事件:＿＿＿＿＿＿＿＿＿＿＿＿＿＿＿＿＿＿＿＿＿＿＿＿

管理经验和思想总结:＿＿＿＿＿＿＿＿＿＿＿＿＿＿＿＿＿＿＿＿＿＿

＿＿＿＿＿＿＿＿＿＿＿＿＿＿＿＿＿＿＿＿＿＿＿＿＿＿＿＿＿＿＿＿

＿＿＿＿＿＿＿＿＿＿＿＿＿＿＿＿＿＿＿＿＿＿＿＿＿＿＿＿＿＿＿＿

＿＿＿＿＿＿＿＿＿＿＿＿＿＿＿＿＿＿＿＿＿＿＿＿＿＿＿＿＿＿＿＿

＿＿＿＿＿＿＿＿＿＿＿＿＿＿＿＿＿＿＿＿＿＿＿＿＿＿＿＿＿＿＿＿

五、案例分析

沃里科公司的"第二个春天"

1983 年 11 月 3 日,美国《纽约时报》在商业版上刊出一篇题为《日本人管理好了一家美国的工厂》的长篇报道,在美国企业界引起轰动。

由美国沃里科公司管理了 15 年的弗里斯特市电视机厂,是著名的希尔斯公司的协作厂家。该厂生产的电视机多由希尔斯公司经销。这家电视机厂一度曾有员工 2000 人,无论从产值、规模还是职工数量上来说,都是阿肯色州弗里斯特市的重要企业,在当地的企业界中举足轻重。

但是沃里科公司由于管理不善,屡屡出现质量问题,致使弗里斯特市电视机厂陷入重重困境。厂里生产的电视机居然有 10% 过不了本厂的质检关,必须返修才能出厂。销出的电视机由于质量不佳,使用户怨声载道,造成产品大量积压。

工厂的财政状况难以为继。不得已厂方只能大量裁员,职工人数减少了四分之三,只剩下 500 人。此举一出,人心大乱,工人们更是无心生产,工厂到了几乎倒闭的地步。

作为销售商,希尔斯公司对弗里斯特市电视机厂的产品质量大为恼火,大量返修的电视机不仅增加了他们的工作量,更是损坏了希尔斯的声誉。看到电视机厂一片混乱的景象,希尔斯公司又为它的前途而担忧。

为了扭转厂方的不利局面,由希尔斯公司出面派人前往日本的电器制造业中心——大阪,邀请久负盛名的日本三洋公司,购买弗里斯特市电视机厂的股权,并进一步利用日本的管理人员和技术人员,来领导这家工厂。

三洋电器公司对希尔斯的建议迅速做出反应。1976 年 12 月,三洋公司开始大规模购入弗里斯特市电视机厂的股份,并取得了对该厂的控股权。1977 年 1 月,三洋公司派出了大批管理人员和技术人员,接管了弗里斯特市电视机厂。

日本人到达目的地后,马上发现他们面临着双重困难。一方面,同日本工人比起来,美国工人的劳动纪律性差,生产效率低,因此生产出的产品质量差;另一方面,工厂中的工人乃至整个城市的居民,并不十分欢迎日本人的到来,战后形成的对日本人的轻视和不满情绪,仍在起作用。

显然,日本管理人员无法采用在日本惯于使用的管理方法。除了文化和习惯方面的因素外,还有民族感情方面的问题。然而,生产效率必须提高,产品质量必须改善。

三洋公司总经理井植聪,对派去的日本人员约法在先:要融入到当地的大众生活中去,参加当地的社会事务,不要把自己圈在一个"小东京"里,重要的是要打破民族间的隔膜。

日本管理人员到达弗里斯特市后,先后办了三件事,令美国人大开眼界。

日本管理人员没有先采取什么严厉的措施,相反,他们首先邀请电视机厂的所有员工聚会一次,大家坐在一起喝咖啡,吃炸面包圈。然后,又赠送给每个工人一台半导体收音机。这时,日本经理对大家说,厂里灰尘满地、脏乱不堪,大家怎么能在这样的环境中生产呢?于是,由日本管理人员带头,大家一起动手清扫厂房,又把整个工厂粉刷得焕然一新。

几个月后,工厂的生产状况逐步改善,厂方对工人的需求又开始增加了。日本管理人员一反大多数企业招聘员工的惯例,不去社会上公开招选年轻力壮的青年工人,而是去聘用那些以前曾在本厂工作过,而眼下仍失业的工人。

只要工作态度好,技术上没问题,而且顺应潮流的人,厂方都欢迎他们回来应聘。日本人解释说,以前干过本行的工人素质好,有经验,容易成为生产好手,所以才雇用他们。

最令美国人吃惊的是,从三洋公司来的经理宣布,为了在弗里斯特市电视机厂建立和谐的工作关系,他们希望同该厂的工会携手合作。三洋公司的总裁亲自从日本来到弗里斯特,同工会代表会面。

他的开场白,是谈他第二次世界大战后在美国谋生的经历。他曾在好莱坞为著名电影评论家赫达·霍珀做服务员,每次当他替霍珀打开门厅时,总是看到伊丽莎白·泰勒等大明星正伫立门前。他的一席话,马上赢得了工会代表们的欢迎。双方很快达成协议,共同努力为工厂的发展而奋斗。日本总裁说:"我们公司信奉联合工人的原则,希望工会协助公司搞好企业。"

请全体员工吃东西,然后大家一起动手搞卫生,对美国人来讲已是件新奇事;专门雇请以前被辞退的工人,就更是少见的事;而公司的总裁亲自会见工会代表,恳请双方合作并建立起良好的关系,这在劳资关系一向紧张的美国,实属令人吃惊的举动。

日本人刚来时,很看不惯美国工人在生产线上边干活边吸烟,把烟灰弹得到处都是的样子。在同工会商议后,日本管理人员提出车间内禁烟。由于取得了工会的支持,工人们一声不响地接受了此项规定。

在日本人管理该厂期间,工人们只举行过一次罢工,而且问题很快得到解决,厂方和工会都表示这次罢工事件没有伤害相互的感情。

弗里斯特市工业委员会主席瓦卡罗说:"这些日本人真行,每天早上七八点钟就上班干活了,一天要工作11个小时,星期六都有很多人自愿加班。从前的那些管理人员可差远了,他们9点钟才进厂,翻翻当天的报纸邮件,口述一封回信,11点钟准时去俱乐部打高尔夫球,玩到下午3点钟才回厂,东晃一会儿西荡一会儿,就到下班回家的时间了。"

在这个工厂工作了12年的欧文说:"这些管理人员照顾工人们的情绪,生产上强调质量,强调清洁卫生,并且劝导工人们要爱护机器设备。管理部门还征求工人们的意见,大家一起商量提高生产效率,改善产品质量和工作条件。"

到了1983年,弗里斯特市电视机厂日产希尔斯牌微波炉2000台、彩色电视机5000台(其中有30%用三洋的商标),98%的产品质量合格,可直接投放市场。厂里的经营状况大大改善。

1983年的一个周末,电视机厂2000多名工人和管理人员,和弗里斯特市的市民们一起来到市广场的草坪上举行酒会,庆祝该厂的迅速发展。工业委员会的瓦卡罗说:"电视机厂是我们市的命脉,而三洋公司则是我们的支柱。"

(资料来源:冯国珍. 管理学习题与案例. 上海:复旦大学出版社,2008)

案例思考:

1. 美国人和日本人管理沃里科公司分别依据的是什么样的管理理论?它们的区别在哪里?

2. 沃里科公司的起死回生体现了怎样的管理思想转变?

3. 如果你来接管濒临倒闭的沃里科公司,你会从哪些方面着手?

学习单元三 管理环境与管理道德

海航集团公益行

天地之间,皆为用心之处。通过自身的努力让越来越多的人感受生命的美好,不仅仅体现在海航的品牌和服务上,更体现在海航作为一个具有高度社会责任感的企业所承担的社会责任上。海航在取得自身迅速发展的同时,大力弘扬"为社会做点事,为他人做点事"的理念,将社会责任提高到企业发展的战略高度,积极承担起企业应负的社会责任,大力支持社会公益事业。

截至2012年12月31日,海航向自然灾害地区、贫困地区、残疾人联合会、慈善总会、红十字会、青少年发展基金会、妇女发展基金会、中华见义勇为基金会、环境保护协会等地区、单位或个人捐款捐物价值逾8亿元,为社会公益事业的发展做出了突出贡献,得到社会的广泛赞扬。

海南省慈航公益基金会正式挂牌成立,将有效整合更多的社会公益资源,使海航多年来投身扶贫解危、捐资助学的行动有了更加坚实的物质基础和制度保障。今后,海航集团所投身的社会公益活动统一在海南省慈航公益基金会平台下运作,为推动社会公益事业的发展积极贡献力量。

海航以促进人类幸福与世界和平为理想,以勇担企业社会责任为立业之本、兴业之基,全面而创新性地履行社会责任,并伴随其事业发展积极扩大社会责任的边界,努力完善其社会责任体系建设。

20年来,海航致力于促进国家发展、世界和平与人类幸福,确立了颇具特色的海航社会责任模式,推动公益事业向亚非拉发展中国家延伸,树立了承担社会责任的企业公民形象,获得了国内外的高度认可。

1. 海航国内主要公益项目

(1)救灾送温暖:海航饮水思源,以积极的行动回报社会,每次重大自然灾害发生时,海航总是走在赈灾的前列。玉树地震、汶川地震、舟曲泥石流、海南暴雨灾害、海地地震、北非撤侨,在这些天灾人祸中,都展现了海航雪中送炭、甘于奉献、勇担道义的企业社会形象。

(2)海航希望学校:2008年5月,海航捐款3000万元,在万宁、五指山、保亭黎族苗族自治县、昌江黎族自治县、陵水黎族自治县建设一批海航希望学校。其中,保亭新星慈航小学是海航集团投资 350 万元捐建的第一所希望小学，占地 20 亩，可开设 25 个教学班。

（3）海航至善井：为了回报海南人民，2003 年，海航集团启动"至善井"计划，计划投资 2000 万元，用 10 年时间为海南缺水地区打 100 口水井，配合人民政府解决"饮水"的难题，帮助当地群众早日奔小康。截至 2013 年底，海航已在海口、文昌、澄迈等地完成 81 口"至善井"，解决了约 20 万人的饮水困难问题，提高了当地人民的生活水平，带动了当地的经济进步和发展。

（4）海航慈心之旅：2010 年 5 月，海航集团向海南省慈善总会捐赠 370 万元，用于实施"冉冉朝阳·慈心之旅"救助贫困先天性心脏病患儿项目、"绚丽晚霞·特困孤老生活照护"项目、"冉冉朝阳·爱心育才行动"项目和"冉冉朝阳·益智工程"救助贫困苯丙酮尿症患儿项目等四个慈善救助项目。

（5）海航送爱回家：2013 年春节，海航集团、海南省委、驻外使馆及 4 所北京高校等多家单位联合开展"海航送爱回家"活动，为 89 名贫困大学生、西部计划志愿者及海外留学生提供免费往返程机票，并为他们发放年货礼包、机模等礼品，帮助其春节回家团圆。

2. 2013 年海航集团的标志性奖项

第八届中华慈善奖"最具爱心捐赠企业奖"（民政部）

2012—2013 年度最受尊敬企业（经济观察报）

2013 绿色环保企业（每日经济新闻）

2013 中国信用企业（央视网）

2013 第一财经—中国企业社会责任榜杰出企业奖（第一财经）

（资料来源：http://www.hnagroup.com）

学习目标

1. 了解组织环境和组织外部环境的概念。
2. 理解组织外部环境的特征及组织一般外部环境的组成。
3. 掌握竞争者的四种类型、影响管理者道德素质的因素。
4. 掌握管理道德的特点及道德的分类。

第一节　管理环境

一、组织环境的概念

组织环境（Organization Environment）是指所有潜在影响组织运行和组织绩效的因素或力量，对组织的生存和发展起着决定性作用。

一般来讲，以组织界线来划分，可以把环境分为内部环境和外部环境，组织环境调节组织结构设计与组织绩效的关系,影响组织的有效性。组织环境对组织的生存和发展起着决定性的作用,是组织管理活动的内在与外在的客观条件。

二、组织外部环境

1. 组织外部环境的概念

组织外部环境是指组织所处的社会环境,外部环境影响组织的管理系统。组织的外部环境,实际上也是管理的外部环境。

外部环境可以分为一般外部环境和特定外部环境。一般外部环境是所有企业都面对的环境,包括的因素有社会人口、文化、经济、政治、法律、技术、资源等。一般外部环境对组织的影响是间接的、长远的。当外部环境发生剧烈变化时,会导致组织发展的重大变革。特定外部环境是企业在所在行业所面对的特殊的环境,主要是针对企业组织而言的,包括的因素有供应商、顾客、竞争者、政府和社会团体等。特定外部环境对企业组织的影响是直接的、迅速的。

2. 组织外部环境的特征

组织外部环境从总体上来说对组织的影响相当大,有时甚至能影响到整个组织结构的变动,组织外部环境具有下列特征:

（1）复杂性。构成组织外部环境的因素是多方面的、复杂的。它包括人的因素、物的因素,以及政治经济、技术、文化、自然条件等多方面的因素。

（2）交叉性。构成组织外部环境的各种因素是相互依存和相互制约的。无论哪方面的因素发生变化,都会直接地或间接地引起其他因素的变化。

（3）变动性。组织外部环境因素是不断变化的。

（4）不可控性。组织外部环境的变化企业没有办法控制,只能适应。

3. 组织一般外部环境的组成

（1）社会环境。主要是指一个国家的人口数量、年龄结构、职业结构、民族构成和特性、生活习惯、道德风尚以及这个国家的历史和历史上形成的文化传统。

拓展案例

加州葡萄干

美国的加州葡萄干在台湾的推销广告就是一个成功的例子。在刊播广告以前,广告主进行了大量的市场调研,发现葡萄干在台湾只是孩子们的一种零食,和大人好像没有密切的联系,而且这已经成为一种观念,对于孩子来说吃葡萄干也不是普遍性和经常性的。于是,广告宣传的重点被确定为诱导消费者,教育人们能够经常食用葡萄干,使葡萄干和人们产生密切的感情。为此,广告商采用赠送食谱和赠送样本的方式,邀请烹饪专家,研究出 20 种吃法,用彩色印刷、小盒赠品,在各百货公司,赠送给顾客。当小盒赠品赠出近 10 万盒时,这种葡萄干在百货公司的销量也同时增加了

5 倍。

加州葡萄干进入台湾之前,若未能对当地的消费习惯进行调查,那么葡萄干至今可能仍然还是小孩的零食,难以进入台湾家庭消费的主流。消费习惯是社会文化的一部分。

拓展案例

中国人口数量

2013 年末,中国大陆总人口约 13.6072 亿,比上年末增加 668 万人,其中城镇常住人口为 73111 万人,占总人口比重为 53.73%,比上年末提高 1.16 个百分点。全年出生人口 1640 万人,出生率为 12.08‰;死亡人口 972 万人,死亡率为 7.16‰;自然增长率为 4.92‰。全国人户分离的人口为 2.89 亿人。2014 年中国人口数量约 13.6072 亿,其中流动人口为 2.45 亿人。各省人口排名如表 3－1 所列。

表 3－1 2014 年中国(除港澳台地区)人口数量及各省人口排名

	省/市/自治区	人口数量/万人	人口排名	GDP/亿元	人均 GDP/元	人均排名
1	河南	9413	3	14234	15056	16
2	山东	9579	2	25326	27148	7
3	四川	8107	4	9657	11708	25
4	广东	10644	1	29863	32142	6
5	江苏	7939.49	5	24738	32985	5
6	河北	7287	6	13387	19363	11
7	湖南	6690.6	8	8366	13123	20
8	安徽	6928.5	7	6906	11180	28
9	湖北	5799	9	8451	14733	17
10	广西	5282	11	5386	11417	27
11	浙江	5493.8	10	17633	35730	4
12	云南	4687	12	4260	9459	30
13	江西	4522.15	13	5323	12204	24
14	辽宁	4390	14	10418	24645	9
15	贵州	3502.22	19	2543	6742	31
16	黑龙江	3835	15	7081	18463	12
17	陕西	3763.7	17	4806	12843	21
18	福建	3774	16	8440	23663	10
19	山西	3630	18	5465	16143	15
20	重庆	2970	20	3938	14011	18

（续）

省/市/自治区		人口数量/万人	人口排名	GDP/亿元	人均 GDP/元	人均排名
21	吉林	2699	21	4693	17211	13
22	甘肃	2582.18	22	2494	9527	29
23	内蒙古	2497.61	23	6140	25558	8
24	新疆	2232.78	25	3305	16164	14
25	上海	2415	24	11658	65473	1
26	北京	2114.8	26	8879	57431	2
27	天津	1007	27	5014	7972	3
28	海南	803	28	1121	13361	19
29	宁夏	572	29	769	12695	23
30	青海	529	30	706	12809	22
31	西藏	300.2	31	326	11567	26

（资料来源：中华人民共和国国家统计局）

拓展资料

民族构成

民族构成是指不同民族的人口数量在总人口中的比例关系。通常以百分数表示。中国是一个多民族国家。1982 年第三次全国人口普查时正式认可的民族有 56个，其中以汉族人数最多，占总人口 93.30%，最少的是赫哲族，人数只有 1476 人。少数民族在中国总人口中的比例虽然不高，分布范围却占全国面积的 50%～60%，以分布的大分散、小集中，大杂居、小聚居为显著特征。一个地区的民族构成状况是其历史发展的结果，因而研究民族构成，有助于认识地区社会、文化及经济的发展过程。因不同民族在人口、文化（包括语言文字）、宗教信仰、风俗习惯及经济实力等方面存在差异，民族构成研究也是制定合理的地区发展计划、实行正确的民族政策所必不可少的基础之一。

（资料来源：360 百科）

（2）政治环境。主要包括国家的政权性质和社会制度，以及国家的路线、方针、政策、法律和规定等。如海湾危机不仅使许多位于伊拉克境内的外国企业停止了经营活动，而且使土耳其、约旦、沙特阿拉伯等国的外国企业忧心忡忡，美国、日本及西欧的股票价格暴跌，石油价格上涨所影响的企业就更不计其数。而在政局情况基本一致的情况下，企业更愿意去为企业发展提供的环境条件较宽松和优惠的地区。这也是包括中国在内的许多发展中国家为吸引外资纷纷出台各种优惠政策和优惠措施的主要原因。

（3）经济环境。主要包括国家和地方的经济发展的水平、速度，国民经济结构，产业结构,党和国家的经济法令和经济政策,社会经济发展战略和计划,人民的生活消费结构和消费水平,市场的供求状况以及社会基础设施等。

（4）科学技术环境。它主要包括国家的科学技术发展水平,新技术、新设备、新材料、新工艺的开发和利用,国家的科技政策、科技管理体制和科技人才,它们直接关系到企业生产技术的发展方向以及可提供利用的技术资源。

（5）文化教育环境。主要包括人们的教育水平和文化水平,各种大专院校、职业学校的发展规模和水平等。

（6）自然地理环境。主要包括自然资源、地理条件和气候条件等。这些自然条件主要是组织所存在的地理位置以及这一地理位置上的地形、气候、土壤、山林、水源、动植物、陆地和水中的矿藏等自然物,这些自然物相互联系和作用,组成了整体性的结构。

在当代,由于全球化的影响,组织赖以生存的外部环境越来越趋于多变、剧变,因此管理者必须非常重视对环境因素的了解和认识。对外部环境作分析,目的是要寻找出组织的机会、组织必须要回避的风险(抓住机遇,健康发展),以及存在于组织界限以外的一切与本组织发生相互作用的因素。

4. 组织特定外部环境组成

1）供应商

企业供应商提供的商品质量会影响企业生产产品的质量,要求供应商提供的商品质量是合适的;供应商提供的原材料价格会影响产品价格水平的高低,要求供应商价格水平低;供应商交货及时和整体服务也影响企业交货时间和整体服务,交货时间会直接影响企业生产的连续性,要求供应商交货时间和整体服务水平好。

2）顾客

商店或服务行业称来买东西的人或服务对象为顾客。外部顾客包括最终消费者、使用者、收益者或采购方。内部顾客指组织内部的依次接受产品或服务的部门和人员。可以是产品生产流水线上的下道工序的操作者,也可以是产品或服务形成过程中下游过程的部门,或者是帮助顾客使用产品或服务的代理人,包括股东、经营者、员工等。

3）竞争者

竞争者是指那些与本企业提供的产品或服务相似,并且所服务的目标顾客也相似的其他企业。竞争者有四种类型:愿望竞争者、属类竞争者、产品形式竞争者、品牌竞争者。

（1）愿望竞争者也叫欲望竞争者指的是提供不同产品以满足不同需求的竞争者。比如出售旅游产品及出售电子产品之间的竞争。

（2）属类竞争者又称为一般竞争者,指以不同的方法满足消费者同一需要的竞争者。比如航空运输和铁路运输的竞争。

（3）产品形式竞争者也称行业竞争者,是指生产同种产品,但提供不同规格、型号、款式的竞争者。由于这些同种但形式不同的产品对同一种需要的具体满足上存在着差异,购买者有所偏好和选择,因此这些产品的生产经营者之间便形成了竞争关系,互为产品形式竞争者。比如航空运输中的直飞和中转航线。

(4)品牌竞争是指满足相同需求的、规格和型号等相同的同类产品的不同品牌之间在质量、特色、服务、外观等方面所展开的竞争。比如三亚—北京直飞航线,海南航空、南方航空、国际航空都可承运,在此航线上,三家航空公司互为品牌竞争者。

4)政府和社会团体

社会团体是当代中国政治生活的重要组成部分。中国目前的社会团体都带有准官方性质。社会团体实际上附属在业务主管部门之下。中国有全国性社会团体近2000个。其中使用行政编制或事业编制,由国家财政拨款的社会团体约200个。在这近200个团体中,中华全国总工会、共青团、全国妇联等社会团体虽然是非政府性的组织,但在很大程度上行使着部分政府职能。一些社会团体的工作任务、机构编制和领导职数由中央机构编制管理部门直接确定,实行全额财政拨款。

5. 组织与外部环境的关系

组织与外部环境间的关系表现为两个方面:其一,是社会环境对组织的作用;其二,是组织对外部环境的适应。

社会外部环境对组织的作用,至少有三种:

第一,社会环境对组织的决定性作用;

第二,社会环境对组织的制约作用;

第三,社会环境对组织的影响作用。

组织对环境的适应,主要是指组织对其社会环境的觉察和反应。组织适应外部环境有两种基本的形态:一是消极、被动的适应;二是积极、主动的适应。

三、组织内部环境

组织内部环境是指管理的具体工作环境。影响管理活动的组织内部环境包括物理环境、心理环境、文化环境等。

物理环境要素包括工作地点的空气、光线和照明、声音(噪声和杂音)、色彩等,它对于员工的工作安全、工作心理和行为以及工作效率都有极大的影响。物理环境因素对组织设计提出了人本化的要求,防止物理环境中的消极性和破坏性因素,创造一种适应员工生理和心理要求的工作环境,这是实施有序而高效管理的基本保证。在办公环境中我们需要共同营造良好的工作氛围。

心理环境指的是组织内部的精神环境,对组织管理有着直接的影响。心理环境制约着组织成员的士气和合作程度的高低,影响了组织成员的积极性和创造性的发挥,进而决定了组织管理的效率和管理目标的达成。心理环境包括组织内部和睦融洽的人际关系、人事关系,组织成员的责任心、归属感、合作精神和奉献精神等。

责任心是指个人对自己和他人、对家庭和集体、对国家和社会所负责任的认识、情感和信念,以及与之相应的遵守规范、承担责任和履行义务的自觉态度。

归属感(有时也称认同感)是指一个人对某样事物、组织的从属感觉,是一种主观的个人感受。例如:一个对学校、公司有归属感的人,可能会对学校、公司有一种"家"的感觉,觉得自己是这家学校、公司的一份子;相反,一个对学校、公司没有归属感的人,可能会觉得自己在这个学校、公司只是一个过客,终有一天会离开的感觉。一个人对某件事物的归属感,可以影响他对这一事物的忠诚度。

组织文化是指一个组织由其价值观、信念、仪式、符号、处事方式等组成的其特有的文化形象。组织文化环境至少有两个层面的内容:一是组织的制度文化,包括组织的工艺操作规程和工作流程、规章制度、考核奖励制度以及健全的组织结构等;二是组织的精神文化,包括组织的价值观念、组织信念、经营管理哲学以及组织的精神风貌等。一个良好的组织文化是组织生存和发展的基础和动力。

四、管理环境对企业的影响

管理环境是组织系统所处的环境,这种环境是与组织及组织活动相关的、在组织系统之外的一切物质和条件的统一体。

管理环境是相对于组织和组织活动而言的,只有相对于组织和组织活动的外部物质和条件才具有组织环境的意义。在人类产生之前,自然界就客观存在,只有当人类通过分工协作形成了自己的社会活动,从而也产生了对这些活动的管理之后,自然界的一部分与人类的这种活动相关联,才成为组织环境。因而,管理环境的性质和内容都与组织和组织活动息息相关:与一定经济组织的经济管理活动相联系的是经济组织环境,与一定军事组织的军事管理活动相联系的是军事组织环境;与一定教育组织的教育管理活动相联系的是教育组织环境等。这些组织环境都是与一定组织和组织活动相对应的。管理环境具有以下一些性质:

1. 客观性

组织环境是客观存在的,它不随着组织中人们的主观意志为转移,不管人们想不想、愿意不愿意,组织环境都是客观存在的,而且它的存在客观地制约着组织的活动。作为组织环境基础的自然的和社会的各种条件是物质实体或物质关系,它们是组织赖以存在的物质条件,对组织来说是一种客观存在的东西。

2. 系统性

组织环境是由与组织相关的各种外部事物和条件相互有机联系所组成的整体,它也是一个系统。可以将它称为组织的外部系统。组成这个系统的各种要素,如自然条件、社会条件等相互关联,形成一定的结构,表现出组织环境的整体性。组织所处的社会是一个大系统,组织的外部环境和内部环境构成了不同层次的子系统。任何子系统都要遵循它所处的更大系统的运动规律,并不断进行协调和运转。人们的管理活动就是在这种整体性的环境背景中进行的。

3. 动态性

组织环境的各种因素是不断变化的,各种组织环境因素又在不断地重新组合,不断形成新的组织环境。组织系统既要从组织环境中输入物质、能量和信息,也要向组织环境输出各种产品和服务,这种输入和输出的结果必然要使组织环境发生或多或少的变化,使得组织环境本身总是处于不断的运动和变化之中。这种环境自身的运动就是组织环境的动态性。

第二节　管理道德

一、管理道德概述

1. 管理道德的概念

管理道德(Management Ethics)作为一种特殊的职业道德,是从事管理工作的管理者的行为准则与规范的总和,是特殊的职业道德规范,是对管理者提出的道德要求,对管理者自身而言,可以说是管理者的立身之本、行为之基、发展之源;对企业而言,是对企业进行管理的价值导向,是企业健康持续发展所需的一种重要资源,是企业提高经济效益、提升综合竞争力的源泉,管理道德是管理者与企业的精神财富。

2. 管理与道德

"道德"一词,在汉语中可追溯到先秦思想家老子所著的《道德经》一书。"道"指自然运行与人世共通的真理;"德"是指人世的德行、品行、王道。当时道与德是两个概念,并无道德一词,"道德"二字连用始于荀子的《劝学》篇:"故学至乎礼而止矣,夫是之谓道德之极"。道德,就是依靠社会舆论、传统习惯、教育和人的信念的力量去调整人与人、个人与社会之间关系的一种特殊的行为规范,是规定行为是非的惯例和原则。一般来说,道德是社会基本价值观约定俗成的表现,人们一般都会根据自己对社会现象的理解、社会认同的形态,形成与社会大多数人认同的道德观,大多数人能够知道该做什么不该做什么,哪些是道德的,哪些是不道德的。

道德一般可分为社会公德、家庭美德、职业道德三类。其中职业道德,是同人们的职业活动紧密联系的符合职业特点所要求的道德准则、道德情操与道德品质的总和,是从事一定职业的人在职业劳动和工作过程中应遵守的与其职业活动相适应的行为规范。职业道德是从业人员在职业活动中应遵守或履行的行为标准和要求,以及应承担的道德责任和义务。

3. 道德的特点

(1) 道德的思想性。它依靠信念、传统习惯和社会舆论来维系,在思想境界上高于法律。

(2) 道德的差异性。不同组织有不同的道德标准。

(3) 道德的社会性。道德以与社会道德标准兼容为底线。如人可以不高尚,但是不能无耻,要做到这个要求,就必须遵循一些基本的道德标准,这个就是道德底线。

(4) 道德的时代性。在人类历史上道德观是与时俱进的。

4. 管理道德的特点

（1）管理道德具有普遍性。管理道德是人们在参与管理活动中依据一定社会的道德原则和基本规范为指导而提升、概括出来的管理行为规范,适用于各个领域的管理。

（2）管理道德具有特殊的非强制性。企业管理是人人都可以平等参加的管理,没有强制性,而管理道德是调整管理行为的规范,也没有强制性。

（3）管理道德具有变动性。企业管理活动随着社会实践的发展而不断变化,作为调整管理行为、管理关系的管理道德规范,也必然随着管理的变化和发展而不断改变自己的内容和形式。

（4）管理道德具有社会教化性。管理道德,高度重视管理道德的教化作用,强调组织管理者的道德示范和引导作用,使管理道德的意识、信念、意志、情感更加深入人心,并化为人们的自觉行为。

二、四种道德观

1. 功利主义道德观

功利主义,即效益主义是道德哲学(伦理学)中的一个理论,提倡追求最大幸福。功利主义道德观是完全按照成果或结果制定决策的一种道德观点。功利主义的目标是为绝大多数人提供尽可能多的利益,一方面,功利主义提倡效率和生产力的提高,并符合组织利润最大化目标;另一方面,功利主义也有可能导致组织资源的配置不合理以及利益相关者的权利被忽视。

2. 权力至上道德观

权力至上,即只重权,而舍其他。权力至上认为管理决策必须在尊重和保护个人自由和特权,包括隐私权、良心自由、言论自由和法律规定的各种权利的前提下做出。权力至上的道德观在保护个人自由和隐私方面起到积极作用,但是在组织中也有消极的一面。

想一想:根据权力至上的道德观,某些商场以偷窃为由对顾客或员工进行搜身,这是道德的吗?

_____

_____

_____

_____

_____

3. 公平公正道德观

公平公正道德观要求管理者公平和公正地制定、实施和贯彻组织规章。实行公正标准同样会有得有失,既保护了那些利益可能未被充分体现或被忽视的利益相关者,但它也会助长组织降低风险承诺、创新和生产率的意识。

4. 综合社会契约的道德观

综合社会契约的道德观主张把实证和规范的两种方法并入商业道德中,即要求决策者在决策时综合考虑实证和规范两方面的因素。综合社会契约道德观是两个契约的整合,允许企业处理并确定可接受的基本规则的社会一般契约,以及处理社区成员之间可接受的行为方式的一种更为具体的契约。

综合社会契约的道德观与其他三种的区别是它要求管理者考查各行业和各公司中的现有道德准则,以决定什么是对的、什么是错的。

三、影响管理者道德素质的因素

1. 外部因素的影响

外部因素的影响主要包括早期教育因素、企业的管理体制及制度因素、企业文化因素、社会大环境因素等。

1)早期教育因素的影响

个人早期受的教育、生活环境,尤其是在其幼、童年时期所处环境的熏陶、所受教育的程度对其今后观念的形成起到至关重要的影响,通过这时期感知、认知事物,其个人的道德观初步形成。中华民族有很多传统美德,尊老爱幼、勤俭节约、诚实守信等。还有孔子的"己所不欲,勿施与人",小学教科书中的《孔融让梨》就是一个很好的教学用文。孔融年纪虽小,但是懂得把大的梨分给自己的长辈,而把小的留给自己。小学生学完这篇课文后,当自己遇到类似的事情时,会下意识地去模仿,养成尊老爱幼的好习惯。"孔融让梨"就是早期教育对其道德影响的表现。从周代开始,"孝"成为调节家庭和家族内部关系的基本道德原则,而"孝"和"忠"都表现出了一种建立在血缘和等级基础上的后辈对前辈、下级对上级的绝对崇尚和服从的倾向。

2)企业的管理体制及制度因素的影响

企业的管理体制是否有利于企业发展,企业领导者是否为管理者创造一个工作、发展的平台,企业是否做到组织结构科学合理、规章制度是否健全完善、人才培训培养机制是否激励有效等,都对管理道德的形成有较大影响。

拓展案例

某大型知名企业生产一线管理人员管理素质问题存争议

在与某大型知名企业员工交谈的过程中发现,在公司的一线生产环节不存在领导,仅仅存在着一些所谓的"管理者"。这些管理人员都是从一线工人提拔而来,提拔后又缺少相关管理方法与技巧的培训,这一举措无疑降低了一线的管理成本。

其管理人员的管理方式一般可概括为四个字"简单粗暴",仅仅注重最终结果,而不考虑其过程以及为员工提供支持性环境。作为一线管理者的工长所负责的只有最终的结果，只寻求最终绩效，而省去了泰勒制中的指挥与监督过程，且将自我利益置于他人利益之上：一线员工及时完成工作任务时，奖赏往往被工长一人独占，而一旦任务未能及时完成，则工长往往会找各种理由推脱到一线生产工人身上。虽然企业没有明文规定的末位淘汰制度，但工长打压那些未能及时完成指标者，逼迫其自离，从而将其剔除出厂。这一举动无疑大大打击了员工的士气。由于工长的逼迫而自离出厂也构成了高流动率的很大一部分(约30%)。

工长与一线员工之间一向缺乏交流，许多受访者者透漏："领导与我们交流最多的一句话就是'干不完？你给我滚！'当然这里面可能加入了很多主观因素，据发放的问卷统计结果显示，在问题"当你工作失误时"只有18.1%的员工选择了领导会"严厉粗暴地批评"。而且，一些老员工在谈及此问题时，总会以一种调侃的语气："他骂就骂吧，左耳进，右耳出就得了。反正骂你的人也是每天被骂的。"该企业现有的管理层次被分为12级，级与级之间都有着较为明显的界限，下级挨上级的骂是经常的事。也是就是说"骂人文化"不仅仅是在生产一线才有的，整个企业的各个阶层都存在。

（资料来源：新浪博客）

3）企业文化因素的影响

一个企业有较强的、积极向上的企业文化就可以抵御外来风险，化解内部冲突。在走上市场经济之路以来，许多企业注重实施企业文化建设，形成具有企业自身特色的文化。如海尔文化，不仅使海尔的知名度进一步提升，而且使企业的凝聚力进一步增强，员工的亲和力进一步增强，从而形成了海尔人良好的职业道德、行为准则。海航企业文化要求海航人"做人，做事"，诚信做人，诚信做事。

 拓展案例

"有生于无"与"以柔克刚"

张瑞敏首席执行官出访日本一家大公司。在与该公司董事长谈论公司经营宗旨和企业文化时，提到了《道德经》中的一句话，这就是"天下万物生于有，有生于无"。

张瑞敏以这句话诠释了海尔文化的重要性。他说，企业管理有两点始终是自己铭记在心的。第一点是无形的东西往往比有形的东西更重要。领导对下属看重的有形东西太多，而无形东西太少。一般总是问产量多少、利润多少，没有看到文化观念、氛围更重要。一个企业没有文化，就是没有灵魂。第二点是老子主张的为人做事要"以柔克刚"。张瑞敏说："在过去，人们把此话看成是消极的，实际上它主张的弱转强、小转大是个过程。要认识到，作为企业家，你永远是弱势；如果你真能认识到自己是弱势，你就会朝目标执着前进，也就会成功。"

有一次，一位记者问张瑞敏："一位企业家首先应懂哪些知识？"张瑞敏想了想说："首先要懂哲学吧！"

张瑞敏能联系企业实际，从老子思想中悟到"无"比"有"更重要、"无"生"有"的道理，也悟出柔才能克刚、谦逊才能进取的为人做事之理。骄横与张扬永远是企业衰败之源。

人的成熟，在于思想的成熟。企业家的成熟在于实践经验基础上形成的理念体系。一切成功的企业家都是经营哲学家。著名经济学家艾丰为《张瑞敏如是说》一书写序，题目就是："不用哲学看不清海尔"。艾丰用哲学恰到好处地评价了张瑞敏。

拓展案例

海尔文化走进哈佛讲坛

1998年3月25日，在美国哈佛商学院内，工商管理硕士二年级学生的课堂上是一番异常热烈的景象，大家正欣喜万分地迎接一位陌生的老师——来自中国的企业家海尔集团首席执行官张瑞敏。

"请大家想想看，1984年张瑞敏先生面临的严重挑战是什么？"林·佩恩教授循循善诱地向大家提出一个又一个问题。

呈马蹄形排列的座位上立即举起一片手臂，大家迫不及待地想表述自己的想法。其中有拉美人、日本人，更多的是美国人。

教授不断提问，把讨论逐渐引向深入。"海尔具有每年增长80%的速度，成为家电发展最快的企业，大家认为什么是影响海尔成功的因素？你若是张先生，又如何做出决策？海尔管理为什么是有效的？一条'休克鱼'为什么能被海尔文化激活？为什么研究企业文化就是研究活力？"学员们各自发表着看法。

张瑞敏听着各国硕士生的提问和对海尔文化案例的热烈讨论，对他们提出的问题一一作了解答。

一位美国的学生说："从张先生的讲课中，我第一次了解到了中国企业成功的管理！"

张瑞敏是走上哈佛讲坛的第一位中国企业家，以海尔的卓著业绩和精辟经营理念让世界认识了中国企业与成功的海尔文化。这一事件在中国企业管理史上具有重要历史意义，它说明，中国企业只要创新，同样也可以在企业管理方面为世界做出贡献。

4）社会大环境因素的影响

一定时期社会上大多数人的世界观和价值观也会受外部影响甚至改变个人的管理道德观。尤其是在社会转型期，多种因素综合导致了一些人的道德观危机，如社会不同层次的管理道德问题、职业圈子中的管理道德问题、企业内部日常管理中面临的管理道德问题等。

2. 内在因素的影响

内在因素的影响主要包括管理者自身的意志、能力、信念、自身责任感等因素。

1）个人意志、能力和信念因素的影响

个人意志坚强、个人能力较强、个人信念坚定的管理者对事物判断比较准确，无论身处顺境还是逆境，无论是外部诱惑如何，其大多数会在道德准则判断与道德行为之间保持较强的一致性，不会因一时之事、一念之差而做出不正确的选择；反之则会在道德准则判断与道德行为之间做出不正确的选择。如吉姆·兰德尔所说，意志力与思想控制有直接的联系。一旦意识到能够让积极的思想排挤掉消极的思想，就表明自己朝着自律一生前进了一大步。

2）个人责任感因素的影响

责任感是一个人对自己、自然界和人类社会，包括国家、社会、集体、家庭和他人，主动施以积极有益作用的精神。责任感从本质上讲既要求利己，又要求利他人、利事业、利国家、利社会，而且自己的利益同国家、社会和他人的利益相矛盾时，要以国家、社会和他人的利益为重。人只有有了责任感，才能具有驱动自己一生都勇往直前的不竭动力，才能感到许许多多有意义的事需要自己去做，才能感受到自我存在的价值和意义，才能真正得到人们的信赖和尊重。有了责任感，作为领导者，就能够殚精竭虑，造福一方。反之，缺乏责任感的人，对自己行为的后果不愿承担责任，甚至认为"事不关己"，推卸责任，则缺乏最基本的道德素质。责任感是人的基本道德规范，在责任感的基础上才能架构整个道德体系的各种元素，没有责任感也就没有道德。

拓展案例

责任感创造奇迹

美国著名心理学博士艾尔森对世界100名各个领域中的杰出人士做了调查，结果证明其中61名竟然是在自己并非喜欢的领域里取得了辉煌的业绩。除了聪颖和勤奋之外，他们究竟靠的是什么呢？这些杰出人物的答案几乎不约而同："任何的抱怨、消极、懈怠，都是不足取的。唯有把那份工作当作一种不可推卸的责任担在肩头，全身心地投入其中，才是正确与明智的选择。"正是在这种高度责任感的驱使下，他们才取得了令人瞩目的成功。

第三节　社会责任

企业是社会发展的基本物质载体，是维护社会稳定的基本就业载体，是民众安居乐业的基本生活载体，也是人与自然和谐发展的基本生产载体。企业所求者，健康、快速、可持续发展。达此目标，必承担社会责任。社会是企业的发展空间和利润来源，积极承担社会责任，是企业立于不败之地的基石。衡量一家企业是否成功，不能仅以经济效益为标准,更应关注其社会效益,考察其社会责任是否得到大众认可。企业社会责任包括经济责任、法律责任、慈善责任和环境责任。而在中国崛起与世界转型的背景下,要实现中华民族的伟大复兴,就必须同时促进经济可持续发展和大力弘扬传统文化,企业就要秉持广义的社会责任观,将社会责任上升到战略层次,不仅为社会提供有形产品,随着企业经营内容的丰富而不断扩大社会责任的边界,更应以一种商业文明的形式推动社会进步与和谐发展,提升其文化价值,致力于成为承担社会责任的引领者、塑造者。

一、社会责任的概念

早在18世纪中后期英国完成第一次工业革命后,现代意义上的企业就有了充分的发展,但企业社会责任的观念还未出现,实践中的企业社会责任局限于业主个人的道德行为之内。企业社会责任思想的起点是亚当·斯密(Adam Smith)的"看不见的手"。

企业社会责任(Corporate Social Responsibility,CSR)是指企业在创造利润、对股东承担法律责任的同时,亦要考虑到对各相关利益者造成的影响。企业社会责任是企业通向可持续发展的重要途径,它符合社会整体对企业的合理期望,不但不会分散企业的精力,反而能够提高企业的竞争力和声誉。国际性的企业社会责任标准主要有SA8000、全球契约、OECD(多国企业指导纲领)等。

SA8000

SA8000(Social Accountability 8000)社会责任标准系依据国际劳工组织条例所建立的国际性社会责任标准。

全球契约:联合国全球契约要求各企业在各自的影响范围内遵守、支援以及实施一套在人权、劳工标准及环境方面的十项基本原则。

OECD:多国企业指导纲领是各国政府对多国企业营运行为的建议事项,为一符合相关法律规范的自发性商业行为及标准。

查一查:请详细列出全球契约的十项基本原则。

_____

_____

_____

_____

二、社会责任的基本内涵

社会责任的概念主要包含了以下几个方面：

1. 公司治理和道德标准（图3-1）

公司治理和道德标准主要包括尊重政治体制和社会文化，遵守法律、共同规则以及国际标准，防范腐败贿赂，对消费者和对客户负责等。

图3-1　社会责任金字塔

2. 对人的责任

对人的责任主要包括员工安全计划，就业机会均等，反对歧视、薪酬不公平等。

3. 对环境的责任

对环境的责任主要包括维护环境质量、使用清洁能源、共同应对气候变化和保护生物多样性等。20世纪30年代以来，由于环境公害频繁发生，环境保护运动开始在全球范围内兴起，社会开始更多地关注企业的环境社会责任，国际社会迫切需要共同采取一些行动来解决这些问题。1972年，联合国在瑞典斯德哥尔摩召开人类环境会议发表了《人类环境宣言》，提出了人类在开发利用自然的同时，也要承担维护自然的责任和义务。1987年，联合国世界环境与发展委员会发表了《我们共同的未来》这份重要的报告，明确给出可持续发展的定义，并提到由于经济快速的成长给环境带来巨大的冲击，倘若企业不主动负起其对于环境的责任，资源的浩劫及环境的承载力将会持续恶化，如此一来，环境将无法持续发展。

4. 对社会发展的广义贡献

对社会发展的广义贡献主要指广义的对社会和经济福利的贡献,这些贡献可能成为企业核心战略的一部分,成为企业社会投资、慈善或者社区服务行为的一部分。

拓展案例

中国(2014)慈善榜在京发布

4月25日,中国(2014)慈善榜在京发布,以2013年度实际捐赠100万元以上的企业或个人为采集样本,同时揭晓中国慈善家捐赠榜、中国企业慈善榜、中国明星慈善榜等三张榜单。上榜企业家共212位,捐赠总额约61.33亿元;上榜企业760家,捐赠总额约74.75亿元;上榜慈善明星100位。世茂集团董事局主席许荣茂以3.7亿元的捐赠额荣获新一届"中国首善"称号。当日还发布了《2013中国慈善捐赠发展蓝皮书》(中国社会出版社)。司马义·艾买提同志出席活动。

2013年,中国的慈善事业迎来前所未有的机遇。2月发布的《关于深化收入分配制度改革的若干意见》规定:"对企业公益性捐赠支出超过年度利润总额12%的部分,允许结转以后年度扣除。"首次对慈善税收减免的结转问题予以明确。11月,十八届三中全会审议通过《中共中央关于全面深化改革若干重大问题的决定》又提出"完善慈善捐助减免税制"。慈善模式的探索及税收桎梏的打破,激励了企业家的捐赠热情,增加了企业家参与公益事业的途径,146位年度捐赠总额在1000万及以上的慈善家被榜单收录。大额的数字展现出2013年我国捐赠氛围的开放,彰显出慈善家们强烈的社会责任心。世纪金源集团以4.675241亿元的捐赠额荣登慈善企业榜首。榜单中收录的捐赠总额在1000万及以上的慈善企业共157家,国企、民企、外企具有上佳表现。数据显示,芦山地震捐赠成为2013年最大的捐赠事件。在捐赠方式上,股权捐赠依旧抢眼,公益创新机制日趋成熟;出资成立基金会或专项基金成为一种潮流,慈善日渐成为企业战略部署,专业化的诉求日趋明显;以协议承诺的方式明确持续分年捐赠亮点频出,商业化的手段对慈善公益的效率追求提出了新的要求。

中国慈善榜由《公益时报》社自2004年开始每年编制发布,以寻找榜样的力量、弘扬现代公益精神为宗旨,被誉为中国财富人士的爱心清单。数据主要来源于六个方面:民政系统接受捐赠数据、捐赠者提供的数据、公益机构接受捐赠数据、上市公司年报公布数据、媒体公开报道的捐赠数据以及《公益时报》的公益档案数据。

为确保捐赠数据客观性以及公正性,数据征集工作结束后,《公益时报》中国慈善榜办公室还组成工作团队进行二次核实。通过专业调查、社会推荐等阶段,综合社会各界意见,最终形成榜单。

《公益时报》社坚持社会倡导,坚持调查研究,编制慈善榜单,创造事件,生产影响,传播感动,按照工作惯例致敬榜样。在中国慈善榜编制工作基础上,再次评选出首善奖、特别贡献奖、年度十大慈善家、十大慈善企业等诸多奖项,奖励不仅是分享荣誉,更是倡导公益。

中国首善:世茂集团董事局主席许荣茂以 3.7 亿元的捐赠获新一届"中国首善"称号。

中国慈善事业特别贡献奖:三度荣获"中国首善"称号的慈善家黄如论,他领导的世纪金源投资集团公司以 4.675241 亿元的捐赠额荣登 2013 年度慈善企业榜首。四川宏达集团董事局主席刘沧龙以"认真做人,认真做事"的行为准则,总结出了宏达"十大社会责任"体系,为民营企业践行社会责任的树立了标杆。许家印积极履行各项社会责任,在慈善公益领域勇为表率,为慈善事业捐款超几十亿元。赵涛带领的步长制药集团,支持发起共铸中国心活动,捐赠过亿元,提升了中国西部欠发达地区医疗水平。杨勋带领真维斯为爱出发,公益的脚步从没有停歇,让越来越多的青少年在他的帮助下健康成长。林东致力行善为社会公益事业倾注了自己的心力,带动了千千万万个林东参与到慈善事业中来。

中国慈善榜年度慈善家:钢子、姚志胜、许淑清、束昱辉、杨受成、潘亚文、陈怀德、胡静优俪、陈绍常、陈逢干、郝合兴荣获 2014 年度慈善家称号。"钢子"不是一个真实的名字,只是一个号召全民行善的符号。钢子以不求回报的行善方式创建了一个全新的慈善理念——"慈善纯公益",他用 1 元钱跟捐的方式发起了适合全民参与的"1起捐"公益慈善,掀起了一场慈善微革命,钢子也是唯一一位,以非真实身份当选的慈善家。姚志胜多年来支持中国教育事业的发展,"情系桑梓,一心向善"的精神成为侨商典范。许淑清率领中恒集团积极开展公益慈善事业,惠及 20 多个省市成千上万的贫困家庭,为中国企业家践行社会责任树立了榜样。束昱辉以"忧系家国,救苦救难"的慈善思想,积极参与慈善公益事业,为雅安地震捐赠 1 亿元,为杏林基金会捐赠5000 万元,成功将"个人价值""企业价值"与"社会价值"融于一身。杨受成以慈善之心惠泽华夏,视慈善为生活,几十年如一日。以自己的实际行动唤起社会各界人士为祖国公益慈善事业出力。"传递爱心正能量,让更多人有勇气去实现梦想"是潘亚文 20 年来始终努力的方向,在潘亚文看来,慈善不是一种施舍,而是一种心对心的关怀。陈怀德、胡静优俪是心系苍生的慈善家,慈悲为怀,甘霖广济,彰显义薄云天的仁者风范。20 年来,一直乐善好施,享受那种为善的快乐。陈绍常用超越常人的商德和信誉,实现了财富事业与慈善事业的双重成功,他把客家传统发扬光大,以"众善奉行"的博大胸怀慈悲济世。陈逢干将慈善与创业占据了整个生命,又结合得如此完美,这就是一个中国慈善家的胸怀。"人生价值和意义关键在于为这个社会做了些什么",于郝合兴而言,人生价值的体现就是心底无私天地宽。

中国慈善榜年度十大慈善企业称号:NU SKIN 如新集团、神华集团有限责任公司、南京中脉科技发展有限公司、上海华信石油集团有限公司、日照钢铁控股集团有限公司、卓达集团房地产有限公司、中南控股集团、富士康科技集团、加多宝集团、新奥集团。

2014 年中国慈善榜"年度榜样慈善明星":林志玲。

2014年中国慈善榜"年度慈善明星"：巫启贤、杨恭如、立威廉、火风、高虎、陈一冰、袁姗姗、赵毅。

2014年中国慈善榜"仁爱大使"：唐艺昕、杨凯淳、霍尊、张峻宁、曹曦文、宋杨、孟飞。

2014年中国慈善榜"年度特别支持奖"：环球网、《东方企业家》杂志、凤凰网、新华网、《华夏时报》、新浪网、中国网、中华慈善新闻网、《新慈善》杂志社、光明网、央广都市(北京)文化传媒有限公司、中国教育电视台、中国国际艺商联盟、夏邦国际商贸(上海)有限公司、新丝路时尚机构、林州市慈善总会。

（资料来源：公益时报）

拓展案例

海航集团 2012 年度社会责任白皮书

《道德经》曰："知其雄，守其雌，为天下溪。"海航深信，唯有融入社会，诚承社会责任，才可得到社会的尊重，"海航梦"计划才能顺利实现。发布海航集团社会责任白皮书，是海航与社会沟通的重要途径，也是海航践行社会责任的重要见证。《海航集团 2012 年度社会责任白皮书》是对海航 20 年来创业之路与勇担社会责任的总结，也是对海航 20 年坚守理想的纪念。展望未来，海航将致力于确保自身可持续发展与承担社会责任的良性互动，以持续发布社会责任白皮书为路标，用海航梦的实现为中华民族伟大复兴增光添彩。

（资料来源：http://www.hnagroup.com）

三、社会责任的意义

企业社会责任的意义在于以下几方面：

1. 提高企业市场开拓能力

企业社会责任作为一种激励机制，对企业管理来说，是一场新的革命，更是提高企业开拓能力的动力源泉。

2. 树立企业形象，增强竞争力

企业承担一定的社会责任，虽会在短期内增加经营成本，但无疑有利于企业自身良好形象的树立，形成企业的无形资产，进而形成企业的竞争优势，最终给企业带来长期潜在的利益。通过公布企业参与社会和伦理责任事务的程度，企业能够向国内外公众表现出自身的责任价值观，以此树立良好的企业公民形象。通过社会公益活动，扩大企业的知名度和美誉度，这是企业的无形资产，有助于培养顾客信任感和忠诚度。

3. 促进企业创新

对社会责任的关注将促使企业转向对产品、设计、流程、管理和制度等环节进行创新,促进其盈利方式和增长方式的转变。通过提高生产效率、改变生产方式、拓宽创新领域、改善经营环境和发展循环经济,从而获得更大的利润。企业定期发布社会责任报告,意味着要全面梳理企业与社会的责任关系,建立起与其利益相关方的新型关系,真诚关注利益相关方的期望,真诚回应利益相关方的需求,真诚服务于利益相关方的发展,与利益相关方保持真挚的沟通,取得各利益相关方的广泛支持和合作,实现和谐共赢,共同创造广阔发展空间,共同为社会发展做出贡献。

4. 为企业的可持续发展赢得良好外部环境

社会责任是企业利益和社会利益的统一,企业承担社会责任的行为,是维护企业长远利益、符合社会发展要求的一种"互利"行为,可以为自身创造更为广阔的生存空间。持续发布企业社会责任报告,有助于企业获得政府、媒体的长期合作和支持,具有良好形象的企业更易获得资金等资源。

5. 推动优秀企业文化建设

企业社会责任作为企业文化的新内容,重新塑造和创新了企业文化的价值观念,推进了企业文化的相关建设。而企业文化作为企业的一种价值体系,又将企业社会责任建设提升到新的理论高度和较高的文化层次。

四、管理对策

既然社会责任是影响企业持续发展的重要因素,那么,企业应该如何履行社会责任?

(1)应明确企业应承担哪些社会责任。明确企业应该承担什么样的社会责任是制定企业社会责任战略的依据。企业应根据自己的业务范围和经营特点确定其应承担的社会责任。

(2)完善公司治理结构下的社会责任专业委员会。企业应建立企业社会责任委员会,专门负责和控制企业的社会责任。

管理故事

给　予

有个老木匠准备退休,他告诉老板,说要离开建筑行业,回家与妻子儿女享受天伦之乐。

老板舍不得他的好工人走,问他是否能帮忙再建一座房子,老木匠说可以。但是大家后来都看得出来,他的心已不在工作上,他用的是软料,出的是粗活。房子建好的时候,老板把大门的钥匙递给他。"这是你的房子",他说,"我送给你的礼物。"

他震惊得目瞪口呆,羞愧得无地自容。如果他早知道是在给自己建房子,他怎么会这样呢?现在他得住在一幢粗制滥造的房子里。我们又何尝不是这样。我们漫不经心地"建造自己的生活,不是积极行动,而是消极应付,凡事不肯精益求精,在关键时刻不能尽最大努力。等我们惊觉自己的处境，早已深困在自己建造的"房子"里了。把你当成那个木匠吧，想想你的房子，每天你敲进去一颗钉，加上去一块板，或者竖起一面墙，用你的智慧好好建造吧！你的生活是你一生唯一的创造，不能抹平重建，即使只有一天可活，那一天也要活得优美、高贵，墙上的铭牌上写着："生活是自己创造的！"

管理定律

马太效应

《新约·马太福音》中有这样一个故事，一个国王远行前，交给三个仆人每人一锭银子，吩咐他们："你们去做生意，等我回来时，再来见我。"国王回来时，第一个仆人说："主人，你交给我的一锭银子，我已赚了10锭。"于是国王奖励了他10座城邑。第二个仆人报告说："主人，你给我的一锭银子，我已赚了5锭。"于是国王便奖励了他5座城邑。第三个仆人报告说："主人，你给我的一锭银子，我一直包在手巾里存着，我怕丢失，一直没有拿出来。"于是国王命令将第三个仆人的那锭银子赏给第一个仆人，并且说："凡是少的，就连他所有的，也要夺过来。凡是多的，还要给他，叫他多多益善。"这就是马太效应，它反映了当今社会中存在的一个普遍现象，即赢家通吃。

对企业经营发展而言，马太效应告诉我们，要想在某个领域保持优势，就必须在此领域迅速做大。当你成为某个领域的领头羊的时候，即便投资回报率相同，也能更轻易地获得比弱小的同行更大的收益。而若没有实力迅速在某个领域做大，就要不停地寻找新的发展领域，才能保证获得较好的回报。

本单元小结

组织环境是指所有潜在影响组织运行和组织绩效的因素或力量，对组织的生存和发展起着决定性作用。组织环境分为内部环境和外部环境。

组织外部环境是指组织所处的社会环境，外部环境影响组织的管理系统。组织的外部环境，实际上也是管理的外部环境。外部环境可以分为一般外部环境和特定外部环境。

组织外部环境的特征：复杂性、交叉性、变动性、不可控制性。

竞争者有四种类型：愿望竞争者、属类竞争者、产品形式竞争者、品牌竞争者。

管理道德作为一种特殊的职业道德，是从事管理工作的管理者的行为准则与规范的总和，是特殊的职业道德规范。

影响管理者道德素质的因素:外部因素的影响主要包括早期教育因素、企业的管理体制及制度因素、企业文化因素、社会大环境因素等;内在因素的影响主要包括管理者自身的意志、能力、信念因素、自身责任感因素等。

企业社会责任是指企业在创造利润、对股东承担法律责任的同时,亦要考虑到对各相关利益者造成的影响。社会责任的概念主要包含以下几个方面:公司治理和道德标准、对人的责任、对环境的责任、对社会发展的广义贡献。

企业社会责任的意义在于:提高企业市场开拓能力、树立企业形象增强竞争力、促进企业创新、为企业的可持续发展赢得良好外部环境、推动优秀企业文化建设。

思考与讨论

一、填空题

1. 组织环境是指所有潜在＿＿＿＿＿＿＿＿和＿＿＿＿＿＿＿＿,对组织的生存和发展起着决定性作用。组织环境分为＿＿＿＿＿＿＿＿和＿＿＿＿＿＿＿＿。

2. 组织外部环境是指组织所处的＿＿＿＿＿＿＿＿,外部环境影响组织的＿＿＿＿＿＿＿＿。组织的外部环境,实际上也是管理的外部环境。外部环境可以分为＿＿＿＿＿＿＿＿和＿＿＿＿＿＿＿＿。

3. 组织外部环境的特征:＿＿＿＿＿＿＿＿、＿＿＿＿＿＿＿＿、＿＿＿＿＿＿＿＿和不可控制性。

4. 竞争者有四种类型:＿＿＿＿＿＿＿＿、＿＿＿＿＿＿＿＿、产品形式竞争者和＿＿＿＿＿＿＿＿。

5. 管理道德作为＿＿＿＿＿＿＿＿,是从事管理工作的管理者的＿＿＿＿＿＿＿＿,是特殊的职业道德规范。

6. 企业社会责任是指企业在＿＿＿＿＿＿＿＿、＿＿＿＿＿＿＿＿的同时,亦要考虑到对各相关利益者造成的影响。

二、简答题

1. 简述影响管理者道德素质的因素有哪些。

2. 简述企业社会责任的意义。

3. 简述在社会责任的概念中主要包含了哪些方面的内容。

4. 简述综合社会契约的道德观的相关内容。

三、训练项目

利用课余时间,5人一组讨论并制作PPT,从社会大环境因素对道德的影响分析高考舞弊现象。

四、案例分析

海航万米高空"零聚爱心"Change for Good机上筹款获支持

2013年9月1日上午,海航HU7382北京—海口航班上,经济舱的一位旅客第一个将爱心善款投入零钱袋,这标志着海南航空"零聚爱心"Change for Good机上筹款活动正式启动。

上午08:00,海航HU7382航班准点起飞,在即将落地前半个小时,乘务员开始广播:"我们真诚邀请您参与海南航空'零聚爱心'Change for Good机上筹款活动,自愿捐款,支持联合国儿童基金会的全球儿童援助计划,改善儿童生活,让他们有更多的机会去实现梦想。"

随后,乘务员为自愿捐款的旅客发放爱心钱袋。小巧的钱袋设计独特,将善款装入钱袋密封后,密封盖上立即露出一位儿童的笑脸。"这是海航专门为本次活动设计的,我们希望旅客在捐款的同时也能感受到小小零钱同样能发挥能量,可以让孩子看到希望与梦想。"该航班乘务长告诉记者。

机上旅客纷纷参与海航"零聚爱心"机上筹款,一位旅客说:"有时候,一些零钱放在钱包里很久都不会用到,这次活动刚好派上用场,零钱虽少,但希望这份爱心能够送达到孩子们的身边。"

11:00,航班即将降落在海口美兰机场,爱心钱袋已经装满密封袋。乘务员告诉记者,旅客参与度很高,零钱看似不多,但相信通过聚少成多,终能帮助越来越多的儿童发挥更多的潜能。乘务员随后将密封袋密封好,并填写航班日期、航班号等信息后交给乘务长签字确认。

海航相关工作人员告诉记者,为确保每一份钱都能用到联合国儿童基金会的儿童援助项目上,整个机上筹款活动专门制定了工作流程,并与联合国儿童基金会一起做到互为监督、公开透明,让旅客放心参与到这项慈善事业中来。

2013年8月15日,海航集团、海南航空与联合国儿童基金会三方共同签署了为期5年的长期合作协议,海航作为中国内地首家参与该公益项目的航空公司,将在5年期间筹集不少于1000万元人民币的善款用于支持联合国儿童基金会在中国及全球开展的儿童援助项目。活动首先在海航北京—海口航线上推出,后续将推广至更多海航国内外精品航线。

"Change for Good"是联合国儿童基金会与国际航空业的一次创新性合作。它始于1991年,是联合国儿童基金会最广为人知和最为持久的合作形式之一。该项目号召乘客在机上自愿捐款,以资助该组织于全球150多个发展中国家开展的项目,改善贫困儿童生活,共筹集超过1.2亿美元的善款。

（资料来源:中新网财经频道）

案例思考:

1. 此案例从哪些方面体现了海航是一个有社会责任感的企业?

2. 海航还可以从哪些方面来进一步提升社会责任感?

学习单元四　决　策

泛美航空公司飞越大洋

20世纪30年代的美国商业界阴霾笼罩,破产屡见不鲜,不过也有少数例外,泛美航空公司就是其中一例。

自从查尔斯·林德伯格1927年单独飞越大西洋之后,航空业就迅速发展。泛美航空公司的老板胡安·特里普决心成为国际航空业的领头羊。起初,泛美航空公司严格上来说提供的是邮件服务。后来,特里普意识到捎带一两个乘客有助于提高利润,因此他就在机舱里安放了两个座椅供乘客使用。

不仅如此,特里普还将目标放得更远——中国。这简直是疯狂的举动,因为存在一系列的困难,比如缺乏跑道、导航简陋等,并且也不能确定到亚洲的航线有市场。但是特里普还是付诸实践,1935年11月,泛美航空公司开辟了横渡太平洋的China-Clipper航空邮件服务,并在一年后迎来了第一个乘客。1939年,泛美航空公司又第一个开始了跨大西洋服务Yan-keeClipper。1935—1940年,进行国际飞行的美国人数量大增,是特里普的决定刺激了大规模国际航空的腾飞。

管理启示:决策就是选择的过程,人的一生面临着各种各样的选择。管理活动实际上也是由一连串的决策组成的。正确的决策可以决胜千里,力挽狂澜;错误的决策可能导致南辕北辙,满盘皆输。优秀的管理者应该具备良好的决策能力,在紧要关头做出正确决断。

（资料来源:新华网,http://news.xinhuanet.com/world/2005-07/04/content_3172361_1.htm）

学习内容

1. 掌握决策的概念,理解决策的特征和作用。

2. 了解决策的分类。

3. 掌握决策的基本程序。

4. 熟练掌握和应用各种定性和定量决策方法。

第一节　决策概述

决策是管理活动中普遍存在的一种行为,大多数管理者都在不停地做着或大或小的决策,这些决策的正确与否关系到组织目标是否能够实现,甚至整个组织的生死存亡。决策存在风险,多数管理者都认为决策是管理过程中最重要、最艰难的活动。

一、决策的概念和特征

1. 决策的概念

很多人认为管理工作的实质就是决策,各项管理职能都离不开决策,决策理论学派的创始人西蒙就提出了"管理就是决策"的观点。从狭义的角度来说,决策就是在两种及以上行动方案中做出选择的过程。从广义的角度来说,决策还包括做选择之前的准备活动和做出选择之后的方案实施和评价。概括起来,决策就是为了实现组织目标,借助科学的工具和方法,在对组织内外部环境分析的基础上,设计并选择备选方案加以实施的全过程。

2. 决策的特征

从含义出发,可以概括出决策有如下几点特征。

1) 目标性

决策要有清晰、具体的目标,没有既定的目标,决策就失去了选择和评价的标准。

2) 可行性

决策是为了解决实际问题而采取的行动,备选方案必须是符合实际情况、切实可行的。因此,在设计和选择决策方案时,要结合组织内外部的实际情况,而不能异想天开,好高骛远。

3) 选择性

"条条大路通罗马",解决问题有多种方法,决策要求提供多种可行方案以供选择。如果只有一种方案,也就无法比较优劣,也就无所谓决策。

4) 满意性

人们往往希望能够做出最优的决策,但实际上最优决策只是理论上的空想。决策是一项超前的、复杂多变的行动,决策者很难找出所有的可行方案并计算每个方案在未来的执行结果。因此,决策者通常只能根据已掌握的情况,加上主观判断做出相对满意的选择。

5) 过程性

决策不仅是简单的选择,还包含了选择之前的目标确定、环境分析、方案设计,选择之后的方案实施、过程调整、执行结果评价以及总结改进等一系列活动。因此,决策是一个"决策—实施—再决策—再实施"的连续不断的循环过程。

二、决策的作用

1. 科学决策是管理的基础

决策贯穿了管理过程的始终,管理各项职能的实施都离不开决策。

2. 决策是管理者的首要工作

组织中各个层次的管理者都要在自己的管理工作中不断做出各种决策,只是因为所处层次不同,决策的重要程度和影响的范围有所不同。

3. 决策的质量好坏关系到组织的生存与发展

决策的正确与否直接影响管理工作的效率与效果,决定组织目标能否实现。

拓展案例

1962 年,英法航空公司开始合作研制"协和"式超声速民航客机,其特点是快速、豪华、舒适。经过十多年的研制,耗资上亿英镑,终于在 1975 年研制成功。十几年时间的流逝,情况发生了很大变化。能源危机、生态危机威胁着西方世界,乘客和许多航空公司都因此而改变了对在航客机的要求。乘客的要求是票价不要太贵,航空公司的要求是节省能源,多载乘客,噪声小。但"协和"式飞机却不能满足消费者的这些要求。首先是噪声大,飞行时会产生极大的声响,有时甚至会震碎建筑物上的玻璃。再就是由于燃料价格增长快,运行费用也相应大大提高。这些情况表明,消费者对这种飞机需求量不会很大。因此,不应大批量投入生产。但是,由于公司没有决策运行控制计划,也没有重新进行评审,而且,飞机是由两国合作研制的,雇佣了大量人员参加这项工作,如果中途下马,就要大量解雇人员。上述情况使得飞机的研制生产决策不易中断,后来两国对是否要继续协作研制生产这种飞机发生了争论,但由于缺乏决策运行控制机制,只能勉强将决策继续实施下去。结果,飞机生产出来后卖不出去,原来的"宠儿"变成了"弃儿"。

管理启示:企业决策运行控制与企业的命运息息相关。一项决策在确定后,能否最后取得成功,除了决策本身性质的优劣外,还要依靠对决策运行的控制与调整,包括在决策执行过程中的控制,以及在决策确定过程中各阶段的控制。

三、决策的类型

1. 按照决策的重要程度划分

1)战略决策

战略决策指有关组织的生存和发展,具有长远性、全局性、方向性的决策。例如,组织整体目标的确定、重大行动方针的制定、组织结构的重大调整、新产品的开发等。战略决策一般问题复杂,花费时间长,多由高层管理者负责制定。

2）战术决策

战术决策指组织内部为了实现战略目标而贯彻执行的决策。例如,企业生产计划的制定、产品开发的具体方案、组织的人员配备等。战术决策一般解决的是局部的具体问题,多由中层管理者负责制定。

3）业务决策

业务决策指日常工作和具体业务中为了提高生产和工作效率而做出的决策。例如,作业任务的分配、营销策略的制定以及日常性的控制工作等。业务决策一般技术性强,多由基层管理者负责制定。

2. 按照决策的主体划分

1）个人决策

个人决策指由单个人所做出的决策,一般是组织的主要领导者最终决定决策方案。个人决策具有简便、迅速、责任明确的优点,但是决策权集中于个人,容易出现独断专行的现象,且对决策能力要求较高。

2）集体决策

集体决策指由多个人共同做出的决策。集体决策能够发挥集体的智慧,集思广益,形成更多的可行性方案,提高决策的水平;组织成员的广泛参与有助于提高决策的可接受性;在实施过程中各部门更容易相互配合和支持,使决策的实施更加顺畅。但是,集体决策也有很明显的缺点,花费的时间长、效率较低,容易出现责任不清、互相推诿的现象。

 拓展案例

美国通用电气公司是一家集团公司,1981 年杰克·韦尔奇接任总裁后,认为公司管理太多,而领导得太少,"工人们对自己的工作比老板清楚得多,经理们最好不要横加干涉"。为此,他实行了"全员决策"制度,使那些平时没有机会互相交流的职工、中层管理人员都能出席决策讨论会。"全员决策"的开展,打击了公司中官僚主义的弊端,减少了繁锁程序。实行了"全员决策",使公司在经济不景气的情况下取得巨大进展。他本人被誉为全美最优秀的企业家之一。

杰克·韦尔奇的"全员决策"有利于避免企业中的权力过分集中这一弊端。让每一个员工都体会到自己也是企业的主人,从而真正为企业的发展着想,绝对是一个优秀企业家的妙招。

3. 按照决策起点划分

1）初始决策

零起点决策,对从未从事过的活动所进行的初次决策。

2）追踪决策

在初始决策的基础上对已从事的活动的目标、方向、方案等进行重新调整。管理环境是在不断发生变化的,这些变化可能导致初始决策的方案出现偏差或存在失误,需要进行调整或重新制定,以确保实现组织目标。

4. 按照决策问题的重复程度划分

1)程序化决策

有些问题在管理工作中经常重复出现,决策者可以分析它们普遍的特点和规律,形成相应的程序、处理方法和标准,并依此来进行决策,可以节约决策时间并且提高决策准确性,此类决策即程序化决策。

2)非程序化决策

针对以往很少出现或从未发生过的问题进行的决策。非程序化决策一般无先例可循,缺少可以借鉴的信息,面临很大的不确定性,决策的难度较大,要求决策者或决策群体有足够的决策经验和智慧。

程序化决策依赖于组织的规章制度、业务流程、操作标准等,一般由基层管理者即可胜任。非程序化决策解决的问题大多复杂多变,难以判断和决定,多由高层管理者做出。

5. 按照决策环境的可控程度和决策结果的确定性程度划分

1)确定型决策

决策环境稳定可控,每个备选方案只存在一种确定的自然状态。决策所需的信息齐全,能够准确预测每个可行性方案在确定自然状态下的结果,最终方案的选择取决于各方案的结果的比较。

2)风险型决策

每个备选方案都存在两种及以上自然状态,根据已知的部分信息可以计算不同自然状态下各方案的结果。虽然决策者不知道哪种自然状态会发生,但是能够知道有哪几种自然状态及各状态发生的概率。决策的结果根据概率确定,不论选择哪一种方案,都存在着一定的风险。

3)不确定型决策

决策环境极其不稳定,每个备选方案都存在两种及以上自然状态,而且每种自然状态出现的概率是未知的。决策者一般只能凭借经验和直觉进行决策。

四、决策的程序

决策不是简单地从多种备选方案中进行选择的过程,而是一项非常复杂的工作。图4-1描述了科学决策的程序,包含以下六个步骤。

1. 识别问题

决策始于对问题的识别,没有需要解决的问题也就不需要进行决策。识别问题时要注意:

1)是否存在问题

问题主要来源于现实与理想的差距,如果这一差距过大,不能容忍,就形成了需

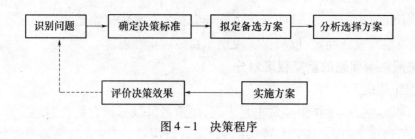

图 4 – 1 决策程序

要解决的问题。

2）确定问题出在哪里

决策者必须认清问题的本质，深入分析产生问题的原因。

3）确定问题能否解决

决策者要了解问题的严重性和复杂程度，分析问题产生的原因是否在可控范围内，判断是否能够解决问题。

2. 确定决策标准

决策标准是进行决策方案选择的判断依据，决策标准是否合理会直接影响选择结果的合理性。同一问题，如果决策者的目标不同，制定的决策标准就有所不同，选择的方案也就不尽相同。

影响决策者方案选择的因素往往不止一个，因此决策标准也不止一个，而且不同的标准对决策者的重要程度也不相同。确定一系列标准后，需要根据重要程度赋予各个标准不同的权重。

3. 拟定备选方案

根据决策目标，拟定可以实现目标的各种备选方案。备选方案要综合考虑组织的内外部环境等多种因素，列出所有可以解决问题、实现目标的方法、途径和措施，形成若干个可行性方案。在这一步骤中无需考虑备选方案的优劣。

4. 分析选择方案

备选方案拟定之后，根据决策标准，采用正确的决策方法，对每一个可行性方案进行分析比较，从中选择一个最满意的方案。

决策方案的选择标准通常有以下两种观点：

1）最优决策

科学管理的创始人泰勒提出，任何一项管理工作都存在一种最佳的工作方式。因此，任何问题都应该有一个最佳的决策方案。要取得最优决策必须具备以下条件：①了解待解决问题的所有相关的信息；②能罗列出所有的可行方案并能计算其结果；③具备统一的价值准则对所有方案的实施结果进行预先评估。一般情况下需要运用数学模型来求出最优解，但并不是所有的管理问题和管理工作都能转化成理想的数学模型。再者，人的能力是有限的，不可能罗列出所有的备选方案并给出相应的结果。因此，在复杂多变的环境中，最优决策的实际运用带有很大局限性。

2）满意决策

满意决策来源于西蒙的决策理论,满意决策就是能够满足合理目标要求的决策。西蒙指出:"无论是个人还是组织,大部分的决策都同探索和选择满足化的手段有关,只是在例外的场合才探索和选择最佳的手段。"因此,满意决策更加具有现实意义。

5. 实施方案

实施是将选择的决策方案付诸于行动的过程,只有实施之后的方案才能体现其真正的价值和意义。

在决策方案的实施过程中,要进行及时的控制和反馈,以便在出现偏差和失误的时候能够及时采取措施进行调整和纠正,保证决策目标的实现。

6. 评价决策效果

决策的最终目的是要解决问题,因此决策程序的最后一步就是检验决策的效果如何,有没有取得理想结果。如果问题没有得到很好的解决,决策者必须对整个决策过程进行分析,找出是哪个步骤出了差错,能不能及时弥补;如果有必要,要重新开始整个决策过程。

拓展案例

长江三峡工程决议案的诞生

1992年4月3日,是我国领导决策史上极有意义的一天。在这一天,全国人大七届五次会议以1767票赞同、171票反对、664票弃权、25人未按表决器的结果,通过了《长江三峡工程决议案》,从此揭开了中国决策史上民主化、科学化进程的新一页。

三峡工程在中华民族的历史上,可以说是继万里长城之后最大的一个工程。它将创造人类史上蓄水、发电、主题建筑物等多项世界纪录。国外专家盛赞它是21世纪最大的、最有雄心的土木工程。三峡工程的研究、设计、论证时间之长,参加专家之多,涉及问题之广泛,在世界建筑史上是十分罕见的。早在1917年,孙中山先生就曾提出过修建三峡水电站,近一个世纪以来,三峡工程的最终决策经历了四上四下、多次反复的过程。终于全国人大七届五次会议为中华民族这一伟大的梦想画上了圆满的句号。

是否建设三峡工程,一直牵动着全国各族人民的心,仅建国后就论证了40年,争论了30年。在这些激烈的争论中,仁者见仁、智者见智。争论的实质,虽然有一部分是因为工程技术上的不同观点所引发的,但相当大的成分在于人们处于不同的环境,对最终决策建设三峡工程存在着不同的价值和心态。长江中下游地区是三峡工程的受益者,大都期盼工程能够尽快上马;长江上游地区,由于水库建成后将大面积蓄水,淹没大片的土地和家园,切身利益受到损害,因此有所异议是十分正常的;还有一些专家学者认为,三峡工程建成后,原有的长江水域的许多宝贵的自然和人文的历史遗产必然会受到破坏,即使能够将部分文物迁出,仍然有相当多的文物被淹没在水下,

83

会造成不可估量的损失;全国其他地区也有人认为,三峡工程浩大,担心工程上马后会对整个国民经济形成巨大的冲击等等。正是因为全国各地人民的不同心态,在三峡的最终建设问题上形成了诸多的意见和建议。长期以来,三峡工程几上几下,国家的经济实力和工程技术力量固然是重要的影响因素,但我们更应该从中看到,在进行如同三峡工程建设这样超大型建筑工程的决策时,领导者必须慎之又慎。全国各个地区、各个行业的声音都必须仔细倾听,尤其是各领域专家的意见,必须加以吸取。同时,从全国情况看,必须考虑到人民的担心、异议甚至是反对的心理状态,决不能强制性地进行决策,否则一旦出现决策失误,给全国人民造成的精神损失和物质损失,是以后世世代代都无法弥补的。

管理启示:进行领导决策尤其是进行重大问题的领导决策时,充分听取各方面的不同意见,详尽的信息收集,严谨周密的科学论证,科学化民主化的决策程序,严格认真的方案制定,精确高效的实际运作,乃至坚定有力的监督控制,这些都是完成一个高质量的、高效益的领导决策的必备因素。

第二节　决策的基本方法

一、定性的决策方法

定性决策方法又称主观决策法,是充分发挥决策者经验、智慧和能力做出决策的方法。定性决策方法大都采用集体决策,可以发挥集体的智慧和力量,使用方便灵活,通用性强,容易掌握和应用,特别适用于非程序化的决策问题。

定性决策方法有很多种,常用的主要有以下几种。

1. 德尔菲法

德尔菲法是在 20 世纪 40 年代由 O·赫尔姆和 N·达尔克首创的,1946 年,美国兰德公司为避免集体讨论存在的屈从于权威或盲目服从多数的缺陷,首次用这种方法来进行定性预测,后来该方法被迅速广泛采用。

德尔菲法依据系统的程序,采用匿名发表意见的方式,即专家之间不得互相讨论,不发生横向联系,只能与调查人员发生关系,通过多轮次调查专家对问卷所提问题的看法,经过反复征询、归纳、修改,最后汇总成专家基本一致的看法,作为预测的结果。这种方法具有广泛的代表性,较为可靠。

1) 德尔菲法的实施步骤

(1) 拟定决策提纲。明确决策的问题和目标,搜集准备相应的材料和信息,设计要发放给专家的调查问卷,问卷的题目要明确,提问方式和数量要适当,说明作答要求。

(2) 组成专家小组。按照决策问题所涉及的专业领域和所需的知识范围,选择有关专家。依据问题的复杂程度,确定专家人数,一般以 20 人左右为宜。

（3）将调查问卷及相关的信息资料寄给各位专家,由专家做出书面答复,并提出还需要什么材料。

（4）各个专家根据他们所收到的材料,提出自己的决策意见和依据。

（5）将各位专家第一次的意见整理汇总,列成图表,进行对比,再分发给各位专家,让专家比较自己同他人的不同意见,修改自己的意见和判断。也可以把各位专家的意见加以整理,或请身份更高的其他专家加以评论,然后把这些意见再分送给各位专家,以便他们参考后修改自己的意见。

（6）将所有专家的修改意见收集起来,汇总,再次分发给各位专家,以便做第二次修改。逐轮收集意见并为专家反馈信息是德尔菲法的主要环节。收集意见和信息反馈一般要经过三四轮。在向专家进行反馈的时候,只给出各种意见,但并不说明发表各种意见的专家的具体姓名。这一过程重复进行,直到每一个专家不再改变自己的意见为止。

（7）使用一定的统计方法对专家的意见进行综合处理,据此做出决策。

2）德尔菲法的优缺点

德尔菲法简便易行,能够发挥各位专家的作用,集思广益,采众家之长;可以避免面对面讨论出现的以下问题,如权威人士对他人的影响,或顾虑情面不愿意发表与他人冲突的观点,或固执己见不愿接受他人意见等;可以较快速地收集专家意见,参加者也易接受结论,具有一定程度综合意见的客观性。但是德尔菲法存在过程较为复杂、耗时较长、专家的选择没有明确的标准等缺点。

2. 头脑风暴法

头脑风暴法又称畅谈法、智力激励法,它采用会议的形式,激发群体思考,在不受约束的条件下,与会者畅所欲言,互相启发,打破常规思考,让各种设想在相互碰撞中激起脑海中的"风暴",产生创造性的思维。

1）头脑风暴法的实施步骤

（1）准备阶段。准备和布置会场,确定会议讨论主题和目的,选定主持人、记录员和参会人选,主持人要掌握头脑风暴法的实施步骤,与会人员一般5~10人为宜。将会议时间、地点、议题提前通知给与会人员,让大家做好充分准备。

（2）头脑风暴阶段。会场要创造一种自由、宽松的氛围,使与会者全身心放松,无拘无束。会议开始后,主持人首先介绍会议流程和规则,然后以轻松有趣的话题引发大家讨论,让大家的思维活跃之后,导入会议的正式议题。

引导与会人员自由发言,打破条条框框,脱离束缚,充分发挥自己的想象力,尽可能从新的角度思考问题,越标新立异越好,越荒诞离奇越好。记录员将与会人员的所有发言完整地记录下来,持续到无人发表意见为止。

在敞开思路、畅所欲言的过程中,大家要遵守以下规则:第一,主张独立思考,不允许私下交谈,以免分散注意力、干扰他人;第二,与会人员一律平等,对他人的发言不能进行任何评论,每个人只能发表个人观点;第三,与会者可以从他人的发言中得到启发提出新的设想,或者补充他人的想法,但是不能重复他人的观点;第四,一次发言只谈一种设想。

(3)整理筛选阶段。会议结束后的一两天内,与会者还可以补充新的想法和思路。然后组织者对大家的想法进行整理归纳和比较评价,按照决策问题最后确定1~3个最佳方案。

头脑风暴法最终确定的方案往往是众多新颖意见和创造性思维的优势组合,不但集思广益,而且富有创新性。

2)头脑风暴法的四大原则

(1)自由畅想原则。提倡各抒己见、自由奔放,鼓励标新立异、与众不同,角度越奇特,观点越荒诞,可能越有价值。

(2)延迟评判原则。对各种意见和想法的评判在会后进行,会上禁止批评和评价,认真倾听他人的发言,无论你是否赞同和认可。

(3)以量求质原则。追求数量,意见越多,就越有可能收获更多好的意见。

(4)综合改善原则。会议鼓励与会者对他人的设想进行补充和改进,或者综合他人想法提出新的观点,强调互相启发、互相促进,达到真正的智力激励。

拓展案例

盖莫里公司是法国一家拥有300人的中小型私人企业,这一企业生产的电器有许多厂家和它竞争市场。该企业的销售负责人参加了一个关于发挥员工创造力的会议后大有启发,开始在自己公司谋划成立了一个创造小组。在冲破了来自公司内部的层层阻挠后,他把整个小组(约10人)安排到了农村一家小旅馆里,在以后的三天中,每人都采取了一些措施,以避免外部的电话或其他干扰。

第一天全部用来训练,通过各种训练,组内人员开始相互认识,他们相互之间的关系逐渐融洽,开始还有人感到惊讶,但很快他们都进入了角色。第二天,他们开始创造力技能训练,开始涉及智力激励法以及其他方法。他们要解决的问题有两个,在解决了第一个问题,发明一种拥有其他产品没有的新功能电器后,他们开始解决第二个问题,为此新产品命名。

在第一、第二两个问题的解决过程中,都用到了头脑风暴法,但在为新产品命名这一问题的解决过程中,经过两个多小时的热烈讨论后,共为它取了300多个名字,主管则暂时将这些名字保存起来。第三天一开始,主管便让大家根据记忆,默写出昨天大家提出的名字。在300多个名字中,大家记住20多个。然后主管又在这20多个名字中筛选出了三个大家认为比较可行的名字。再将这些名字征求顾客意见,最终确定了一个。

结果,新产品一上市,便因为其新颖的功能和朗朗上口、让人回味的名字,受到了顾客热烈的欢迎,迅速占领了大部分市场,在竞争中击败了对手。

(资料来源:百度文库)

3. 名义小组法

名义小组法指名义上是小组群体决策,实际上有个人决策的成分。

名义小组法的实施步骤如下:

1)介绍问题

组织者将需要决策的问题及相关资料分发给小组成员。

2)个人决策

每位小组成员独立思考,尽可能写下自己所有的备选方案和意见。

3)信息汇总

每位成员依次陈述自己的方案和意见,直到记录下每个人的想法,在此期间不对这些想法进行讨论,而且这些想法不一定局限于刚才所写的内容。

4)小组讨论

小组成员轮流讨论每个想法,大家可以对这些想法进行解释或发表评论,经过提出者同意可以对某些想法进行补充修改,或者经过大家一致同意可以删除某些想法。

5)形成决策

小组成员根据讨论的结果对全部备选方案进行投票和排序。最后的决策方案是综合排序最高的方案。但是,管理者有权拒绝使用这一方案。

在这种方法中,小组只是名义上的,各成员实际上互不交流沟通,独立思考,适用于对问题的性质不完全了解且意见分歧严重的集体决策。名义小组法虽然采用开会的形式却鼓励独立思考,有助于激发个人的创造力和想象力,同时增强集体的凝聚力。

4. 电子会议法

电子会议法是将计算机技术运用到集体决策中的方法。先将与会人员集中起来,围坐在一张马蹄形的桌子旁,每人面前有一个计算机终端。组织者将问题显示给与会者,与会者将自己的意见输入计算机,然后投影在会场的大屏幕上。

电子会议法具有匿名、可靠和快速的特点。与会者可以不暴露身份表达想法,而且所有的想法都会如实反映在大屏幕上,在整个会议过程中,大家可以充分表达自己的想法,可以在同一时间互不干扰地交换意见,还可以避免闲聊和讨论偏题。专家们认为,电子会议法要比传统的面对面会议效率提高55%,原来几天的会议现在可以缩短到十几个小时。

但是,电子会议法也存在缺点和局限性:一是那些善于口头表达、打字速度慢的人,可能思维会受到影响,不能很好地发挥个人优势;二是由于匿名性,无法对提出好的建议的人进行奖励;三是人—机对话可能不如面对面的沟通传递的信息丰富。

二、定量的决策方法

定量的决策方法是将实际的管理决策问题转化成数学模型,运用数学方法计算和求解,选出最佳的决策方案。

定量的决策方法可以提高决策的准确性和可靠性,同时将决策者从常规决策中解脱出来,把注意力集中在关键性、全局性的重大决策方面。

但是,定量的决策方法在使用中也有其局限性:首先,并不是所有的决策问题都可以转化成数学模型,对于许多复杂的决策,其中有些变量根本难以定量;其次,数学手段本身深奥难懂,很多决策人员并不熟悉,很难掌握使用方法;最后,很多定量的决策方法要借助计算机等辅助设备实现,花钱多,不适合一般的决策问题。

常见的定量决策方法主要有确定型决策方法、风险型决策方法和不确定型决策方法。

1. 确定型决策方法

1)确定型决策问题的特征

确定型决策方法解决的是确定型的决策问题,具备以下特征:存在一个明确的决策目标;只存在一种确定的自然状态;具有两个或两个以上可供选择的可行方案;各可行方案在确定的自然状态下的损益值可以计算出来。因为每个备选方案都只有一个确定的结果,因此确定型决策是最容易的一种决策,根据结果选择收益最高的即可。

2)确定型决策问题的解决方法

确定型决策方法主要有线性规划法、经济批量法、ABC 分析法、盈亏平衡分析法等,我们介绍的是最常用的盈亏平衡分析法。

盈亏平衡分析法又叫量本利分析法,是通过分析企业产量、成本、利润之间的关系,掌握盈亏变化,提高企业投资决策可靠性的方法。

盈亏平衡即不盈也不亏,利润为零,这个平衡点就是盈亏平衡点。如图 4-2 所示,当产量(或销量)低于这一点(A 点)时,企业就会亏损;反之,当产量(或销量)高于这一点时,企业就会盈利。以此点为分界,形成亏损区和盈利区。

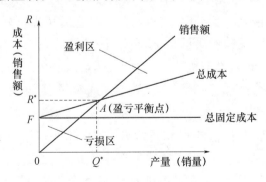

图 4-2　盈亏平衡分析基本模型

根据图 4-2 可得知,在盈亏平衡点处,总收入 = 总成本 = 固定成本 + 变动成本,因为收入 = 销量 × 销售单价,变动成本 = 销量(产量)× 单位变动成本,由此可推导出盈亏平衡点的数学公式:

$$Q^* = \frac{F}{P - V}$$

式中:Q^*为盈亏平衡点的产量(或销量);F为总的固定成本;P为销售单价;V为单位变动成本。

当要获得一定的目标利润时,数学公式为

$$Q = \frac{F + B}{P - V}$$

式中:B为预期的目标利润额;Q为目标利润为B时的产量(或销量)。

例题 4.1　某企业生产一种产品,总的固定成本为40万元,产品的单位变动成本为100元,产品的市场价格为150元。求:

(1)该产品的销量达到多少时才不会亏本?(2)如果要获得4万元的利润,销量应该达到多少?

解:(1)根据盈亏平衡点的销量公式可得到

$$Q = \frac{F}{P - V} = \frac{400000}{150 - 100} = 8000(件)$$

答:该产品的销量达到8000件时才不会亏本。

(2)根据有目标利润时的销量公式可得到

$$Q = \frac{F + B}{P - V} = \frac{400000 + 40000}{150 - 100} = 8800(件)$$

答:如果要获得4万元的利润,销量应该达到8800件。

2. 风险型决策方法

1)风险型决策问题的特征

风险型决策指无论选择哪种决策方案,都要承担一定的风险。风险型决策问题具备以下特征:

(1)具有决策者期望达到的明确目标;

(2)具有两个或两个以上可供选择的可行方案;

(3)存在决策者无法控制的两种或两种以上的自然状态;

(4)各可行方案在不同自然状态下的损益值可以计算出来;

(5)各种自然状态在未来出现的概率可以估算。

2)风险型决策问题的解决方法

风险型的决策问题,经常用决策树分析法来解决。

(1)决策树法的原理。决策树分析法是将和决策方案有关的因素用树形图的方式表示出来,经过计算和分析来选择最佳决策方案的一种方法。决策树法的选择标准是各方案的期望损益值,风险型决策问题在未来会面临多种自然状态,会出现哪种自然状态无法确定,但是决策者可以根据过去的经验和掌握的信息资料估算每种自然状态出现的概率,每种方案在各种自然状态下的损益值与对应的概率的乘积之和,便是该方案的期望损益值,期望损益值最大的方案即为最佳的决策方案。

（2）决策树的构成。决策树有五个构成要素,简称为"三点两枝"。

决策点:代表最终的方案选择,用"□"表示;

状态点:代表每个方案可能出现的各种自然状态,用"○"表示;

结果点:代表每个方案在各种自然状态下取得的结果,用"△"表示;

方案枝:由决策点引出的线段,连接决策点和状态点,每一个线段代表一个方案;

概率枝:由状态点引出的线段,连接状态点和结果点,每一个线段代表一种自然状态。

（3）决策树分析法的基本步骤。

① 绘制决策树图形。按照从左到右的顺序根据已知条件将决策问题绘制成一个树形图,如图4-3所示。

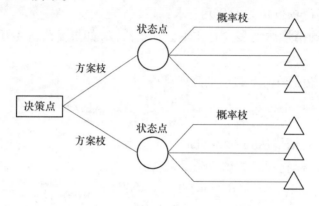

图4-3 决策树图形

② 按照从右到左的顺序计算各方案的期望损益值,并将数值标在对应的状态点上面。

③ 选择最佳方案。比较各个方案的期望损益值,从中选出期望损益值最大的方案作为最佳决策方案,并将其期望损益值标在决策点上面。同时将其余方案枝剪掉,用"∥"标于方案枝上。

（4）决策树案例。

例题4.2 某公司决定生产新型产品甲产品,设计了两种选择方案:一个是建大厂,一个是建小厂。建大厂需要投入200万元,建小厂需要投入80万元。两种方案的使用期限均为10年,该公司根据以往的市场销售数据预测,该产品畅销的概率为0.3,销路一般的概率为0.4,滞销的概率为0.3。这两种方案在各自然状态下的损益值如表4-1所列。请问,应该选择哪种方案进行生产?

表4-1 某公司生产方案的损益指标(单位:万元)

损益值　　方案 \ 各自然状态及概率	畅销(0.3)	一般(0.4)	滞销(0.3)
建大厂	100	50	-20
建小厂	40	25	15

解:应用决策树法进行决策,决策步骤如下:

① 绘制决策树图形,如图4-4所示。

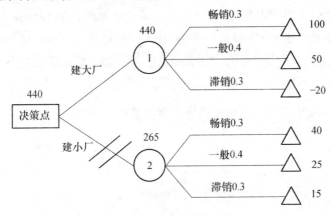

图4-4 决策树图形

② 计算各方案的期望损益值并标在对应的状态点上面。

建大厂:$[100 \times 0.3 + 50 \times 0.4 + (-20) \times 0.3] \times 10 = 440$(万元)

建小厂:$(40 \times 0.3 + 25 \times 0.4 + 15 \times 0.3) \times 10 = 265$(万元)

③ 选择最佳方案。比较两个方案的期望损益值可知,建大厂的期望收益高于建小厂,因此应该选择建大厂进行生产。

从案例中可知,运用决策树分析法进行决策可以直观地显示整个决策过程,决策者可以清晰地了解决策问题的可行方案和可能出现的自然状态及其概率,快速计算出可行方案的期望损益值,从而准确做出决策。但是对于自然状态出现概率的估算带有主观性,可能导致出现决策失误。

另外,决策树还可以应用于复杂的多阶段决策,在树的中间增加决策点,将复杂的过程清晰地显示在决策树上。

3. 不确定型决策方法

决策者对未来会发生的情况越了解,那么决策的准确性就越高。从确定型决策到风险型决策,再到不确定型决策,决策者对未来的情况了解越来越少,决策的难度也随之增加。

1)不确定型决策问题的特征

(1)具有决策者期望达到的明确目标;

(2)具有两个或两个以上可供选择的可行方案;

(3)存在决策者无法控制的两种或两种以上的自然状态;

(4)各可行方案在不同自然状态下的损益值可以计算出来;

(5)各种自然状态在未来出现的概率无法估算。

2)不确定型决策问题的解决方法

解决不确定型决策问题主要依靠决策者的经验、直觉和主观态度,常用方法有乐观法、悲观法、折中法、等可能法和后悔值法。

下面用同一个案例来说明这几种方法的原理和步骤。

例题4.3 某企业计划生产一种新产品,有三种生产方案可供选择,即引进新的生产线、改进原有生产线、外包给其他企业生产。根据企业预测,该产品在市场上的需求量可能出现以下三种情况:需求量高、需求量一般、需求量低。各个方案在不同需求量下的损益值如表4-2所列。请问应该选择哪种生产方案?

表4-2　某公司生产方案的损益指标(单位:万元)

各自然状态 损益值 方案	需求量高	需求量一般	需求量低
A方案:引进新的生产线	100	50	-30
B方案:改进原有生产线	80	55	-10
C方案:外包给其他企业	45	20	15

(1) 乐观法。乐观法也称大中取大法。在这种方法中,决策者对未来的情况总是抱着乐观的态度,认为未来会出现最好的自然状态。乐观法的决策过程是,首先找出各个可行方案的最大收益值;然后,对这些最大的收益值进行比较,从中再选取一个最大的收益值,与之相对应的方案就是决策方案。用乐观法解例题4.3,步骤如下。

解:首先,根据表4-2找出每个方案的最大收益值。A方案为100万元,B方案为80万元,C方案为45万元。

然后,比较这些最大收益值,再从中选出最大的收益值,即A方案的100万元,因此A方案就是最后的决策方案。

答:应选择A方案,期望收益值为100万元。

(2) 悲观法。悲观法也称小中取大法。与乐观法相反,在这种方法中,决策者对未来的情况总是抱着悲观的态度,认为未来会出现最坏的自然状态。悲观法的决策过程是,首先找出各个可行方案的最小收益值;然后,对这些最小的收益值进行比较,从中选取一个最大的收益值,与之相对应的方案就是决策方案。用悲观法解例题4.3,步骤如下。

解:首先,根据表4-2找出每个方案的最小收益值。A方案为-30万元,B方案为-10万元,C方案为15万元。

然后,比较这些最小收益值,从中选出最大的收益值,即C方案的15万元,因此C方案就是最后的决策方案。

答:应选择C方案,期望收益值为15万元。

(3) 折中法。折中法也称乐观系数法,是介于乐观法和悲观法之间的一种决策方法,决策者既不像乐观者那么冒险,也不像悲观者那么保守,而是比较实际。折中法的决策过程是,首先对已掌握的数据材料进行分析,根据经验确定一个乐观系数

（用 α 表示，0 < α < 1）；然后根据乐观系数计算出各方案的折中收益值，选择收益值最大的作为决策方案。

折中收益值 = α × 最大收益值 + (1 − α) × 最小收益值

假设乐观系数为 0.75，用折中法解例题 4.3，步骤如下。

解：A 方案的折中收益值 = 0.75 × 100 + (1 − 0.75) × (− 30) = 67.5(万元)

B 方案的折中收益值 = 0.75 × 80 + (1 − 0.75) × (− 10) = 57.5(万元)

C 方案的折中收益值 = 0.75 × 45 + (1 − 0.75) × 15 = 37.5(万元)

折中收益值最大的方案为 A 方案，即为决策方案。

答：应选择 A 方案，期望收益值为 67.5 万元。

（4）等可能法。等可能法也称等概率法，这种方法的决策过程是，首先假设各个自然状态出现的概率是相同的，然后用这个相同的概率计算每个可行方案的期望收益值，选择期望收益值最大的方案作为决策方案。用等可能法解例题 4.3，步骤如下。

解：首先确定概率，因为有三种自然状态，所以每种自然状态出现的概率是 1/3。

然后计算各方案的期望收益值：

A 方案的期望收益值 = 1/3 × 100 + 1/3 × 50 + 1/3 × (− 30) = 40(万元)

B 方案的期望收益值 = 1/3 × 80 + 1/3 × 55 + 1/3 × (− 10) = 41.67(万元)

C 方案的期望收益值 = 1/3 × 45 + 1/3 × 20 + 1/3 × 15 = 26.67(万元)

各方案的期望收益值最大的是 B 方案，即为决策方案。

答：应选择 B 方案，期望收益值为 41.67 万元。

（5）遗憾值法。遗憾值法也称最大最小后悔值法或大中取小后悔值法。未来当某种确定的自然状态出现后，如果决策者当初选择的方案不是收益最大的方案，那么决策者必然会感到遗憾。将这种遗憾的程度用数值来表示就是遗憾值，等于最大的收益值与实际采取的方案收益值的差额。遗憾值法的决策标准是选取最大遗憾值中最小的方案作为决策方案。下面用例题 4.3 来说明遗憾值法的决策步骤。

解：第一，找出各个自然状态下的最大收益值。需求量高时为 100 万元，需求量一般时为 55 万元，需求量低时为 15 万元。

第二，用各个自然状态的最大收益值减去对应的各方案的收益值，得到遗憾值表，如表 4 − 3 所列。

表 4 − 3 各方案的遗憾值表(单位:万元)

各自然状态 后悔值 方案	需求量高	需求量一般	需求量低
A 方案:引进新的生产线	0	5	45
B 方案:改进原有生产线	20	0	25
C 方案:外包给其他企业	55	35	0

第三,找出各方案的最大遗憾值。A方案为45万元,B方案为25万元,C方案为55万元。

第四,从最大的遗憾值中选择一个最小的,所对应的方案就是决策方案。经过比较,B方案的最大遗憾值最小,即最终决策方案。

答:应选择B方案,遗憾值为25万元。

管理故事

猿猴与蜈蚣的故事

热带雨林中,虎啸猿啼,草木丛生,各种动物在树枝上、草丛间玩耍,上窜下跳,十分活跃,一切都显得生机盎然,那么正常、理想、幸福。但天有不测风云,暴雨袭来,不久洪水就淹没了森林的大部分,大小动物拼命向最高处奔去。待大家聚到高处,洪水还在暴涨,于是大家推选最聪明的猿猴主持召开会议,大家为如何脱险议论纷纷,一时不知所措。

猿猴说:"看谁能游泳?"很快推选出青蛙、水蛇等四大水手。猿猴灵机一动说:"不行! 只会游泳,跑得不快,不能迅速报信求救。"大家一致赞成,但谁是水陆都行的能手呢? 猿猴脑子快,撇了一眼看到了蜈蚣。它会水,腿又多,一定跑得快。猿猴自鸣得意地断然做出决定:马上让蜈蚣出发。大家也心情坦然地继续开会。当天已漆黑散会时,大家发现蜈蚣还没有走,因为脚太多,穿鞋成了最费时间的事。大家对猿猴的错误决策十分愤慨,群起而攻之。

这个故事告诉我们什么? 一是决策不能想当然,也不能就事论事简单了事。而是要针对决策之后的负效应再做一次决策,以保证决策的顺利。二是要有反向思维,即在决策取得一致意见的过程中,要想到与其相反的决策。只有能正反双渠道思考的决策者,才表现出决策者的成熟、能力与水平。

管理定律

隧道视野效应

一个人若身处隧道,他看到的就只是前后非常狭窄的视野。但他越接近出口,看到外面的世界便越多,看到的事物也越来越丰富。具有远见和洞察力,视野开阔,方能看得高远。这就是"隧道视野效应"。

20世纪60年代初,美军准备在某国的一个军事基地搞一次小型军事演习,为了表现战场的逼真效果,还需要施放大量的烟雾,制造爆炸效果。演习地点需要一片三面环山的开阔地,美军军事人员费尽周折,最后选中了一片生长茂盛的果园,这时果树已经开始结果,美军为了顺利进行演习,答应给果农一定的经济赔偿。果农认为可以趁机向美军敲一笔竹杠,夸大了果园产量和收益,取得了一笔不错的赔偿。演习持续了一个多月,尽管美军尽可能地保证不伤及果树,但烟雾效果、往来穿梭的坦克和装甲车、士兵留下的掩体,都给果园的土地和果树造成了不可逆转的损坏。第二年,一部分果树没再发芽,许多发芽的果树不再结果,结出的果实质与量都不如往年,第三年,更多的果树枯萎死亡,这时,短视的果农才发现,他们占了小便宜吃了大亏,只见眼前利益,而忽略了果园的长久收益。

视野不宽,就心中不明,对目前的环境和处境就无法做出正确的判断,从而影响决策的正确性。所以,我们必须拓宽心路,放开视野,才能见多识广,深谋远虑。

本单元小结

1. 决策的概念:决策就是为了实现组织目标,借助科学的工具和方法,在对组织内外部环境分析的基础上,设计并选择备选方案加以实施的全过程。

2. 决策的特征:目标性、可行性、选择性、满意性、过程性。

3. 科学决策是管理的基础;决策是管理者的首要工作;决策的质量好坏关系到组织的生存与发展。

4. 决策的类型:①战略决策、战术决策和业务决策;②个人决策和集体决策;③初始决策和追踪决策;④程序化决策和非程序化决策;⑤确定型决策、风险型决策和不确定型决策。

5. 决策的程序:①识别问题;②确定决策标准;③拟定备选方案;④分析选择方案;⑤实施方案;⑥评价决策效果。

6. 决策的基本方法:定性的决策方法和定量的决策方法。

7. 定性的决策方法包括:德尔菲法、头脑风暴法、名义小组法和电子会议法。

8. 定量的决策方法包括:①确定型决策问题一般采用盈亏平衡分析法;②风险型决策问题一般采用决策树法;③不确定型决策问题常用乐观法、悲观法、折中法、等可能法和遗憾值法。

思考与讨论

一、单项选择题

1. 下面不属于决策特征的是( )。

A. 决策是管理工作的基础,贯穿了管理的全过程

B. 决策的目标要明确、具体

C. 决策追求的是理想条件下的最优目标

D. 要有两个及以上的备选方案

2. 决策是企业管理的核心内容,企业中的各层管理者都要承担决策的职责。关于决策解释,下面正确的是(　　)。

A. 越是企业的高层管理者,所做出的决策越倾向于战略性、风险型的决策

B. 越是企业的高层管理者,所做出的决策越倾向于常规的、科学的决策

C. 越是企业的基层管理者,所做出的决策越倾向于战略性、风险型的决策

D. 越是企业的基层管理者,所做出的决策越倾向于非常规的、肯定型的决策

3. 张华想要购买一辆汽车,他罗列出了价位、品牌、款式、性能等需要考虑的因素,这属于决策的(　　)阶段。

A. 识别问题　　　　　　　　B. 确定标准

C. 拟定备选方案　　　　　　D. 选择备选方案

4. 希望能够创造一种自由、宽松的氛围,让大家畅所欲言,充分发挥想象力和创造力的决策方法是(　　)。

A. 德尔菲法　　　　　　　　B. 头脑风暴法

C. 名义小组法　　　　　　　D. 电子会议法

5. 某公司生产某产品的固定成本为100万元,单位产品可变成本为700元,单位产品售价为900元,那么其保本的产量至少是(　　)。

A. 5000　　　　B. 6000　　　　C. 4500　　　　D. 3000

6. 决策者的个性对(　　)决策问题的影响最大。

A. 风险型　　　　　　　　　B. 确定型

C. 不确定型　　　　　　　　D. 程序化

二、多项选择题

1. 下面关于决策的表述,正确的有(　　)。

A. 决策是发现问题、解决问题的过程

B. 决策不是某个时点的拍板决定,而是一个从信息收集一直到决策结果的过程

C. 理想条件在现实中很难达到,因此追求最优方案往往得不偿失

D. 决策遵循的是最优原则

E. 管理中决策具有普遍性,贯穿于管理的各个层次、各个方面和全过程

2. 德尔菲法的优点有(　　)。

A. 便于独立思考和判断

B. 决策快速、准确、可靠,应用范围广

C. 可以避免权威人士的影响

D. 在过程中没有集体讨论,属于个人决策

E. 可以互相启发灵感,集思广益

3. 下面属于定量决策方法的有( )。

A. 盈亏平衡分析法　　　　　B. 决策树法

C. 乐观法　　　　　　　　　D. 悲观法　　　　　E. 后悔值法

三、思考题

1. 怎样理解"管理就是决策"?

2. 决策过程包括哪几个步骤?

3. 定性的决策方法有哪些? 如何实施?

四、计算题

1. 某企业为了增加某种产品的生产能力,提出甲、乙、丙三个方案。甲方案是从国外引进一条生产线,需投资 800 万元;乙方案是改造原有生产车间,需投资 250 万元;丙方案是通过次要零件扩散给其他企业生产,实现横向联合,不需要投资。

根据市场调查与预测,该产品的生产有效期是 6 年,在 6 年内销路好的概率为 0.7,销路不好的概率为 0.3。各方案在畅销和滞销时的损益值如表 4 - 4 所列。问题:试用决策树法选择决策方案。

表 4 - 4　各方案的损益值表(单位:万元)

损益值　方案	自然状态　滞销(0.3)	畅销(0.7)
甲方案	-60	430
乙方案	35	210
丙方案	25	105

2. 设某企业需对一种新产品是否投产进行决策。分别有大量生产、中等批量生产和小批量试产三种可供选择的方案,经过市场预测,该新产品投入市场后可能面临畅销、尚好、较差和滞销四种自然状态,各方案的损益值如表 4 - 5 所列。请分别用乐观法、悲观法、折中法、等可能法和后悔值法来选择决策方案。

表 4 - 5　某企业新产品投产的收益表(单位:万元)

损益值　方案	状态　自然状态			
	畅销	尚好	较差	滞销
大量生产 A	80	40	-30	-70
中等批量 B	55	37	-15	-40
小批试产 C	31	31	9	-1

97

五、训练项目

项目一 个人决策 VS 集体决策

训练目的:

1. 比较个人决策和集体决策。

2. 培养学生独立思考和团队协作的意识。

训练程序:

步骤一:花5分钟的时间阅读下面的故事,然后判断下面11个陈述是正确、错误,还是不确定。

店员刚准备关闭商店的灯,这时来了一个人准备抢劫。店主打开了现金保险柜,保险柜的东西被洗劫一空,强盗逃跑。警方的一个警员迅速得到报案。

判断下列陈述的正误:

1. 一个人出现在店主已经关灯之后。对( )不对( )不知道( )

2. 强盗是一个男人。对( )不对( )不知道( )

3. 这个人不是想要钱。对( )不对( )不知道( )

4. 打开保险柜的人是店主。对( )不对( )不知道( )

5. 店主拿了保险柜里的东西后走了。对( )不对( )不知道( )

6. 有人把保险柜打开了。对( )不对( )不知道( )

7. 那个强盗拿走钱后,就逃跑了。对( )不对( )不知道( )

8. 保险柜里装的是钱,但故事中没有写明是多少。对( )不对( )不知道( )

9. 强盗抢的是店主的钱。对( )不对( )不知道( )

10. 尽管本故事涉及了好几件事情,但所提及的人只有三个:店主、抢劫者和一个警察。对( )不对( )不知道( )

11. 有关本故事的下列事件都是正确的:某人来要钱,保险柜被打开,柜里的东西被人拿走,一个人冲出小店。对( )不对( )不知道( )

步骤二:学生在分别答完上述11道题之后,组成四个或五个人的小组。各小组讨论10分钟后对每个陈述达成本组认为正确的答案。

步骤三:老师给出每道题正确的答案,这11道题你在步骤一中答对了多少?所在小组在步骤二中又答对了多少?集体讨论的结果是否好于个人的平均值?答对最多的个人是谁,答对了多少?讨论这些结果的意义。

成果与检测:

1. 根据个人决策和集体决策的结果说明两者的决策的特点和优缺点。

2. 教师根据学生个人和小组的表现综合评定打分。

个人正确率:_____

小组正确率:_____

个人正确率平均值与小组正确率比较结果:_____

个人决策和集体决策的比较结果思考:＿＿＿＿＿＿＿＿＿＿＿＿＿＿＿

＿＿＿＿＿＿＿＿＿＿＿＿＿＿＿＿＿＿＿＿＿＿＿＿＿＿＿＿＿＿＿＿＿

＿＿＿＿＿＿＿＿＿＿＿＿＿＿＿＿＿＿＿＿＿＿＿＿＿＿＿＿＿＿＿＿＿

＿＿＿＿＿＿＿＿＿＿＿＿＿＿＿＿＿＿＿＿＿＿＿＿＿＿＿＿＿＿＿＿＿

＿＿＿＿＿＿＿＿＿＿＿＿＿＿＿＿＿＿＿＿＿＿＿＿＿＿＿＿＿＿＿＿＿

＿＿＿＿＿＿＿＿＿＿＿＿＿＿＿＿＿＿＿＿＿＿＿＿＿＿＿＿＿＿＿＿＿

项目二　让头脑刮起风暴吧

训练目的:

1. 掌握头脑风暴法的运用。

2. 培养学生的创新能力和发散新思维。

训练内容:

1. 确定一样物品,比如可以是铅笔或者其他任何东西,学生在 1 分钟以内想出尽可能多的这件物品的用途。

2. 5~7 人为一个小组,每个组选出一人记录本组所想出的主意。在此期间,每位小组成员自由发言,对任何想法不进行评论,要尽可能地提出富有新意和创造性的想法。用时 5~10 分钟。

3. 比较哪个小组的想法最多、最新奇,哪个小组获胜。

成果与检测:

1. 教师和学生共同选出获胜小组。

2. 检测学生的创新能力和团队合作能力。

物品:＿＿＿＿＿＿＿＿＿＿＿＿＿＿＿＿＿＿＿＿＿＿＿＿＿＿＿＿＿＿＿

用途:＿＿＿＿＿＿＿＿＿＿＿＿＿＿＿＿＿＿＿＿＿＿＿＿＿＿＿＿＿＿＿

＿＿＿＿＿＿＿＿＿＿＿＿＿＿＿＿＿＿＿＿＿＿＿＿＿＿＿＿＿＿＿＿＿

＿＿＿＿＿＿＿＿＿＿＿＿＿＿＿＿＿＿＿＿＿＿＿＿＿＿＿＿＿＿＿＿＿

＿＿＿＿＿＿＿＿＿＿＿＿＿＿＿＿＿＿＿＿＿＿＿＿＿＿＿＿＿＿＿＿＿

＿＿＿＿＿＿＿＿＿＿＿＿＿＿＿＿＿＿＿＿＿＿＿＿＿＿＿＿＿＿＿＿＿

六、案例分析

山居小栈的经营策略

山居小栈位于一个著名的风景区边缘,旁边是国道,每年有大批旅游者通过这条公路来到这个风景名胜区游览。

罗生两年前买下山居小栈时是充满信心的,作为一个经验丰富的旅游者,他认为游客真正需要的是朴实但方便的房间——舒适的床、标准的盥洗设备以及免费有线电视,像公共游泳池等没有收益的花哨设施是不必要的。而且他认为重要的不是提供的服务,而是管理。但是在不断接到顾客抱怨后,他还是增设了简单的免费早餐。

然而经营情况比他预料的要糟,两年来的入住率都维持在55%左右,而当地的旅游局统计数字表明这一带旅店的平均入住率是68%。毋庸置疑,竞争很激烈,除了许多高档的饭店宾馆外,还有很多家居式的小旅社参与竞争。

其实,罗生对这些情况并非一无所知,但是他觉得高档宾馆太昂贵,而家庭式旅社则很不正规,像山居小栈这样既具有规范化服务特点又价格低廉的旅店应该很有市场。但是他现在感觉到事情并不是他想的这么简单。最近又传来旅游局决定在本地兴建更多大型宾馆的风声,罗生越来越发觉处境不利,甚至决定退出市场。

这时他得到一大笔亲属赠予的遗产,这笔资金使得他犹豫起来。也许这是个让山居小栈起死回生的机会,他开始认真研究所处的市场环境。

从一开始罗生就避免与提供全套服务的度假酒店直接竞争,他采取的方式就是削减"不必要的服务项目",这使得山居小栈的房价比它们要低40%,住过的客人都觉得物有所值,但是很多游客还是转转然后去别家投宿了。

罗生对近期旅游局发布对当地游客的调查结果很感兴趣:

(1) 68%的游客是不带孩子的年轻或年老夫妇;

(2) 40%的游客两个月前就预定好了房间和旅行计划;

(3) 66%的游客在当地停留超过三天,并且住同一旅店;

(4) 78%的游客认为旅馆的休闲娱乐设施对他们的选择很重要;

(5) 38%的游客是第一次来此地游览。

得到上述资料后,罗生反复思量,到底要不要退出市场,拿这笔钱来养老,或者继续经营? 如果继续经营的话,是一如既往,还是改变山居小栈的经营策略?

(资料来源:世界经理人网站,http://www.ceconlinebbs.com/FORUM_LIST_900021_14001_0_0.HTM)

案例思考:

1. 分析导致山居小栈经营不理想的主要原因是什么。

2. 你认为山居小栈的发展前景如何?

3. 如何改变山居小栈现在的不利局面? 为罗生做出正确决策提供建议。

学习单元五　计　划

丁谓建宫

宋真宗年间，宫内失火，皇宫被毁。当时由丁谓来主持重建宫室的工作。据史料显示，当时皇城工地距汴水河近十里远，有一条中央大街通到汴水河边码头，按照传统方式，筑城所需的大量砖瓦、石料等建材需要在很远的地方通过汴水河航运到码头，再由人工搬运至工地。而木料更是要从东北经过水路运来，可谓是个劳民伤财的工程。

丁谓接受任务后，在废墟上走来走去。他为遇到的三件难办的事而感到苦恼：一是盖皇宫要很多泥土，可是京城中空地很少，取土要到郊外去挖，路很远，要花很多的劳力；二是修建皇宫还需要大批建筑材料，都需要从外地运来，而汴河在郊外，离皇宫很远，从码头运到皇宫还需要找很多人搬运；三是清理废墟后，很多碎砖破瓦等垃圾运出京城同样很费事。

在路过临时搭的一个小木棚时，丁谓见有个小姑娘在煮饭，趁饭还没煮熟，她又缝补起被火烧坏的衣服。丁谓想："她倒真会利用时间呀！"忽然他灵机一动：办事情要达到高效率，就要时时处处统筹兼顾，巧妙安排好财力、物力、人力和时间。经过周密思考，丁谓制定出科学的施工方案：首先从施工现场向外挖了若干条大深沟，把挖出来的土作为施工需要的新土备用，以解决新土问题。其次，从城外把汴河水引入所挖的大沟中，利用木排及船只运送木材石料，解决了木材石料的运输问题。最后，等到材料运输任务完成之后，再把沟中的水排掉，把工地上的垃圾填入沟内，使沟重新变为平地。一举三得，不仅节约了时间和经费，而且使工地秩序井然，使城内的交通和生活秩序不受施工太大的影响。

一年后，宏伟的宫殿和玲珑的亭台楼阁修建一新。这一天，汴河河堤的缺口堵住了，深沟里的水排回汴河之中。待深沟干涸时，一车车、一担担瓦砾灰土填到了深沟之中，一条平展宽坦的大路重又静静地躺在皇宫之前……

管理启示：丁谓做了一件事情而完成了三个任务，省下的费用要用亿万来计算，可谓事半功倍。整个皇宫重建在当时乃至现在来说都是一个庞大的系统工程，而丁谓却非常漂亮地完成了这项工作，主要依赖的就是他科学的统筹和周密的计划。

（材料来源：新浪博客，http://blog.sina.com.cn/s/blog_72287e0a0102v4bb.html）

学习目标

1. 了解计划的概念、特征和作用，能够区分计划的各种类型。
2. 理解影响计划工作的主要因素。
3. 掌握计划工作的原理和编制程序、方法。
4. 理解目标管理的概念和特点，掌握目标管理的基本过程。
5. 熟悉战略管理的基本概念，掌握战略管理的过程。

第一节　计划概述

一、计划的概念

在管理学中，计划有两重含义：名词的计划指计划书，是用文字和指标等形式表达的，组织内部在未来一定时期内为了实现组织目标制定的关于行动方向和方法的指导性文件；动词的计划指计划工作，是为了实现组织目标而对未来行动所作出的统筹安排。

计划工作有广义和狭义之分。广义的计划工作是制定计划、执行计划和检查计划的执行情况三个紧密衔接的过程。狭义的计划工作是指制定计划，就是根据组织的内外部环境，通过科学的预测，权衡客观的需要和主观的可能，提出在未来一定时期内要达到的目标以及实现目标的方法。

管理学中的计划职能指的就是狭义的计划工作，可以概括为"5W1H"：

Why——为什么做？原因与目的。

What——做什么？内容和要求。

Who——谁去做？人员。

Where——在哪儿做？地点。

When——何时做？时间。

How——怎么做？安排和方法。

二、计划工作的性质

1. 目的性

每一个计划都是为了实现组织一定时期内的目标。确定目标是计划工作的一个重要方面。

2. 预见性

"凡事预则立，不预则废。"计划是在行动之前制定的，管理者必须要能够根据掌握的信息预测出未来的行动可能面临的环境或遇到的困难，才能够保证计划的顺利实施。

3. 首位性

计划工作是组织、领导、控制和创新等管理活动的基础,先有计划,然后才开始行动。计划工作应放在其他工作之前,并影响和贯穿整个管理过程。

4. 普遍性

计划是管理的基础,涉及到组织中每一位成员。各不同层次的管理者制定的计划侧重点和内容有所不同。

5. 效率性

计划工作不仅要确保组织目标的实现,还要考虑投入与产出的比例,既要"做正确的事",又要"正确地做事"。

三、计划的作用

1. 计划为管理工作指明了方向

计划明确了未来一定时期内的工作内容、行动方向和实现目标的方法。管理者制定计划之后,可以根据计划进行指挥,使各项管理活动按照计划安排有条不紊地进行。

2. 计划可以降低风险,减少变化的冲击

计划是面向未来的,未来的情况在时刻发生着变化,充满了不确定性。计划要有预见性,管理者在制定计划时应当展望未来,充分了解未来环境会发生怎样的变化,预知将来可能出现的机会和威胁,制定出相应的对策,将不确定性降到最低,减少变化带来的影响。

3. 计划可以减少浪费,提高效率

计划工作中明确了组织各部门和成员的分工,制定了科学合理的工作流程,使人、财、物等资源得到合理的配置,消除不必要的活动带来的浪费,也使工作效率得到提高。

4. 计划是管理者进行控制的标准

控制就是纠正计划中的偏差,将不符合要求的管理活动引回到正常的轨道上来;控制依据计划的目标来发现计划是否发生偏差,促使管理者修订计划,设立新的目标。计划为控制提供了依据和标准,没有计划,就没有控制。

拓展案例

国外某老先生从事的职业是一家飞机制造厂的飞机试飞员。在他60多岁光荣退休之后,报纸、广告、电台等媒体纷纷前往采访。这是一个传奇式的人物,据说跟他一起从事这个行当的伙伴们有的因事故而殉职了,有的由于发生事故而身患残疾,而这位老先生,尽管经历了很多次事故和意外,但都化险为夷。媒体记者问他有什么诀窍比别人做得更好。"为什么别人在各种各样的灾难面前躲不过去,而你却能化险为夷呢?"这位老先生解释道:"我有一个习惯,就是我在每次执行任务之前都会做脑操。

我会设想可能出现的各种情况,假如出现某种不测的时候,我应当如何应对,假如发生某种意外的时候,我如何处理才是最佳的选择。每次执行任务之前,我都会闭上眼睛进行这样的冥想。所以在很多次执行任务过程中,尽管碰到了意外,但对我来讲,却是意料之中的事。"

在组织面临不确定性和风险的时候,经过周密的计划可以把这种不确定性和风险降到最低程度。

（资料来源：中华考试网，http://www.examw.com/mba/manage/80973/）

四、计划的类型

计划种类繁多,按照不同的标准,可以将计划划分为不同的类型。

1. 按照计划的表现形式划分

按照从抽象到具体的表现形式,可以将计划分为宗旨和使命、目标、战略、政策、程序、规则、规划和预算等几种类型。

1）宗旨

任何一个组织都有一定的目标,宗旨就是一个组织最基本的目标,它表明这个组织在社会上应起到的作用和所处的社会地位。宗旨赋予组织存在的意义,对企业的行为进行指导,明确一个组织是干什么的、应该干什么,是组织之间相互区别的最根本标志。例如,企业的宗旨是为社会提供商品和服务以获得盈利,医院的宗旨是治病救人,大学的宗旨是教书育人和发展、传播知识。

2）目标

宗旨往往太过于抽象和原则化,它需要进一步具体化为组织在一定时期的目标和组织各部门的目标。目标是在充分理解组织宗旨的条件下建立起来的,是宗旨的具体化,表明组织在一定时期想要达到的预期成果。例如,企业的宗旨是为社会提供商品和服务以获得盈利,为了达成这个宗旨,企业需要将之具体化为不同时期和各个部门的目标,如在5年内要研发多少新产品,企业规模要扩大多少倍等。

3）战略

战略是为了达到组织的总目标而采取的行动和利用资源的总计划,其目的是通过一系列的主要目标和政策去决定和传达一个组织期望自己成为什么样的组织。

4）政策

政策是组织在决策时或处理问题时指导以及沟通思想活动的方针和一般规定。政策是管理的指导思想,它为管理人员的行动指明了方向,并明确了在一定范围内怎样进行管理。制定政策时要充分考虑到组织的目标,保持一贯性、完整性和稳定性。

5）程序

程序规定了某些经常发生的问题的解决方法和步骤,本身也是处理未来活动的一种必需的计划。政策是思想的指南,而程序是行动的指南,它按照时间顺序对必要的行动进行排序,具体规定了某一件事情应当做什么、怎样去做,让行动变得有序、协调、高效。在实际管理过程中,组织中的每个部门都应该通过程序来指导相应的政策如何执行。

6)规则

规则是组织成员共同承认和遵守的规章制度,它规定了某种情况下能采取和不能采取的某种具体行为。区别于程序的是,规则指导行动但并不考虑时间顺序,程序可以看作是一系列规则的综合。规则没有酌情处理的余地,其本质是必须或非必须采取某种行动的管理决策。规则通常是最简单的计划形式,如禁止迟到早退,对未来的行动做出规定。

7)规划

规划是一个综合的计划,它包括目标、政策、程序、规则、任务分配、要采取的步骤、要使用的资源以及为完成既定行动方针所需要的其他因素。规划是粗线条的、纲要性的计划,通常情况下,一个主要计划可能需要很多支持计划。在主要计划进行之前,必须要把这些支持计划制定出来,并付诸实施。所有这些计划都必须加以协调和安排时间。规划有大有小,有长远的和近期的,其目的在于划分总目标实现的进度。

8)预算

预算是一份用数字表示预期结果的报表,称为数字化的计划。预算将各种活动用货币的形式表现出来,有助于更准确地执行计划。预算提供了一个量化的目标,可以用来考核管理工作的成效和对预算目标的偏离情况,从而实现控制的目标。

2. 按照计划的期限划分

按照时间的跨度可以将计划划分为长期计划、中期计划和短期计划。

1)长期计划

长期计划的期限通常在五年以上,描述组织在较长时期的发展方向和行动方针,规划组织为实现长期目标所应采取的一些主要行动步骤、分期目标和重大措施及各部门在较长时期内应达到的目标和要求。

2)中期计划

中期计划的期限一般在1~5年,衔接了长期计划和短期计划,是长期计划的具体化,是根据长期计划提出的目标和内容并结合计划期内的具体变化条件进行编制的。

3)短期计划

短期计划的期限一般在一年左右,具体地规定了组织的各个部门在较短的计划期内,应该从事何种活动、从事该种活动应达到何种要求,为各组织成员的行动提供了依据。

这种划分方法的时间跨度不是绝对的,要依组织的特点和环境变化的速度而定,体现了计划的连续性和衔接性。

3. 按照计划的重要程度划分

从计划的重要程度上来看,计划可以划分为战略计划、战术计划和作业计划。

1）战略计划

战略计划是应用于整体组织，为组织设立总体目标和寻求组织在环境中的地位的重大计划。它的计划周期较长，涉及面也较广，计划目标具有较大弹性，制定难度较大，一般由组织中的高层管理者来制定。

2）战术计划

战术计划应用于组织的局部，将战略计划转化为具体的目标和政策，一般由中层管理者制定。

3）作业计划

作业计划是规定总体目标如何实现的细节的计划，也就是假定目标已经存在，提供实现目标的方法。作业计划一般由基层管理者制定，将战术计划的目标与任务分解落实到各个岗位及责任人员。

4. 按照计划内容的明确性划分

按照计划内容的明确性，可以将计划划分为指导性计划和具体性计划。

1）指导性计划

指导性计划只规定某些一般的方针和行动原则，它指出重点但不把行动者限定在具体的目标上或特定的行动方案上。

2）具体性计划

具体性计划具有明确规定的目标，并提供实现目标的一整套行动步骤和方案。

5. 按照组织的职能划分

组织的类型和规模不同，具体职能部门的设置也不同。每个职能部门都要制定自己的计划，通常可以划分为供应计划、生产计划、销售计划、财务计划、人力资源计划、新产品开发计划和安全计划等。

五、影响计划工作的权变因素

计划要根据组织自身的特点及环境状况来制定，组织自身的特点和环境状况不同，计划的工作重点也有所不同。哪些因素会影响到计划工作的重点呢？主要有以下三方面的权变因素。

1. 组织的规模和管理层次

在大型组织中，不同层次的管理者负责制定不同性质的计划。在大多数情况下，基层管理者主要是制定作业计划，当管理者在组织中的等级上升时，他的计划角色就更具战略导向。组织中的高层管理者主要制定长远的、指导性的战略计划。

组织规模较小时，管理层级较少，分工不明确，管理者制定的计划往往会兼顾作业计划和战略计划的性质。

2. 组织的生命周期

组织都要经历一个从形成到成长，然后成熟，直至衰退的生命周期。在组织生命周期的各个阶段上，计划的类型并不相同，计划的时间长度和明确性应当在不同的阶段上作相应调整,如图 5 – 1 所示。

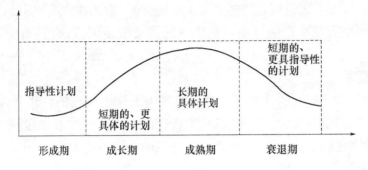

图 5 – 1　组织生命周期不同阶段的计划工作重点

在组织的形成期,各类不确定的因素很多,目标是尝试性的,资源较难以获取,客源不稳定。所以管理者在这一阶段应当更多地依赖灵活性较高的指导性计划,可以随时按照需要进行调整,增加计划对环境的应变性。

在组织的成长期,组织内外部环境的不确定因素减少,目标更为明确,资源易于获取,顾客忠诚度提高。在这一阶段,组织处在迅速发展的阶段,计划工作的重点应当放在具体的操作上,因此管理者应当制定短期的、更具体的计划。

在组织的成熟期,组织的内外部环境较为稳定,可预见性最大,计划工作的重点应放在长期的具体的计划上。

在组织的衰退期,组织内外部环境中的不确定因素又开始增多,需要重新考虑目标,资源要重新分配,计划也从具体性转入指导性,此时管理者应制定短期的、更具指导性的计划。

3. 环境的稳定性

当组织的内外部环境变化较多时,越不稳定,对未来情况的预见性就越差,计划就应当灵活多变,所以应当制定指导性的短期计划。反之,当组织的内外部环境在未来一段时间较为稳定时,对未来情况的预见性会加大,可以制定较为长期的具体计划。

第二节　计划工作的原理、编制程序和方法

一、计划工作的原理

在管理实践中,计划工作会受到各种因素的影响而具有不同的类型和性质。但不管何种类型和性质的计划,都必须遵循计划工作的基本规律和原则,即限定因素原理、许诺原理、灵活性原理和改变航道原理。

1. 限定因素原理

限定因素是指妨碍组织目标实现的因素。在计划工作中,管理者越是能够了解和抓住对达到目标起主要限制作用和决定性影响的因素,就越是能够准确地、客观地

拟定各种行动方案。这就好比一只沿口不齐的木桶,它盛水的多少取决于木桶上最短的那块木板。因此,限定因素原理又被形象地称为"木桶原理"。所以,管理者在制定计划时,必须全力找出影响计划目标实现的主要限定因素,有针对性地采取得力措施。

2. 许诺原理

许诺原理是指任何一项计划都是对完成各项工作所作出的许诺。许诺越大,完成许诺所需的时间就越长,实现许诺的可能性就越小。根据许诺原理,必须根据计划目标和任务合理地确定计划期限;而且每项计划的许诺不能太多,否则计划的时间就会比较长,影响计划的灵活性。

3. 灵活性原理

灵活性原理是指制定计划时要留有余地,以便在出现意外情况时,有能力改变方向而不必花太大的代价。计划中的灵活性越大,应变性就越强,因为意外情况引起损失的可能性就越小。灵活性要求在制定计划时"量力而行,留有余地",在执行计划时,则要"尽力而为,不留余地"。

灵活性原理的应用有三个限制条件:一是不能以推迟决策的时间来确保计划的灵活性;二是使计划具有灵活性是要付出代价的,不能以牺牲计划的效率性为代价,强调计划的灵活性;三是某些客观条件和现实情况会影响计划的灵活性,甚至可能导致计划全盘落空。

4. 改变航道原理

改变航道原理是指在计划的执行过程中,管理者必须根据实际情况对计划作必要的检查和修订。因为环境时刻在发生变化,尽管在制定计划时对未来可能发生的情况进行了预见,并制定了相应的应变措施,但是不可能面面俱到,总有一些问题可能预见不到。因此,在必要时就要调整计划或重新制定计划,也就是"条条大路通罗马",计划总目标保持不变,而实现目标的进程可以因情况的变化而随之变化。与灵活性原理不同的是,灵活性原理是使计划本身具有适应性,而改变航道原理是使计划在执行的过程中具有应变能力。

拓展案例

铁道部工程某局是一支特别能战斗、特别能吃苦的队伍。20世纪90年代,他们承担的西南某铁路隧道工程,号称"地质博物馆"。各种不同的地质状况全都出现在不到10千米的地段。施工难度之大,工期要求之短,质量要求之高,前所未见。在竞标中很多施工队都知难而退了。只有该局逆流而上,一举夺标,还提前20天完成任务。他们是怎样实现工程提前的呢?首先,在招标前他们详细地阅读了有关地质资料,找出了施工的主要矛盾是瓦斯爆炸和涌水,采取了相应的技术措施;其次,在制定计划时,从人员、设备、材料、时间上都留有余地,用十二分措施保证十分指标的实现;再次,针对各种突发情况,制定了各种应急计划,从而做到有条不紊,忙而不乱。周密的计划、科学的管理,终于使计划得以提前实现。

　　思考:在制定计划的过程中,此工程局用到了什么计划工作的原理?

(资料来源:百度文库)

二、计划的编制程序

　　不论计划的内容如何、时间长短、简单或复杂,它们遵循的程序和步骤是相似的。图5-2显示了一个完整的计划的工作步骤。

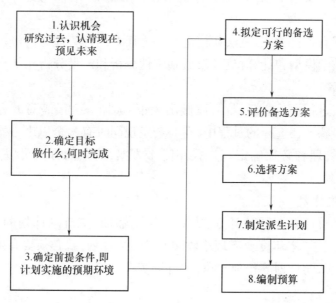

图5-2　计划编制的步骤

1. 认识机会

　　在实际的计划工作之前,管理者必须对组织所处的内外部环境有一个清晰完整的认识,包括组织的优势、劣势,外部的机会和威胁,做到知己知彼。要认识到组织发展的机会,要研究过去,找出一些规律;认清现在,摆正自己的位置;预见未来,明确组织的方向。"认识机会是战胜风险求得生存与发展的诀窍。"

2. 确定目标

　　目标是组织存在的依据,是组织的灵魂,是组织期望达到的最终结果。制定计划的第二个步骤是在认识机会的基础上,为整个组织及其所属的下级单位确定目标,明确在未来一定时期内组织的发展方向、应当做什么、什么时候实现等问题。

3. 确定前提条件

　　计划的前提条件指计划实施的预期环境。确定前提条件,就是要对组织的内外部环境和所具备的条件进行分析和预测,这是编制计划的基础。预测的准确性越高,计划才会越可靠和有效。

4. 拟定可行的备选方案

"条条大路通罗马",实现一个目标有多种途径和方案。计划工作需要拟定多种方案以供选择,这些方案要符合计划目标,具有可行性。这个步骤要求计划的编制者集思广益,发挥集体的智慧和力量,拟定尽可能多的计划,以便能选出最满意的计划方案。

5. 评价备选方案

拟定方案之后,就是根据前提条件和目标,权衡每一个方案的轻重优劣,对其进行全面的分析和评估。评估取决于评价者所采用的标准和对各个标准所赋予的权重。

每个方案都有各自的优缺点,如何选择一方面要结合管理者的经验和水平,另一方面可以借助数学模型和计算机手段,做到定性分析和定量分析相结合。

6. 选择方案

对各个方案进行评价之后,就可以做出决策,选择一个最满意的方案,这一步骤是计划的关键步骤。在选择的过程中,有时会发现同时有两个以上方案都是合适的,在这种情况下,管理者必须确定首先采用哪个方案,其余的方案可以进行细化和完善,作为后备方案。

7. 制定派生计划

派生计划是总计划下的分计划,主要作用是辅助、支持总计划的贯彻落实。例如,一家企业制定了"本年度要实现增收 20%"的总计划,就必须要有生产计划、销售计划、财务计划、采购计划等作为支撑,才可能实现。

8. 编制预算

计划工作的最后一步是编制预算,就是使计划用数字更加具体地表现出来。预算可以对计划目标的实现进行考核,对计划的执行进行控制。

拓展案例

如果想泡壶茶喝,现在的情况是:开水没有;水壶要洗,茶壶茶杯要洗;火生了,茶叶也有了。怎么办?

办法甲:洗好水壶,灌上凉水,放在火上;在等待水开的时间里,洗茶壶、洗茶杯、拿茶叶;等水开了,泡茶喝。

办法乙:先做好一些准备工作,洗水壶,洗茶壶茶杯,拿茶叶;一切就绪,灌水烧水;坐待水开了泡茶喝。

办法丙:洗净水壶,灌上凉水,放在火上,坐待水开;水开了之后,急急忙忙找茶叶,洗茶壶茶杯,泡茶喝。

哪一种办法省时间? 我们能一眼看出第一种办法好,后两种办法都窝了工。

在日常的生活、工作中面临错综复杂的情况,往往就不是像泡茶喝这么简单了。任务多了,关系多了,错综复杂,千头万绪,往往出现"万事俱备,只欠东风"的情况。

(资料来源:新浪博客,http://blog. sina. com. cn/s/blog_6a060feb0100ldev. html)

三、编制计划的方法

1. 滚动计划法

滚动计划法,是根据计划的执行情况和环境变化定期修订未来的计划,并逐期向前推移,使短期计划、中期计划和长期计划有机地结合起来的一种编制计划的方法。

计划的期限越长,未来环境的不确定性越大,预测的准确性就越低,因此对于中长期计划,经常在执行过程中出现偏离计划的情况,如果继续按照原计划实施,很可能造成重大的损失甚至完全背离组织目标。滚动计划法则可以很好地避免这种不良后果的出现。

滚动计划法是按照"远粗近细、分段编制"的原则来制定计划的,将长期计划分为若干阶段的分计划,时间近的计划比较详细、具体,时间远的计划比较粗略、概括,从而将近期计划与远期计划结合起来。对已经编制出的计划,每经过一段固定的时期(即一个滚动期,通常是一年或一个季度),便根据上期计划执行的结果和环境的变化,对原计划进行调整。每次调整时,保持原计划期限不变,而将计划期顺序向前推进一个滚动期。这样不断滚动,不断延伸,形成一个动态的过程。如图 5-3 就是一个五年期的滚动计划法示意图。

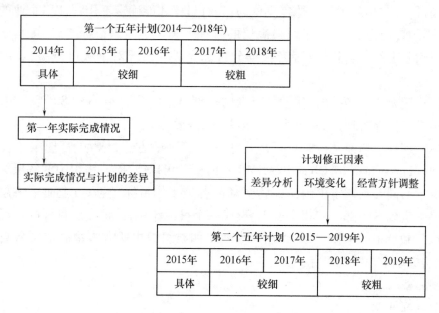

图 5-3 滚动计划法示意图

从图 5-3 中可以看出,第一个五年计划是 2014—2018 年,在计划期第一年结束时,即 2014 年底,要根据 2014 年计划的实际完成情况和环境的变化情况,对原计划进行调整和修订,将计划期向后延一年,编制 2015—2019 年的五年计划,以此类推,每次调整和修订都会使计划向前滚动一年。

滚动计划法可以使长、中、短期计划有机地衔接起来,根据环境的变化及时进行调整和修订,使各期计划切合实际,基本保持一致,增加了计划的灵活性。采用滚动计划法会使计划编制的工作量十分庞大,但是计算机的广泛应用可以将管理者从繁杂的工作中解脱出来。

2. 网络计划技术

网络计划技术是 20 世纪 50 年代末在美国产生和发展起来的一项管理技术,主要用于工程项目的计划与控制。网络计划技术的基本原理:首先,将一个完整的计划分解成各项作业,并对各项作业按照先后顺序进行排序,绘制出网络图,反映整个计划任务的全过程;其次,根据网络图计算网络时间,确定关键工序和关键路线;然后进行网络计划方案的优化,求得工期、资源和成本最优的方案;最后,进行计划的执行,通过监督和控制,保证计划目标的实现。

第三节　目标管理

一、目标管理的概念

美国管理大师彼得·德鲁克于 1954 年在其名著《管理实践》中最先提出了"目标管理和自我控制"的主张。德鲁克认为:先有目标才能确定工作,所以"企业的使命和任务,必须转化为目标"。组织最高层的管理者确定了组织目标之后,将其分解为各个部门和职工的分目标,管理者根据分目标完成的情况对下级进行考核、评价和奖惩。

目标管理方法一经提出,在世界范围内得到迅速推广。20 世纪 80 年代初,中国企业开始推广目标管理方法,应用在众多领域,成效显著。

目标管理现在已经是一种广泛应用于企业管理的方法,称为"管理中的管理"。目标管理(Management by Objectives, MBO)的概念可以概括为:组织中的各层级管理人员和员工共同参与制定出组织经营活动的各项工作目标,然后自上而下将总目标层层分解落实到各个部门和每个员工,形成一个目标体系,并将完成目标的情况作为考核各部门和员工的依据,进行评价和奖惩。如果组织中所有人都完成了各自的目标,也就达成了组织的总目标。

拓展案例

曾有人做过这样一个实验:组织三组人,让他们沿着公路步行,分别向 10 千米外的三个村子行进。

甲组不知道去的村庄叫什么名字,也不知道路途有多远,只告诉他们跟着向导走即可。这个组刚走了两三千米时就有人叫苦了,走到一半时,有些人几乎愤怒了,他们抱怨为什么要大家走这么远,何时才能走到。有的人甚至坐在路边,不愿再走了。

结果越往后走人们的情绪越低落,最后,队伍变得七零八落,溃不成军。

乙组知道去哪个村庄,也知道它有多么远,但是路边没有里程碑,人们只能凭经验大致估计需要走两个小时左右。这个组走到一半时才开始有人叫苦,大多数人想知道他们已经走了多远了,比较有经验的人说:"大概刚刚走了一半的路程。"于是大家又簇拥着向前走,当走到 3/4 的路程时,大家情绪又开始低落,觉得疲惫不堪,而路程似乎还长着呢!而当有人说快到了时,大家又振作起来,加快了脚步。

丙组最幸运。大家不仅知道所去的是哪个村子,它有多远,而且路边每千米有一块里程碑。人们一边走一边留心看里程碑。每看到一个里程碑,大家便有一阵小小的快乐。这个组的情绪一直很高涨。走了七八千米以后,大家确实都有些累了,但他们不仅不叫苦,反而开始大声唱歌、说笑,以消除疲劳。最后的两三千米,他们越走情绪越高,速度反而加快了。因为他们知道,那个要去的村子就在眼前了。

管理启示:当人们的行动有着明确的目标,并且把自己的行动与目标不断地加以对照,清楚地知道自己进行的速度和不断缩小达到目标的距离时,人的行为动机就会得到维持和加强,人们会自觉地克服一切困难,努力达到目标。

二、目标管理的特点

目标管理的具体形式各种各样,但其基本内容是一样的。目标管理与其他的管理方式相比,具有以下几方面的特点。

1. 有一套完整的目标体系

首先由组织的最高领导层制定出组织在一定时期的总目标,然后通过专门设计的过程,将总目标层层分解为不同层次、不同要求的多个目标,形成各部门和各员工的分目标。这些目标相互关联、相互配合,方向一致,形成一个完整的目标体系。

2. 员工参与,民主管理

目标从制定到分解的全过程均有上下级共同参与协商,充分体现了民主的管理思想,有利于上下级之间的交流沟通。在目标制定过程中,充分考虑员工个人的需求,设定合理的目标,同时目标的制定者也是目标的实现者,使每个员工都能认同和理解组织的总目标,有利于最大限度地发挥员工的积极性。

3. 强调自我管理与自我控制

组织目标是由全员参与制定的,所以目标管理认为,员工愿意为自己的工作负责,能够通过自我控制,不断修正自己的行为,以达到目标的实现。

4. 注重成果

目标管理非常强调成果,注重目标的实现。目标管理有一套完整的目标考核体系,根据每个员工完成目标的实际情况和贡献大小进行评价,而且这是唯一的评价标准。对于员工实现目标的具体过程、方法和途径,上级不会过多干预。

三、目标管理的基本过程

目标管理通常可以分为以下几个步骤。

1. 目标体系的建立

这是目标管理最重要的阶段,这项工作从组织的最高层领导开始,预定总目标,然后根据每个部门的职责,经过自上而下的共同协商,逐级确定各层次目标。形成锁链式的目标体系。在目标体系的建立过程中,目标的设定要遵循"SMART"原则,即Specific(明确性)、Measurable(可衡量性)、Attainable(可达成性)、Relevant(相关性)、Time – bound(时限性)。

2. 组织实施

组织的目标体系建立之后,主管人员就要将权利进行下放,靠员工的自我管理和自我控制去完成目标,而自己将更多的精力集中在综合型的管理上。当然并不是领导放手不管,而是要进行有力的领导控制,例如,定期检查、通报情况、提供指导协助等。

3. 总结和评估

对各级目标的实现,要事先规定期限,到达期限后,下级首先进行自我评估,提交书面报告;然后上下级一起考核目标完成情况,决定奖惩;同时讨论下一阶段目标,开始新循环。总结和评价过程中应该肯定成绩、总结经验、发现问题、吸取教训,为下一个目标管理过程的目标体系建立提供参考依据。切忌推诿责任,相互指责,影响团队的和谐。

拓展案例

山田本一是日本著名的马拉松运动员。他曾在1984年和1987年的国际马拉松比赛中,两次夺得世界冠军。记者问他凭什么取得如此惊人的成绩,山田本一总是回答:"凭智慧战胜对手!"大家都知道,马拉松比赛主要是运动员体力和耐力的较量,爆发力、速度和技巧都还在其次。因此对山田本一的回答,许多人觉得他是在故弄玄虚。

10年之后,这个谜底被揭开了。山田本一在自传中这样写到:"每次比赛之前,我都要乘车把比赛的路线仔细地看一遍,并把沿途比较醒目的标志画下来,比如第一标志是银行;第二标志是一个古怪的大树;第三标志是一座高楼……这样一直画到赛程的结束。比赛开始后,我就以百米的速度奋力地向第一个目标冲去,到达第一个目标后,我又以同样的速度向第二个目标冲去。40多千米的赛程,被我分解成几个小目标,跑起来就轻松多了。开始我把我的目标定在终点线的旗帜上,结果当我跑到十几千米的时候就疲惫不堪了,因为我被前面那段遥远的路吓到了。"

管理启示:目标是需要分解的,一个人制定目标的时候,要有最终目标。当目标被清晰地分解了,目标的激励作用就显现了,当我们实现了一个目标的时候,我们就及时地得到了一个正面激励,这对于培养我们挑战目标的信心,作用是非常巨大的!

（资料来源:世界经理人网站,http://www.ceconline.com/strategy/ma/8800052921/01/）

四、目标管理的优缺点

1. 目标管理的优点

（1）目标管理对组织内易于度量和分解的目标会带来良好的绩效。对于那些在技术上具有可分性的工作,由于责任、任务明确,目标管理常常会起到立竿见影的效果,而对于技术不可分的团队工作则难以实施目标管理。

（2）目标管理有助于改进组织结构的职责分工。由于组织目标的成果和责任力图划归一个职位或部门,容易发现授权不足与职责不清等缺陷。

（3）目标管理启发了自觉,调动了职工的主动性、积极性、创造性。由于强调自我控制、自我调节,将个人利益和组织利益紧密联系起来,因而提高了士气。

（4）目标管理促进了意见交流和相互了解,改善了人际关系。

2. 目标管理的缺点

在实际操作中,目标管理也存在许多明显的缺点,主要表现在:

（1）目标难以制定。组织内的许多目标难以定量化、具体化;许多团队工作在技术上不可解;组织环境的可变因素越来越多,变化越来越快,组织的内部活动日益复杂,使组织活动的不确定性越来越大。这些都使得组织的许多活动制定数量化目标是很困难的。

（2）强调短期目标。大多数的目标管理中的目标通常是一些短期的目标:一方面,短期目标比较具体,易于分解,而长期目标比较抽象,难以分解,另一方面,短期目标易迅速见效,长期目标则不然。所以,在目标管理中,组织似乎常常强调短期目标的实现而对长期目标不关心。

（3）目标商定可能增加管理成本。目标商定要上下沟通、统一思想是很费时间的;每个单位、个人都关注自身目标的完成,很可能忽略了相互协作和组织目标的实现,滋长本位主义、临时观点和急功近利倾向。

（4）有时奖惩不一定都能和目标成果相配合,也很难保证公正性,从而削弱了目标管理的效果。

（5）灵活性差。面向未来的计划存在很多不确定的因素,计划工作的改变可能导致必须对目标进行修正。然而目标管理是一个完整的目标体系,"牵一发而动全身",修订一个目标体系相当于重新制定一个目标体系,可能迫使主管人员不得不中途停止目标管理的过程。

鉴于上述分析,在实际中推行目标管理时,除了掌握具体的方法以外,还要特别注意把握工作的性质,分析其分解和量化的可能;提高员工的职业道德水平,培养合作精神,建立健全各项规章制度,注意改进领导作风和工作方法,使目标管理的推行建立在一定的思想基础和科学管理基础上;要逐步推行,长期坚持,不断完善,从而使目标管理发挥预期的作用。

第四节　战略管理

一、战略和战略管理

"战略"一词最早来源于军事,指军事将领指挥军队作战的谋略。春秋时期孙武的《孙子兵法》被认为是中国最早对战略进行全局筹划的著作。现在,战略广泛适用于政治和经济领域。从组织的角度来看,战略是组织面对复杂多变的内外部环境,为了谋求生存和发展在分析自身优势和劣势以及外部机会和威胁的基础上,做出的统领性的、全局性的谋略、方案和对策。

战略管理是指企业确定其使命,根据组织外部环境和内部条件设定企业的战略目标,为保证目标的正确落实和实现进度谋划,并依靠企业内部能力将这种谋划和决策付诸实施,以及在实施过程中进行控制的一个动态管理过程。

二、战略管理的特征

根据战略管理的定义,可以概括出战略管理具有以下特征。

1. 全局性

战略管理的对象是整个组织,是以组织的总体发展为目标来进行的,它指导组织的总体行动,追求组织的总体效果,具有统筹兼顾全局、实现组织目标的特点。

2. 长远预见性

战略计划属于长期计划,着眼于组织的长期健康稳定发展,又面向未来,因此要求管理者对未来生存环境和自身状况有足够的预见性。

3. 灵活应变性

战略管理是一个不断进行的应变过程,环境在变,竞争者在变,组织本身也在变,因此战略管理必须随时研究变化了的情况,对战略进行必要的修正,确保战略目标的实现。

4. 竞争性

组织面临着激烈的市场竞争,战略管理直接与竞争对手和各种竞争压力相联系。战略管理的起点就是考虑如何对付外部的竞争和压力。只有战胜对手,克服竞争压力,组织才可能获得生存和发展。

5. 动态连续性

战略管理是从战略的制定、实施到评估,是一个不间断的、连续性的过程。

6. 创新性

战略是组织对未来发展的谋划,必然与新的趋势相联系,为了在激烈的竞争中立于不败之地,就必须不断创新,站在时代前列,才能取得竞争优势。

拓展案例

1984 年至今,海尔从一个濒临倒闭的小厂成长为世界白色家电第一品牌、中国最具价值品牌。

那么究竟是什么把海尔从倒闭的风险中拯救出来,并一步一步向前发展最终走向世界名牌的呢? 究其原因,最主要的就是海尔实施的发展战略。在首席执行官张瑞敏的带领下,海尔先后实施了品牌战略、多元化战略、国际化战略、全球化品牌战略和网络化战略。

一、海尔的品牌战略

品牌是企业产品市场形象的代表,产品形象靠品牌来树立,海尔的品牌战略是:坚持打自己的品牌——出口创牌而不是出口创汇。海尔品牌首先代表着海尔产品的高质量。

1984—1991 年,海尔通过专心于冰箱一种产品的生产、营销和服务,探索和积累了企业管理的经验,在国内创立了海尔的名牌形象,为今后的发展奠定了坚实的基础,总结出一套可移植的管理模式。

二、海尔的多元化战略

通过实施品牌战略创立了海尔的品牌形象之后,海尔已不满足于单一产品和小规模生产的局面,海尔知道,品牌加规模是企业在市场竞争中立于不败之地的重要法宝。因此,从 1992 年开始,海尔以"吃休克鱼"的方式进行资本运营,走低成本扩张的道路,在最短的时间内实现了把海尔的规模做大,把企业做强的目的。就这样,海尔一步一步占领了家电市场。

三、海尔的国际化战略

在世界经济一体化步伐的形势下,为了与国际接轨,同时也为了振兴民族工业,海尔提出了创国际名牌的战略,并于 1998 年全面开始实施。在世纪运作中,海尔坚实打海尔品牌出口,创造性地提出与应用了"先难后易""出口创牌而不单纯创汇""三个三分之一"的国际化战略,取得了国际化经营的巨大进展。

四、海尔的全球化品牌战略

21 世纪,全球经济更加趋向于一体化、国际化和全球化。"国际化"是以企业自身的资源去创造国际品牌,而"全球化"是将全球的资源为我所用,创造本土化主流品牌,是质的不同。因此,2005—2012 年,海尔致力于整合全球的研发、制造、营销资源,创全球化品牌。

五、海尔的网络化战略

互联网时代的到来颠覆了传统经济的发展模式,而新模式的基础和运行则体现在网络化上,市场和企业更多地呈现出网络化特征。海尔集团把握市场脉搏提出网络化发展战略,具体实施主要体现在三个方面:企业无边界、管理无领导、供应链无尺度。

管理启示:海尔能从一个濒临倒闭的小厂发展为国际化的大企业,各阶段发展战略的正确选择贡献了巨大的力量。一个企业要想在市场激烈的竞争中不断壮大,必须要做好自己的企业战略,企业战略的选择不仅要有恰当的方法,而且要全面地对影响战略的各种因素进行考虑,并从多种战略备选方案中挑选出最适合自己企业的战略类型,只有选择好正确的企业战略,才能为企业的发展奠定坚实的基础。

三、战略管理过程

战略管理主要是战略制定和实施的过程,包括四个阶段:战略分析、战略制定、战略实施和战略评价,具体又分为七个步骤,如图5-4所示。

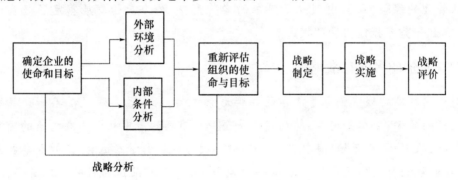

图5-4 战略管理过程

1. 战略分析

战略分析,指在制定战略之前,对组织的战略环境进行分析、评价,并预测这些环境未来发展的趋势,以及这些趋势可能对企业造成的影响及影响方向,根据分析结果确定组织的战略目标。

1)确定企业的使命和目标

确定企业的使命和目标是战略分析的起点,解释了组织存在的目的以及"我们的组织是做什么的"这一问题,为组织明确了前进的方向,指导组织当前的行动。

2)外部环境分析

外部环境分析主要通过收集大量的信息来了解组织所处的外部环境,根据环境的变化来判断这些变化带给组织的是机会还是威胁,为制定战略打下良好的基础。

3)内部条件分析

组织内部条件分析主要是通过对组织内部资源的评估了解组织自身所处的相对

118

地位、具有哪些资源和战略能力,明确组织的优势和劣势,还要了解与组织有关的利益相关者对组织的期望,以及它们的反应会对组织带来的影响和制约。

组织制定战略时,必须使组织的优势与外部机会相结合,达到优化组合。

4) 重新评估组织的使命与目标

将外部环境和内部条件进行综合考虑后识别出组织的机会,我们将这种综合分析方法称为 SWOT 分析法,它将组织的优势、劣势、机会和威胁综合起来,以发现组织可以利用的细分市场,制定适宜的组织战略。

按照 SWOT 分析法进行分析并且识别出组织的机会后,管理者需要重新评估组织原定的使命与目标是否符合实际情况。如果需要调整,弄清从什么地方开始;如果无需调整,则开始下一步骤——战略制定。

2. 战略制定

战略制定就是要扬长避短、发挥优势,充分利用外部环境提供的机会和组织自身的各种资源,制定可以实现战略目标的可行方案,对这些方案进行评价与甄选,确定适合组织发展的战略方案。

3. 战略实施

再好的战略方案,如果不能正确地实施,也不会取得成功。组织的战略方案确定后,必须通过具体化的实际行动,才能实现战略及战略目标。战略实施应该注意以下问题:如何进行资源的优化配置;组织还需要借助哪些外部资源以及如何使用这些资源;为了实现战略目标,需要对组织结构进行哪些调整;如何处理利益分配与组织文化的适应问题;如何进行企业文化管理,保证战略的成功实施等。

4. 战略评价

战略评价就是根据战略实施的情况,检验战略过程的科学性和有效性。在进行战略评价的过程中,要注意衡量实际效果,将它和既定的战略目标进行比较,发现是否存在偏差。如果存在偏差,要分析原因,进行纠正,保证战略方案的顺利实施。

四、组织战略的类型

在战略制定过程中要进行战略方案的制定与评价,从中选择合适的战略组合。对于大多数组织来说,可供选择的常见战略类型有如下几种。

1. 主战略类型

1) 发展战略

发展战略也称扩张型战略,是指对组织现状充满信心,采用积极进攻态度的战略类型,主要目的是扩大组织规模,强化竞争优势,适合行业龙头企业、有发展后劲的企业及新兴行业中的企业选择。发展战略又可细分为密集型战略、一体化战略和多元化战略。

(1) 密集型战略。密集型战略也称加强型战略,由于企业目标更加聚焦,可以集中精力追求降低成本和差异化,使自己竞争优势更强。就是在原来的业务领域里,加强对原有的产品与市场的开发与渗透来寻求企业未来发展机会的一种发展战略。这种战略的重点是加强对原有市场的开发或对原有产品的开发,包括市场渗透战略、市场开发战略、产品开发战略。

(2)一体化战略。一体化战略就是将独立的若干部分加在一起或者结合在一起成为一个整体的战略,其基本形式有纵向一体化和横向一体化。纵向一体化,即向产业链的上下游发展,面向下游用户,获得对经销商的所有权或对其加强控制成为前向一体化;面向上游供应商,获得对供应商的所有权或对其加强控制,成为后向一体化。横向一体化,即通过联合、兼并、收购重组等形式获得同行竞争企业的所有权或控制权。

(3)多元化战略。多元化战略又称多角化战略,是指企业同时经营两种以上基本经济用途不同的产品或服务的一种发展战略。多元化战略是相对企业专业化经营而言的,其内容包括产品的多元化、市场的多元化、投资区域的多元化和资本的多元化。

2)维持战略

维持战略也称防御性战略,是指在内外部环境的约束下,组织维持原有的经营范围和管理水平不变的战略。维持战略适用于以下情形:组织的经营环境相对稳定,没有太大的变化;管理者对组织目前的经营效益较为满意;没有太大的市场机会,也没有太大的竞争威胁;组织内部缺乏可供发展的新资源。

3)收缩战略

收缩战略也称撤退型战略,指组织在恶劣的竞争环境中,减少投入,缩小经营规模,甚至退出某些业务领域的战略。收缩战略通常在以下情形中使用:组织处于衰退期;资源短缺;面临严重的外部威胁;无力对抗激烈的市场竞争。

2. 基本竞争战略

选择了主战略类型之后,管理者还必须对自己的组织和部门进行定位,选择相应的竞争战略,确保获得高于竞争对手的竞争优势。

美国哈佛大学著名的战略管理学家迈克尔·波特认为一个行业的竞争规模和程度取决于以下五种基本的竞争力量:潜在进入者的威胁、替代品的威胁、购买者讨价还价的能力、供应商讨价还价的能力和行业中现有企业的竞争,它们之间的相互作用关系如图5-5所示。组织应该根据自身的实际情况采取不同的竞争战略,获得高于对手的竞争优势。

1)总成本领先战略

总成本领先战略也称为低成本战略,是指企业通过规模化生产有效降低成本,从而以低价优势在市场上获得竞争优势。这一战略适用于企业生产的产品是标准化产品、市场竞争非常激烈、顾客对价格敏感的情况。

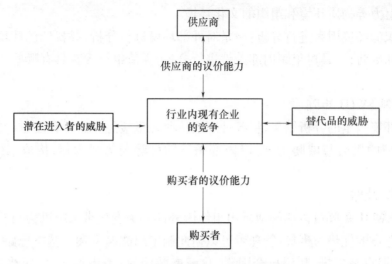

图 5 – 5　波特五力竞争模型

2）差异化战略

差异化战略是指企业要突出自身产品的与众不同,比如特殊的性能、个性化的服务、独特的品牌、积极向上的形象等,从而区别于竞争对手,增加对顾客的吸引力。差异化战略要求企业可以创造与竞争对手的差异,并且市场上有这种差异化的需求。

3）目标集中战略

目标集中战略是指企业将经营目标集中到某个特定的用户群体、某种细分的产品线或某个细分市场上,发挥优势获得在细分市场上的绝对优势。具体来说,集中化战略可以分为产品线集中化战略、顾客集中化战略、地区集中化战略、低占有率集中化战略。这种战略实施的要求是目标市场可以细分的情况下。

五、战略分析和制定的方法

1. SWOT 分析法

SWOT 分析法是战略管理中常用的一种分析工具,通过对组织外部的机会(Opportunities)、威胁(Threats)和内部的优势(Strengths)、劣势(Weaknesses)进行综合分析,制定出适宜组织未来发展的战略方案。SWOT 分析法的实施步骤如下。

1）分析环境因素

构成组织环境的因素分为两大类:一类是组织的外部环境,另一类是组织内部环境。

组织外部环境因素又可以分为宏观环境和微观环境,宏观环境对于某一特定社会的所有组织都会产生影响,包括政治和法律环境、社会文化环境、经济环境、科技环境和自然环境;微观环境是直接影响管理者的决策和行动,与组织目标的实现直接相关的因素,包括组织的顾客、竞争者、供应商和政府与公众。

组织内部环境主要指组织拥有的资源条件以及对资源的利用能力,主要包括人力、物力、财力等物质环境和组织的文化环境。

对组织的环境因素进行分析:一是对外部环境进行分析,寻找外部环境给组织带来的机会和威胁;二是对组织内部条件进行分析,弄清组织现在具有哪些竞争优势和劣势。

2)绘制 SWOT 矩阵

根据环境因素的分析结果,将各种因素按照轻重缓急和影响程度进行排序,然后以外部环境的机会与威胁为列,以内部条件的优势与劣势为行,构成二维矩阵,即 SWOT 矩阵。

3)制定战略

通过 SWOT 矩阵可以明确地看出组织因外部环境变化带来的机会与威胁和内部资源条件存在的优势与劣势,管理者可以据此制定出战略方案。基本思路是:发挥优势因素,克服自身劣势,利用机会因素,化解威胁因素;考虑过去,立足当前,着眼未来。运用系统分析的综合分析方法,将排列与考虑的各种环境因素相互匹配起来加以组合,得出一系列组织未来发展的可选择战略组合,如表 5 - 1 所列。

表 5 - 1 SWOT 矩阵

内部条件 外部环境	优势(S)	劣势(W)
机会(O)	SO 战略 (发挥优势、利用机会)	WO 战略 (利用机会、克服劣势)
威胁(T)	ST 战略 (发挥优势、降低威胁)	WT 战略 (克服劣势、降低威胁)

(1)SO 战略:组织内部拥有优势,而外部环境又提供了发展的机会,是组织理想的最佳状态。组织应该运用自身的优势条件,抓住外部环境机会,谋求组织的快速发展。

(2)ST 战略:组织内部拥有优势,但是外部环境带来了不利的威胁。组织应该考虑如何运用自身的资源优势去对抗和降低外部环境带来的威胁。

(3)WO 战略:外部环境给组织带来了发展的机会,但是组织内部处于劣势地位。组织必须要善于抓住和利用机会,克服组织内部的薄弱环节。

(4)WT 战略:外部环境给组织带来了不利的威胁,同时组织内部处于劣势地位,是最不利的状态。任何组织都应该尽量避免这种状态出现,一旦面对这种情形,应当尽可能地克服弱点,降低威胁带来的损失。

拓展案例

《魏书侯渊传》载,北魏大都侯渊,率领七百骑兵,袭击拥兵数万的葛荣部将韩楼。他孤军深入敌方腹地,带着一股锐气,在距韩楼大本营一百多里之处,将韩楼的一支五千余人的部队一下子就打垮了,还抓了许多俘虏。侯渊没有将俘虏当"包袱"背,而是将他们放了,还把缴获的马匹粮食等东西都发还给他们。侯渊的部将都劝他不要放虎归山,以免增加敌人的实力。侯渊向身边的将士们解释到:"我军仅有七百骑,兵力十分单薄,敌众我寡,无论如何不能和对方拼实力、拼消耗。我将俘虏放归,用的是离间计,使韩楼对他们疑心,举棋不定,这样我军便能趁机攻克敌城。"将士们听了这番话,才恍然大悟。

侯渊估计那批释放的俘虏回到韩楼占领的蓟城了,便率领骑兵连夜跟进,拂晓前就去进攻。韩楼接纳这批曾被俘过的部下时,就有些不放心,当侯渊紧接着就来攻城时,便怀疑这些放回来的士兵是给侯渊当内应的。他由疑而惧,由惧而逃,弃城而去。没多远,就被侯渊的骑兵部队追上去活捉了。

管理启示:"知己知彼,百战不殆。"认清对手固然重要,有时候真正地分析了解自己却更为重要。为了能拟定正确的目标和方针,一个管理者必须对公司内部情况以及外在市场环境相当了解才行。

(资料来源:360DOC 个人图书馆,http://www.360doc.com/content/09/0501/02/136764_3330418.shtml)

2. 波士顿矩阵分析法

波士顿矩阵分析法又称波士顿咨询集团法或市场增长率–相对市场份额矩阵法,由美国波士顿咨询公司创始人布鲁斯·亨德森提出。

波士顿矩阵分析法的基本原理和步骤:首先,核算企业所有产品或业务的市场增长率和市场占有率;然后,以市场占有率为横坐标,以市场增长率为纵坐标建立坐标图,并以10%的市场增长率和20%的市场占有率为高低标准的分界线,将坐标图划分为四个象限,把企业的全部产品或业务按照核算的市场增长率和市场占有率的大小标在坐标图的相应位置上;最后,根据企业的产品或业务所处的位置采取不同的战略。波士顿矩阵模型如图5–6所示。

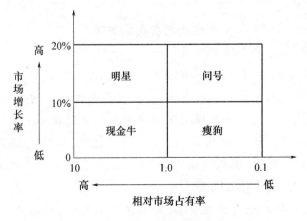

图5–6 波士顿矩阵模型

波士顿矩阵将企业产品或业务划分的四种类型和相应的战略对策如下。

1）明星类产品或业务

指市场增长率和市场占有率都较高的产品或业务,它会给企业带来较高的利润,同时也需要加大投资才能使其持续发展,可能会成为现金牛产品或业务。对于明星类产品或业务,应当采取发展战略,积极扩大市场规模和市场机会,不断提高市场占有率,增加竞争优势。

2）现金牛产品或业务

指拥有较低的市场增长率和较高的市场占有率的产品或业务。这类产品或业务无需大量的资金投入,却能给企业带来高额的利润,是企业的主要现金来源。对于刚进入这一象限的现金牛产品或业务,通常应该采取维持战略,以获得更多的现金收入;对于快要退出这一象限的现金牛产品或业务,一般采取收缩战略,实现短期收益最大化。

3）问号类产品或业务

指拥有较高的市场增长率和较低的市场占有率的产品或业务,一般是新进入市场的产品或业务,高速的市场增长率意味着需要大量的资金投入,较低的市场占有率意味着带来的利润很少。对于这一类产品或业务,要分析后再进行战略选择,如果分析确定其未来有可能转化成明星类产品或业务,应当采取发展战略,进行必要的投资,使其市场占有率增长;如果分析确定其未来没有发展前景,不可能转化成明星类产品或业务,就应当采取收缩战略或放弃战略。

3. 瘦狗类产品或业务

指市场增长率和市场占有率都很低的产品或业务,这类产品或业务利润率低,没有发展前景,处于保本或亏损状态。对于这一类产品或业务,一般采取收缩战略或放弃战略。

暴风雨之夜也能安眠

从前有一位农场主,在大西洋沿岸耕种一块土地。他总是不断地张贴雇用人手的广告,可还是很少有人愿意到他的农场工作,因为大西洋上的风暴总是摧毁沿岸的建筑和庄稼。直到有一天,一个又矮又瘦的中年男人找到农场主应聘。

"你会是一个好帮手吗?"农场主问他。"这么说吧,即使是飓风来了,我都可以睡着。"应征者得意地回答。虽然这听上去有点狂妄,农场主心里也有点怀疑,但农场主还是雇用了这个人,因为他太需要人手了。

新来的长工把农场打理得井井有条,每天从早忙到晚,农场主十分满意。不久后的一天晚上,狂风大作。农场主跳下床,抓起提灯,急急忙忙地跑到隔壁长工睡觉的地方,使劲摇晃睡梦中的长工,大叫道:"快起来,暴风雨就要来了! 在它卷走一切之前把东西都拴好!"长工在床上不紧不慢地翻了个身,梦呓一样的说:"不,先生。我告诉过你,当暴风雨来的时候,我也能睡着。"农场主被他的回答气坏了,真想当场就把他解雇了。

他强压着火气,赶忙跑到外面,一个人为即将到来的暴风雨做准备。不过令他吃惊的是,他发现所有的干草都早已盖上了焦油防水布;牛在棚里;鸡在笼里;所有房间门窗紧闭;每件东西都拴得结结实实,没有什么能被风吹走。农场主这时才明白长工的话是什么意思。

这个长工之所以能够睡得着,是因为他已经为农场平安度过风暴做好了准备。如果你在精神、心理、身体等方面做好了准备,那么就没有什么东西可以令你害怕了。

"凡事预则立,不预则废。"好的计划是成功的一半,可以让我们临危不乱,从容应对,有条不紊地开展各项工作。在暴风雨之夜,你是否能安眠?

蘑菇管理定律

"蘑菇管理定律"指的是组织或个人对待新进者的一种管理心态。因初学者有时会被置于阴暗的角落,不受部门的重视,只做一些打杂跑腿的工作,有时还会受到无端的批评、指责,代人受过;组织或直属领导任其自生自灭;初学者得不到必要的指导和提携。这种情况与蘑菇的生长情景极为相似。一般在管理机构比较正式的大企业和公司里,这种情况比较多。管理者要提早认识到这种现象并加以预防,才能做到事半功倍的管理效果。

本单元小结

1. 计划是组织内部在未来一定时期内为了实现组织目标制定的关于行动方向和方法的指导性文件;是为了实现组织目标而对未来行动所作出的统筹安排。

2. 计划工作的性质:目的性、预见性、首位性、普遍性、效率性。

3. 计划的作用:为管理工作指明了方向;降低风险,减少变化的冲击;减少浪费,提高效率;是管理者进行控制的标准。

4. 计划的类型:①宗旨、目标、战略、政策、程序、规则、规划、预算;②长期计划、中期计划和短期计划;③战略计划和作业计划;④指导性计划和具体性计划;⑤供应计划、生产计划、销售计划、财务计划等。

5. 影响计划工作的权变因素:组织的规模和管理层次、组织的生命周期、环境的稳定性。

6. 计划工作的原理:限定因素原理、许诺原理、灵活性原理和改变航道原理。

7. 计划的编制程序:①认识机会;②确定目标;③确定前提条件;④拟定可行的备选方案;⑤评价备选方案;⑥选择方案;⑦制定派生计划;⑧编制预算。

8. 编制计划的方法主要有滚动计划法和网络计划技术。

9. 目标管理是将制定的总目标层层分解为分目标,并以此作为考核和奖励的标准,通过部门和个人的分目标实现完成总目标实现的一种管理制度。

10. 目标管理的特点:有一套完整的目标体系;员工参与,民主管理;强调自我管理与自我控制;注重成果。

11. 目标管理的基本过程:①目标体系的建立;②组织实施;③总结和评估。

12. 目标管理在实际的运用中有其明显的优点,但是也存在很多局限性。

13. 战略管理是指组织围绕战略分析、制定、实施和评价而采取的措施和手段的动态管理过程。

14. 战略管理的特点:全局性、长远预见性、灵活应变性、竞争性、动态连续性和创新性。

15. 战略管理的过程分为战略分析、战略制定、战略实施和战略评价四个阶段。

16. 组织的主战略主要有发展战略、维持战略、收缩战略,其中发展战略又包括密集型战略、一体化战略和多元化战略。

17. 基本竞争战略主要有:总成本领先战略、差异化战略和目标集中战略。

18. 战略分析和制定的方法:SWOT 分析法和波士顿矩阵分析法。

思考与讨论

一、单项选择题

1. 计划的普遍性是指(　　　)。

A. 计划是其他各项管理职能执行的基础

B. 每个层次的管理者都要制定计划

C. 计划贯穿整个管理过程的始终

D. 在制定计划时要留有余地,并根据实际变化在执行过程中进行调整

2. (　　　)明确规定了目标,并提供了一整套明确的行动步骤和方案。

A. 战略计划　　　　　　　　　　B. 作业计划

C. 指导性计划　　　　　　　　　D. 具体性计划

3. 滚动计划法的主要特点是(　　)。

A. 根据"远粗近细、分段编制"的原则,将短期计划、中期计划和长期计划有机结合

B. 根据近期计划的执行情况和环境的变化情况,定期修正和调整未来计划

C. 计划编制的工作量庞大,可以借助先进的计算机技术

D. 以上三方面均是

4. 下面哪个目标不符合目标管理对于目标制定的要求(　　)。

A. 提升服务质量,提高顾客满意度

B. 下一季度的销售额比去年同期增长20%

C. 产品的合格率应不低于95%

D. 将客户投诉率控制在10%以内

5. 运用(　　)方法,可以制定战略,使组织的资源优势和外部机会达到优化组合。

A. 滚动计划　　　　　　　　　B. 目标管理

C. SWOT分析　　　　　　　　D. 波士顿矩阵分析

6. 海航集团以航空运输业为主体,先后涉足航空运输、旅游服务、机场管理、物流、酒店管理、金融服务、地产、商贸零售等多项产业,它实施的是(　　)战略。

A. 横向一体化　　　　　　　　B. 前向一体化

C. 后向一体化　　　　　　　　D. 多元化

二、多项选择题

1. 计划的作用主要有(　　)。

A. 计划为管理工作指明了方向

B. 计划可以降低风险,减少变化的冲击

C. 计划可以减少浪费,提高效率

D. 计划是管理者进行控制的标准

E. 计划可以保证组织目标的实现

2. 目标管理的特点有:有一套完整的目标体系;(　　)。

A. 员工参与　　　　　　　　　B. 自我控制

C. 民主管理　　　　　　　　　D. 群众监督　　　　　　E. 注重成果

3. 行业竞争的五种力量包括(　　)。

A. 新进入者的威胁　　　　　　B. 替代品的威胁

C. 行业中现有企业的竞争　　　D. 供应商议价的能力

E. 购买者议价的能力

三、思考题

1. 有些人认为"计划跟不上变化",所以认为没有必要制定计划,你是如何理解的?

2. 简述计划的编制过程。

3. 滚动计划法的具体实施步骤是怎样的？它有什么优缺点？

4. 目标管理的优缺点有哪些？

5. 简述战略管理的基本过程。

6. 分别简述用 SWOT 分析法和波士顿矩阵分析法制定战略的步骤。

四、训练项目

训练目的：

1. 锻炼学生制定、分析和评价计划的能力，加深学生对计划编制过程的认识与理解。

2. 培养学生的创新思维。

训练内容：

1. 根据自愿原则，学生组成小组，以 6～8 人为一组，并进行编号。

2. 教师每 15 分钟发放一个题目。

3. 每个小组按照小组标号顺序依次抽取题目。

4. 教师公布题目后，负责制定计划的小组确定制定计划者，经过 5～10 分钟准备后提出一个简要的计划。

5. 计划提出后，其余小组的成员对该计划进行评论，指出其合理之处、存在的问题和不足；制定一方本组人员可对计划做进一步补充和解释说明。

训练要求：

1. 制定计划要注重创意思维；注重方案运筹，形成基本合理的可行方案。

2. 评价方争取做到客观、公正，有理有据。

附：计划项目。

（1）如果你是班长，怎样抓好一个班级建设，请草拟一份计划书；

（2）请为本班策划一次周末联欢活动，草拟计划书；

（3）计划在"3.15"消费者权益日策划一次街头宣传活动，请你做一份策划书；

（4）如果你想承包一家校园超市，你怎样经营策划；

（5）请你为"校园十大歌手"大赛进行策划；

（6）请你为高职学院学生会体育部将要进行的足球比赛做一份计划书；

（7）最近班级频繁发生违纪现象，请对此制定一个整顿纪律的工作方案；

（8）假如你所在寝室同学之间关系不和，寝室卫生较差，你作为新任寝室长将如何改变这种局面；

（9）如果你所在班级厌学，学习气氛不浓，请你制定一份激励全班同学努力学习的方案；

（10）学生会举行校内大规模校园文化活动，需要你去拉赞助，请制定一份工作方案。

成果及检测：

1. 每个小组根据评价意见完善本组计划,并在课后形成书面计划书。

2. 由教师根据各小组成员的课堂表现及书面计划书综合打分。

计划项目名称:＿＿＿＿＿＿＿＿＿＿＿＿＿＿＿＿＿＿＿＿＿＿＿＿＿

项目计划书:＿＿＿＿＿＿＿＿＿＿＿＿＿＿＿＿＿＿＿＿＿＿＿＿＿＿

＿＿＿＿＿＿＿＿＿＿＿＿＿＿＿＿＿＿＿＿＿＿＿＿＿＿＿＿＿＿＿＿＿

＿＿＿＿＿＿＿＿＿＿＿＿＿＿＿＿＿＿＿＿＿＿＿＿＿＿＿＿＿＿＿＿＿

＿＿＿＿＿＿＿＿＿＿＿＿＿＿＿＿＿＿＿＿＿＿＿＿＿＿＿＿＿＿＿＿＿

＿＿＿＿＿＿＿＿＿＿＿＿＿＿＿＿＿＿＿＿＿＿＿＿＿＿＿＿＿＿＿＿＿

＿＿＿＿＿＿＿＿＿＿＿＿＿＿＿＿＿＿＿＿＿＿＿＿＿＿＿＿＿＿＿＿＿

＿＿＿＿＿＿＿＿＿＿＿＿＿＿＿＿＿＿＿＿＿＿＿＿＿＿＿＿＿＿＿＿＿

＿＿＿＿＿＿＿＿＿＿＿＿＿＿＿＿＿＿＿＿＿＿＿＿＿＿＿＿＿＿＿＿＿

＿＿＿＿＿＿＿＿＿＿＿＿＿＿＿＿＿＿＿＿＿＿＿＿＿＿＿＿＿＿＿＿＿

＿＿＿＿＿＿＿＿＿＿＿＿＿＿＿＿＿＿＿＿＿＿＿＿＿＿＿＿＿＿＿＿＿

＿＿＿＿＿＿＿＿＿＿＿＿＿＿＿＿＿＿＿＿＿＿＿＿＿＿＿＿＿＿＿＿＿

五、案例分析

巨人集团的兴衰

在中国商界,史玉柱无疑是最具传奇色彩的创业者之一。从一穷二白到全国排名第八的亿万富翁,再到负债两个多亿的"中国首负",而如今又身价几百亿元,史玉柱真实地演绎了经济飞速发展背景下的个人创业奇迹。他的第一次失败,或许可以给世人提个醒。创业之路刚开始一帆风顺,三个月就赚了100万元,第二年就挣到了3000万元。但到了1997年,巨人集团危机开始全面爆发,这让他负债2.5亿元,从一个富豪变为了"负豪",被称为"中国最著名的失败者"。

1989年8月,在深圳大学软件科学管理系硕士毕业的史玉柱和三个伙伴将其开发的M-6401桌面排版印刷系统推向市场。巨人事业由此起步。创业之路刚开始一帆风顺,三个月就赚了100万元,第二年就挣到了3000万元。

1993—1994年,全国兴起房地产和生物保健品热,为寻找新的产业支柱,巨人集团开始迈向多元化经营之路——计算机、生物工程和房地产。在1993年开始的生物工程刚刚打开局面但尚未巩固的情况下,巨人集团毅然向房地产这一完全陌生的领域发起了进军。1994年2月,拟投资12亿元的巨人科技大厦破土动工。对于当时仅有1亿资产规模的巨人集团来说,单凭巨人集团的实力,根本无法承受这项基建浩大的工程。1994年8月,史上柱提出"巨人集团第二次创业的总体构想"。其总目标是:跳出计算机产业,走产业多元化的扩张之路,以发展寻求解决矛盾的出路。1995年,巨人集团在全国发动促销计算机、保健品、药品的"二大战役",一次性推出计算机、保健品、药品三大系列的30个产品。

1995年9月,巨人的发展形势急转直下,1995年底,巨人集团面临着前所未有的严峻形势,财务状况进一步恶化。1996年初,史玉柱为挽回局面,将公司重点转向减肥食品"巨不肥",3月份,"巨不肥"营销计划顺利展开,销售大幅上升,公司情况有所好转。可是,一种产品销售得不错并不代表公司整体状况好转,公司旧的制度弊端、管理缺陷并没有得到解决,集团公司内各种违规违纪、挪用贪污事件层出不穷。而此时更让史玉柱焦急的是预计投资上亿元的巨人大厦。他决定将生物工程的流动资金抽出投入大厦的建设,而不是停工。进入7月份,全国保健品市场普遍下滑,巨人保健品的销量也急剧下滑,维持生物工程正常运作的基本费用和广告费用不足,生物产业的发展受到了极大的影响。

1996年底,巨人科技大厦因未能如期完工,无法兑现业主1亿元楼花的合同,导致巨人集团雪上加霜,陷入严重的破产危机境地。

（资料来源:上海招商网,http://www.zhaoshang-sh.com）

案例思考:

1. 史玉柱最初成功的原因是什么？后来失败的原因又是什么？

2. 多元化经营与核心竞争力存在什么矛盾？

3. 通过巨人集团的兴衰史,你得到什么启示？

学习单元六　组　织

"开小差"开出最愚蠢银行

2008年9月5日上午10点,拥有158年历史的美国第四大投资银行——雷曼兄弟公司向法院申请破产保护,消息瞬间传遍世界的各个角落。令人惊诧的是,10分钟后德国国家发展银行居然通过自动付款系统,向雷曼兄弟公司即将冻结的隐患账户转入了3亿欧元,毫无疑问,这将是"肉包子打狗,有去无回"。

转账风波曝光后,德国社会舆论哗然,纷纷指责德国国家发展银行是迄今"最愚蠢的银行"。法律事务所的调查员随后进行了调查,结果发现,从宣布破产到自动划款这10分钟时间里,与此相关的每个工作人员"都有责任"。

首席执行官乌尔里奇·施罗德说:"这笔巨额交易是事先约定好的,但是否要撤销,应该由董事会决定。"

董事长保卢斯说:"我们当时还没有得到风险评估报告,因此无法及时做出正确的决策。"

董事会秘书史里芬说:"我曾向国际业务部催要风险评估报告,可电话总是占线,我想等会儿再打。"

国际业务部经理克鲁克说:"星期五晚上准备带上全家人去听音乐会,因此刚过10点的时候,我一直打电话预定门票。"

负责处理与雷曼兄弟公司业务的高级经理希特霍芬说:"我让文员上网浏览新闻,一旦有雷曼兄弟公司的消息就立即报告。布置完任务之后,我去休息室喝了杯咖啡。"

文员施特鲁克说:"10时03分,看到雷曼兄弟公司申请破产保护的新闻后,我马上就跑到希特霍芬的办公室,可他喝咖啡去了。我给他留了张便条,他回来后自然会看到。"

结算部经理德尔布吕克说:"我一直没有接到停止交易的指令,那就按照原计划转账吧!"

结算部自动付款系统操作员曼斯坦因说:"虽然我知道雷曼已经破产,但让我执行转账操作,我就什么也没再问。"

信贷部经理莫德尔说:"我从施特鲁克那里知道了这个消息。但是我相信其他职员的专业素养,一定不会犯低级错误,因此我就没再多嘴。"

德国经济评论家哈恩说:"上到董事长,下到操作员,没有一个人是愚蠢的。可悲的是,几乎在同一时间,每个人开了点小差,加在一起就创造出了"德国最愚蠢的银行"。实际上,组织当中只要有一个人认真负责一点,这场悲剧就不会发生。演绎一场悲剧,短短 10 分钟就已足够。从这个案例不难看出,一旦问题出现,组织的各个部门模块像踢皮球一样把问题踢来踢去,没有责任到人的机制,最终酿成大祸。人员在组织中怎样发挥更好、更大的效用,需要建立完善的组织结构及权利分配等机制。

学习目标

1. 理解组织概念及类型。
2. 掌握组织结构的基本类型。
3. 掌握组织设计的原则。
4. 理解组织变革的内容。

第一节　组织概述

一、组织的概念

作为名词,组织是为了达到某些特定目标经由分工与合作及不同层次的权力和责任制度而构成的人的集合。这个定义具有三个关键点:

（1）组织必须具有共同的目标。

（2）组织必须有分工与合作。

（3）组织要有不同层次的权力与责任制度。

作为动词,组织是指在特定的环境条件下,为了有效地实现共同的目标和任务,确定组织成员、任务及各项活动之间的关系,对组织资源进行合理配置的过程。

从广义上说,组织是指由诸多要素按照一定方式相互联系起来的系统。从狭义上说,组织就是指人们为实现一定的目标,互相协作结合而成的集体或团体,如党团组织、工会组织、企业、军事组织等。狭义的组织专门指人群而言,运用于社会管理之中。在现代社会生活中.组织是人们按照一定的目的、任务和形式编制起来的社会集团,组织不仅是社会的细胞、社会的基本单元,而且可以说是社会的基础。

二、组织的类型

组织类型的划分方法有很多种,可以按人数划分、按时间划分、按职能划分等,以下主要介绍按形成方式划分的方法,分为正式组织和非正式组织。

1. 正式组织

正式组织是指在组织设计中,为了实现组织的总目标而成立的功能结构,这种功能结构或部门是组织的组成部分,并有明确的职能。例如,企业中的销售部门、生产部门、财务部门等都是正式组织。组织设计的主要任务就是规划设计正式组织,确立这些部门的功能及其相互关系。正式组织的基本特征是设立的程序化、解散的程序化、运作的程序化。

例如,正式组织成立文件如图6-1所示。

扬子江快运航空有限公司文件

扬子江人〔2014〕260号

关于启动扬子江快运
抗震救灾应急指挥小组的通知

各部门、驻外机构:

北京时间2014年8月3日16时30分,云南省昭通市鲁甸县发生6.5级地震,造成了严重的人员伤亡和财产损失。

灾情就是命令,时间就是生命。根据海航航空领导指示,经公司研究,为

有效组织抗震救灾工作,立即成立扬子江快运抗震救灾应急指挥小组,现将有关事项通知如下:

一、领导小组

组 长:卞祖华

副组长:于维刚、刘忠清

成 员:宋兴鸿、周梁杰、赵殿庆、王 鑫、任百京、马 兵、
孙海东、吴立超

联络机构:扬子江快运FOC

联系电话:68356311

二、工作职责

㈠ 统筹组织参与抗震救灾的航班运行及其他工作。

㈡ 组织灾后期间公司安全生产。

㈢ 组织开展公司参与抗震救灾的媒体宣传工作。

三、相关要求

㈠ 由扬子江快运FOC负责,对接民航局、政府单位及海航集团抗震救灾应急指挥机构,并在第一时间通过短信等形式将抗震救灾相关信息通报应急指挥小组成员。

㈡ 人资行政部负责,将公司抗震救灾相关工作进展及时通报海航集团及海航航空相关单位,并做好相应媒体宣传工作。

㈢ 各相关单位要高度重视,密切联系,及时沟通重要信息,切实做好抗震救灾工作。

特此通知

扬子江快运航空有限公司
2014年8月4日

扬子江快运航空有限公司   2014年8月4日印发

拟稿:张国明 核稿:宋兴鸿   (共印0份)

图6-1 正式组织成立文件

2. 非正式组织

非正式组织是指在组织中由于地理位置关系、兴趣爱好关系、工作关系、亲朋好友关系而自然形成的群体,这种群体不是经过程序化而成立的。例如,同乡会、企业中的业余篮球队、业余合唱团等都是非正式组织。

非正式组织存在的根本原因,是人们追求一种在正式组织内无法达到的感情需求和满足。西格蒙德·弗洛伊德(Sigmund Freud,1856—1939),如图6-2所示,奥地利犹太心理学家、精神分析学派创始人。弗洛伊德认为认同是一种特殊情结,有利于增强群体内聚力。"一个群体成员之间的相互情结,其本质就是这种认同,它是以情感上的某些重要的共同品质为基础的。"社会心理学认为,群体内聚力是群体对成员、成员对成员的吸引力,它对于群体的存在和活动起着至关重要的作用。由于人们在利益、价值观、兴趣、爱好、观点、习惯、态度、个性特征、社会背景等方面存在一致性,这是人们形成认同感的基础,有了这种一致性就会形成认同,有了认同就会产生内聚力,有了内聚力就会形成群体,这种未得到正式化的群体即非正式群体,也就是我们所说的非正式组织。

图6-2　西格蒙德·弗洛伊德

非正式组织的作用具有两面性,是现实中不可忽视的群体,它的优点是参加非正式组织的个人有表达思想的机会,能提高士气,可以促进人员的稳定,有利于沟通,有利于提高人员的自信心,减少紧张感。如果利用得好,它可以为组织目标的实现发挥重要作用。但是,当非正式组织的目标与组织的总目标不一致或冲突时,非正式组织又会成为组织目标实现的障碍,可能出现集体抵制上级的政策或目标的实施。

拓展案例

警惕防止非正式组织紧密化

现实企业中的非正式组织大都是松散性的,在正常的状态下,对企业的管理并不会显示出很大的影响,所以对企业的高层管理者而言,非正式组织的力量往往是不容易被感知的,也正是因为它不容易被感知,所以也往往容易被忽视,在企业蓬勃发展的时候,它更不容易被感知和发现,但当企业出现变化和转折的时候,人们会突然发现这类非正式组织的力量在突然地壮大,甚至有些让人措手不及。尤其当企业发生变革时,利益的驱动和立场的相似使这种松散的非正式组织迅速紧密化,如果这时候企业的管理者不能迅速地察觉到这类非正式组织的紧密化现象并采取相对应的措施,那么在变革的进展中,必将会导致管理变革的危机,甚至让企业为此付出巨大的代价。

从一个企业的工潮说起

笔者通过对一些典型案例的分析,发现在企业的变革中,企业中存在的非正式组织都有一个非常明显的紧密化过程,这种紧密化过程同时也伴随有很多很明显的信号,只是这些信号没有被企业管理层所警惕,甚至被掩盖在正常的员工行为表现中,结果在紧密型的非正式组织出现并反对企业的变革时,管理层往往陷入被动。这里就有一个非常典型的例子。

A公司本来是一家效益比较好的制造型企业,但从2002年末起,由于行业内竞争的加剧,企业市场份额不断受到竞争对手的挤压,同时单件利润也在不断下滑,工厂也频频出现开工不饱满的现象,由于工作不饱满,上班时间可以随处看到工人聚集在一起闲聊;到2003年的9月,形势更加严峻,面对这种情况,管理层决定采取措施降低成本,提高企业的竞争力,其中包括减少年终奖金额,逐步降低工人的单件效益奖金,以及夏季的降温费由原来的按月发放改为按实际工作日发放等等,正当管理层逐步将这些措施一一实施的过程中,少数的基层员工突然对管理层的措施提出了异议,很快这种异议在工人中获得广泛的反响和支持,在管理层对这种突然的发难还没有反应过来的时候,大部分工人同时自行停止了工作,并出现在最高管理层的面前,集体提出了谈判要求……由于管理层对事件缺乏必要的准备和充分的认识,所以在突发事件中最高管理层陷入孤立,最后在事件的解决中企业不得不作出巨大的让步。这次严重的事件不但在当地对企业的声誉造成了十分严重的负面影响,也使企业在经济上蒙受了巨大损失。

事后,通过对事件过程的分析和研究,我们发现,这是一起典型的非正式组织推动的目的在于阻隔企业变革的事件,并且其行为的激烈程度达到了最激化——以工潮的形式表现出来。在事件的过程中最突出的就是企业的非正式组织出现了紧密化的表现,比如原本松散的成员关系变得紧密,内部的交流变得更加频繁,沟通中逐渐出现了核心成员,并且核心成员在行动中进行了分工,而且这种紧密化不仅仅发生在某个非正式组织内部,不同的非正式组织之间在共同的利益驱动下也不断地趋于紧密和协作。

　　但是为什么会在如此短的时间内(半个月)就完成本来是松散的非正式组织的紧密化过程呢?据了解,企业长期来确实存在几个松散的非正式群体,但也从来没有对管理层产生什么威胁,是什么使工人能在短的时间内形成如此紧密的组织呢?为了说明问题,我们对整体的工人情况进行统计分析,发现工人整体在各个方面都有着较大的同质化现象。一般而言,年龄、背景和文化层次是潜在的非正式组织存在的基础,A 公司工人的平均年龄达到了 42 岁,40~60 岁之间的占据了 1/2,30 岁以下的年轻工人所占比例很低。40~50 岁间的工人是主流群体,这个年龄段的员工有相似的成长背景和价值观,加上长期在同一个企业共同工作,默契使工人能迅速达成一致;另外,工人的整体技能差,中级技术以下的工人占据了绝大部分,可以说这些工人市场竞争力比较低,所以工人们自我的安全感就差,要求加入非正式组织的愿望就会强烈,尤其在感到自身利益会被侵犯的时候,希望被其他非正式成员的认同的欲望就更强烈,从众心理也就较严重。最终这些方面的同质化使得工人们在压力之下或者利益的驱动下能更快地取得一致,从而为非正式组织的紧密化提供良好的条件。客观地说,管理层在企业发展低谷所采取的政策是不少企业比较常用的提高企业成本竞争力的手段,问题是他不该忽视这个有着广泛基础和强大潜在力量的非正式群体的存在,当然这里不是为管理层开脱,毕竟管理层在决策和具体的政策运作中还是存在不小的缺陷,而正是这些缺陷在那些非正式的渠道传播中被不断地放大和误解,从而也成为非正式组织成员间不断更加紧密的外在动力。

非正式组织紧密化的信号

　　那么非正式组织的紧密化或者说非正式力量的壮大的外在表现是什么?对于管理层来讲,是否有明显的信号是呢?

　　通过对这个案例和国内发生过相似情况企业的分析总结,我们认为,非正式组织在紧密化的过程中,会存在以下几个明显的信号:

　　(1)首先是各种小道消息开始充斥着企业,非正式的沟通中交换的信息量大大超过了正式渠道信息的交换量,谣言和不实的消息不断出现,正式渠道的信息开始被员工怀疑,这可以被认为是松散的组织群体开始走向紧密的开端。

　　(2)其次是非正式组织中开始出现固定的核心成员,在空余时间经常有人聚集在某一成员周围相互交流;相应的,在非工作活动中,一些员工开始具有一定的决定权。

　　(3)本企业或本部门内一些成员的非正式"地位"功能超过了他们在正式组织中的"职位"功能,这也是可以用来作为判断非正式组织的核心成员的重要依据。

（4）当员工产生异议或不满情绪时，更多的是向非正式组织成员抱怨，而不是通过正式渠道向管理层反映，这也预示着企业正式组织的影响力相对非正式组织而言在迅速地减弱。

（5）非正式组织成员比管理者更快地获知企业或部门内外的信息情况。

以上是几个在非正式组织的紧密化过程中比较明显的信号，当非正式组织紧密到一定的程度时，就会在成员固有的和共同接受的观念下形成对政策起到导向作用的冲动，并且这时非正式的组织已经开始形成自己的对企业管理的共同认识，当然这个认识中有的部分也许是合理的，但总体对企业发展是危险的，毕竟他们是基于自身的立场来看待所有的问题，否则也不能成之为一个非正式组织。

可以采取的对策

当管理层发现了这些信号，又该如何应对呢？我们的建议是从两方面着手。

（1）一方面非正式组织力量的强大，正说明企业正式组织的力量的不足。一般认为企业和员工是应该可以和谐共同发展的，但这只是结果，形成这样的结果的过程仍是个博弈的过程。从长远看，企业和员工的利益是趋同的，但事实上经验告诉我们，矛盾总是首先存在的，通过博弈才可能拥有统一。所以我们说非正式组织力量的强大也正是说明正式组织的力量不足，正式组织力量的不足的原因是多方面的，可能来自于组织结构本身的软弱和职能的弱化，也可能是由于利益的原因，正式组织成员希望通过非正式组织达到某些目的，从而故意自我弱化。那么加强正式组织有什么方法呢？我们认为企业应在以下几个方面注意：

① 加强正式组织的控制力度。这要求企业在完善组织结构的严密性和有效性的同时，提高中层管理人员的管理方式和管理水平。中层管理人员作为高层和基层的桥梁，担负着沟通、执行、控制的角色，对完成企业的变革目标十分重要。因此，企业领导要定期评估企业内部中层经理们的管理方式和管理效果，防止管理人员的个人行为而导致的组织控制力下降。

② 加强正式的沟通和必要的宣传。对企业管理者而言，在变革中最重要的是如何取得信任，但信任往往会给那些更亲近的人，比如非正式组织的成员之间，而不是管理者和被管理者之间。这要求企业管理者必须正视问题，面对和坦然承认问题，想办法解决这些问题，而不是一味地推诿或者利用一些技巧来掩盖矛盾。矛盾的掩盖只能更加增强非正式组织的力量，使本来松散的非正式组织更加紧密。

③ 充分利用空余时间组织开展有益活动。在正式组织内开展各种活动，如集体培训、学习讨论等，强化正式组织的凝聚力。这样同时在客观上也减少着非正式组织成员间非正式沟通的时间和空间。在前述案例中，该公司的工人就是在工作不饱满的情况下得到大量的非正式沟通的机会，从而为非正式组织的紧密进程提供了条件。

（2）另一方面，可以着手的就是弱化非正式组织的力量。方法很多，但如果理解了非正式组织的成因和发展，就会发现非正式组织的根源就在于同质化，这是非正式组织存在和发展的基础,所以破坏这种同质化是最容易达到效果的方法。当然,很多时候同质化的形成根源在于管理上的问题,改善和提高管理本身的质量就是消除这种潜在同质化风险的最好办法。比如对于前述案例,就应该引进市场的竞争机制,保持员工一定比例的流动性,就能很容易地来抑制非正式组织力量的不断壮大。除此之外,在具体的管理上还可以采取以下几种有效的措施:

① 牵住关键人物。非正式组织中的英雄人物是非正式组织中的关键人物,他集中体现了非正式组织成员的共同价值观和共同志趣,他们往往凭借自身的技术专长和个人魅力在非正式组织中享有很高的威望和影响力。有时他们的实际影响力甚至远远超过那些正式组织任命的管理者。这些英雄人物的思想和行动直接影响着非正式组织的思想和行动,因而,管理者应对非正式组织中的英雄人物的影响给予高度重视,积极谋求与他们在各个层面上进行有效沟通,应积极邀请他们参与组织的重要决策,如有必要,还可邀请他们出任组织的正式职务。

② 用组织文化引导。非正式组织与正式组织之间的冲突本质上是两种文化之间的冲突,是正式组织文化与非正式组织的亚文化之间的冲突。因而,从长远来看,要想使非正式组织与正式组织真正协调一致,和平相处,就要通过建立、宣传正确的组织文化,来影响、引导和改变非正式组织的行为规范和价值取向,使之与正式组织的目标协调一致。

③ 工作调动。必要时把非正式组织的核心员工调离原来的岗位,减弱非正式组织的影响,使非正式组织由紧密型向松散型演变。

④ 鼓励管理人员成为非正式组织的成员。通过鼓励管理人员融入到非正式组织中,可以通过他们施展个人影响,逐渐使非正式组织的行为和利益与正式组织管理目标保持一致。

我们看似在谈论一些和组织毫不相干的问题,事实上,非正式组织的紧密化正是非正式组织力量的形成和发展的过程,也是它不断对企业施加影响的过程,这种影响有时会是有益的,但有时是不可预测的,甚至会演变成不可接受的对立和冲突。所以企业的管理者应该时刻警惕非正式组织的紧密化倾向,如果不能及时有效地引导和控制这种力量,那么在牺牲企业效率的同时,管理者也将面临步入陷阱的危险。

(资料来源:新浪财经)

第二节　组织结构

一、组织结构的基本类型

组织结构是指对于工作任务如何进行分工、分组和协调合作,是表明组织各部分排列顺序、空间位置、聚散状态、联系方式以及各要素之间相互关系的一种模式,是整个管理系统的"框架"。组织结构是组织的全体成员为实现组织目标,在管理工作中进行分工协作,在职务范围、责任、权利方面所形成的结构体系。组织结构是组织在职、责、权方面的动态结构体系,其本质是为实现组织战略目标而采取的一种分工协作体系,组织结构必须随着组织的重大战略调整而调整。

1. 创业型组织结构(也称直线型组织结构)

(1)基本含义:创业型组织结构是多数小型企业的标准组织结构模式,基本等于缺乏结构。企业的所有者、管理者或创始人对若干下属实施直接控制,从上到下实行垂直领导,并由其下属执行一系列工作任务,不另设职能机构(可设职能人员协助主管人工作),一切管理职能基本上都由行政主管自己执行。企业的战略计划(若有)由中心人员完成,该中心人员还负责所有重要的经营决策。

创业型组织的基本结构如图6-3所示。

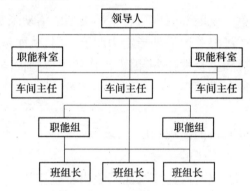

图6-3　创业型组织的基本结构

(2)特点:结构比较简单,责任分明,命令统一。弹性较小并缺乏专业分工,其成功主要依赖于该中心人员的个人能力。

(3)通常应用于小型企业,在业务比较复杂、企业规模比较大的情况下,把所有管理职能都集中到最高主管一人身上,显然是难以胜任的。

例如,一家书店在某地区内拥有数家分店,由创办人一人负责管理。每家分店的数名店员都由他亲自聘用,帮忙打理日常店务。这属于简单的创业型组织结构。最近,创办人得到一名投资者的赏识,投入资金,利用创办人的品牌在全国开设80多间的连锁书店。随着企业规模的扩大,更多复杂的流水线和一体化机制,该连锁书店就要实现从简单结构到职能制或事业部制组织结构的转变。

2. 职能制组织结构

职能制组织结构被大多数人认为是组织结构的典型模式。企业规模扩大和范围扩张,需要将职权和责任分派给专门单元的管理者。

(1)基本含义:按职能进行专业化分工,按照不同职能设置不同部门。不同部门有不同的业务职能,CEO职责变得细化,可以更多协调职能单元,也能更多关注环境和战略问题。适用情况:单一业务企业。

职能制组织结构如图6-4所示。

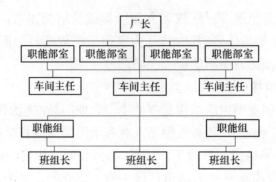

图 6-4　职能制组织结构

（2）优点：

① 能够通过集中单一职能部门内所有某一类型的活动来实现规模经济；

② 组织结构可以通过将关键活动指定为职能部门，从而提升深入的职能技能；

③ 由于任务为常规和重复性任务，因而工作效率得到提高；

④ 董事会便于监控各个部门。

（3）缺点：

① 在协调不同职能时可能出现问题；

② 难以确定各项产品产生的盈亏；

③ 导致职能间发生冲突、各自为政，而不是出于企业整体利益进行相互合作；

④ 等级层次以及集权化的决策制定机制会放慢反应速度。

由于这种组织结构形式的明显的缺陷，现代企业一般都不采用职能制。

当企业规模进一步扩大，矛盾和摩擦进一步增加，上面下达的命令不足以实现目标的时候，就产生了事业部制。它是一种高度集权下的分权管理体制。它适用于规模庞大、品种繁多、技术复杂的大型企业，是国外较大的联合公司所采用的一种组织形式，近几年我国一些大型企业集团或公司也引进了这种组织结构形式。

3. 事业部制组织结构

事业部制是分级管理、分级核算、自负盈亏的一种形式，即一个公司按地区或按产品类别分成若干个事业部，由事业部下设置职能部门。每一个事业部集中精力和资源专注于自身经营发展。从产品的设计、原料采购、成本核算、产品制造，一直到产品销售，均由事业部及所属工厂负责，实行单独核算，独立经营，公司总部只保留人事决策、预算控制和监督大权，并通过利润等指标对事业部进行控制。也有的事业部只负责指挥和组织生产，不负责采购和销售，实行生产和供销分立，但这种事业部正在被产品事业部所取代。还有的事业部则按区域来划分。按照产品、服务、市场或地区定义出不同的事业部。

4. 战略业务单位组织结构

（1）基本含义：按照战略业务单位建立组织结构。相关产品归类到事业部，再将事业部归类到战略业务单位。适用情况：规模较大的多元化经营企业。

企业中每一个战略业务单位组织结构(Strategic Business Vnit,SBU)都是独立经营、独立核算的单位。在企业中,每一个 SBU 之间的关系只存在买卖关系。

(2)优点:

① 降低了企业总部的控制跨度(管理幅度);

② 由于不同的企业单元都向总部报告其经营情况,因此控制幅度的降低也减轻了总部的信息过度情况;

③ 这种结构使得具有类似使命、产品、市场或技术的事业部之间能够更好地协调;

④ 由于几乎无需在事业部之间分摊成本,因此易于监控每个战略业务单位的绩效。

(3)缺点:

① 由于采用这种结构多了一个垂直管理层,因此总部与事业部和产品层的关系变得疏远;

② 战略业务单位之间依然还是存在着摩擦和向总部争夺企业有限资源的矛盾。

5. 矩阵制组织结构

(1)矩阵结构是一种具有两个或多个命令通道的结构,在职能和产品或项目之间起到了联系作用,有两个上级,包含两条预算权利线以及两个绩效和奖励来源。

(2)适用情况:非常复杂项目中的控制问题。

(3)优点:

① 由于项目经理与项目的关系更紧密,因而他们能更直接地参与到与其产品相关的战略中来,从而激发其成功的动力;

② 能更加有效地优先考虑关键项目,加强对产品和市场的关注,从而避免职能型结构对产品和市场的关注不足;

③ 与产品主管和区域主管之间的联系更加直接,从而能够做出更有质量的决策;

④ 实现了各个部门之间的协作以及各项技能和专门技术的相互交融;

⑤ 双重权力使得企业具有多重定位,这样职能专家就不会只关注自身业务范围。

(4)缺点:

① 可能导致权力划分不清晰(比如谁来负责预算),并在职能工作和项目工作之间产生冲突;

② 双重权力容易使管理者之间产生冲突。如果采用混合型结构,非常重要的一点就是确保上级的权力不相互重叠,并清晰地划分权力范围。下属必须知道其工作的各个方面应对哪个上级负责;

③ 管理层可能难以接受混合型结构,并且管理者可能会觉得另一名管理者将争夺其权力,从而产生危机感;

④ 协调所有的产品和地区会增加时间成本和财务成本,从而导致制定决策的时间过长。

6. H 型结构(控股企业/控股集团结构,Holding Company)

成立控股企业,其下属子企业具有独立的法人资格。

(1) 控股企业的类型:

① 纯粹控股公司不直接从事某种实际的生产经营活动,其目的只是掌握子公司的股份,控制其股权;

② 混合控股公司除了利用控股权支配子公司的生产经营活动,还从事自身的生产经营。企业集团是不具有法人地位的。

(2) 适用情况:业务领域涉及多个方面,甚至上升到全球化竞争层面。

(3) 主要特点:

① 控股企业与其他企业类型相区别的一个关键特点就是其业务单元的自主性强;

② 企业无需负担高额的中央管理费,因为母企业的职员数量很可能非常少;业务单元能够自负盈亏并从母企业取得较便宜的投资成本;

③ 在某些国家如果将这些企业看成一个整体,业务单元还能够获得一定的节税收益。

④ 控股企业可以将风险分散到多个企业中,但是有时也很容易撤销对个别企业的投资。

二、组织结构的设计

管理者在进行组织结构设计时,必须正确考虑 6 个关键因素:工作专业化、过程部门化、命令链、控制跨度、集权与分权、正规化。

1. 工作专业化

福特的成功

20 世纪初,亨利·福特(Henry Ford)通过建立汽车生产线而富甲天下,享誉全球。他的做法是,给公司每一位员工分配特定的、重复性的工作,例如,有的员工只负责装配汽车的右前轮,有的则只负责安装右前门。通过把工作分化成较小的、标准化的任务,使工人能够反复地进行同一种操作,福特利用技能相对有限的员工,每 10 秒钟就能生产出一辆汽车。

福特的经验表明,让员工从事专门化的工作,他们的生产效率会提高。今天,我们用工作专门化(Work Specialization)这个术语或劳动分工这类词汇来描述组织中把工作任务划分成若干步骤来完成的细化程度。

工作专门化的实质是:一个人不是完成一项工作的全部,分解成若干步骤,每一步骤由一个人独立去做。就其实质来讲,工作活动的一部分,而不是全部活动。

20世纪40年代后期,工业化国家大多数生产领域的工作都是通过工作专门化来完成的。管理人员认为,这是一种最有效地利用员工技能的方式。在大多数组织中,有些工作需要技能很高的员工来完成,有些则不经过训练就可以做好。如果所有的员工都参与组织制造过程的每一个步骤,那么,就要求所有的人不仅具备完成最复杂的任务所需要的技能,而且具备完成最简单的任务所需要的技能。结果,除了从事需要较高的技能或较复杂的任务以外,员工有部分时间花费在完成低技能的工作上。由于高技能员工的报酬比低技能的员工高,而工资一般是反映一个人最高的技能水平的,因此,付给高技能员工高薪,却让他们做简单的工作,这无疑是对组织资源的浪费。

通过实行工作专门化,管理层还寻求提高组织在其他方面的运行效率。通过重复性的工作,员工的技能会有所提高,在改变工作任务或在工作过程中安装、拆卸工具及设备所用的时间会减少。同样重要的是,从组织角度来看,实行工作专门化,有利于提高组织的培训效率。挑选并训练从事具体的、重复性工作的员工比较容易,成本也较低。对于高度精细和复杂的操作工作尤其是这样。

2. 过程部门化

过程部门化方法适用于产品的生产,也适用于顾客的服务。例如,如果到一家州属机动车辆管理办公室去办驾驶执照,必须跑好几个部门。在某个州,办理驾照必须经过3个步骤,每个步骤由一个独立部门负责:①负责核查工作的机动车辆分部;②责办理驾照具体工作的驾照部;③负责收费的财务部。

最后一种部门化方法是根据顾客的类型来进行部门化。例如,一家销售办公设备的公司可下设3个部门:零售服务部、批发服务部、政府部门服务部。比较大的法律事务所可根据其服务对象是公司还是个人来分设部门。

根据顾客类型来划分部门的理论假设是,每个部门的顾客存在共同的问题和要求,因此,通过为他们分别配置有关专家,能够满足他们的需要。

大型组织进行部门化时,可能综合利用上述各种方法,以取得较好的效果。例如,一家大型的日本电子公司在进行部门化时,根据职能类型来组织其各分部;根据生产过程来组织其制造部门;把销售部门分为7个地区的工作单位;又在每个地区根据其顾客类型分为4个顾客小组。但是,20世纪90年代有两个倾向较为普遍:第一,以顾客为基础进行部门化越来越受到青睐。为了更好地掌握顾客的需要,并有效地对顾客需要的变化作出反应,许多组织更多地强调以顾客为基础划分部门的方法;第二,坚固的职能性部门被跨越传统部门界限的工作团队所替代。

3. 命令链

20年前,命令链的概念是组织设计的基石,但今天它的重要性大大降低。不过在决定如何更好地设计组织结构时,管理者仍需考虑命令链的意义。

命令链是一种不间断的权力路线,从组织最高层扩展到最基层,澄清谁向谁报告工作。它能够回答员工提出的这种问题:"我有问题时,去找谁?""我对谁负责?"

在讨论命令链之前,应先讨论两个辅助性概念:权威和命令统一性。权威是指管理职位所固有的发布命令并期望命令被执行的权力。为了促进协作,每个管理职位在命令链中都有自己的位置,每位管理者为完成自己的职责任务,都要被授予一定的权威。命令统一性原则有助于保持权威链条的连续性。它意味着,一个人应该对一个主管,且只对一个主管直接负责。如果命令链的统一性遭到破坏,一个下属可能就不得不穷于应付多个主管不同命令之间的冲突或优先次序的选择。

拓展案例

时代在变化,组织设计的基本原则也在变化。随着计算机技术的发展和给下属充分授权的潮流的冲击,命令链、权威、命令统一性等概念的重要性大大降低了。《商业周刊》("Business Week")最近的一篇文章中有两段话为这种变化提供了很好的例证:

3月中旬一个星期三的上午,查尔斯·凯瑟困惑地扫视了一眼从公司配送中心送来的存货报告。根据计算机列印出来的报告,玫瑰牌上光油只能保证3天的供货了,远远低于公司要求的3周半的库存要求。但凯瑟知道,公司设在密苏里州杰弗逊城的工厂,两天前刚运来346箱(每箱12瓶)上光油,玫瑰牌上光油一定是被抢购一空了。他便打开自己与生产线相联的计算机,把批示输进去:在周四上午再生产400箱上光油。

这是一位计划经理工作日程中的一段小插曲,对不对?但事实上凯瑟不是管理人员,他只是生产线上的一名工人,官方的头衔是"生产线协调员",是公司上百名工作于计算机网络上的工人中的一员。他们有权检查核对货物运送情况,安排自己的工作负荷,并经常从事以前属于管理人员领域的工作。

一个基层雇员能在几秒钟内得到20年前只有高层管理人员才能得到的信息。同样,随着计算机技术的发展,日益使组织中任何位置的员工都能同任何人进行交流,而不需通过正式渠道。而且,权威的概念和命令链的维持越来越无关紧要,因为只能由管理层作出的决策,授权给了操作员工自己作决策。除此之外,随着自我管理团队、多功能团队和包含多个上司的新型组织设计思想的盛行,命令统一性的概念越来越无关紧要。当然,有很多组织仍然认为通过强化命令链可以使组织的生产率最高,但今天这种组织越来越少了。

4. 控制跨度

一个主管可以有效地指导多少个下属?这种有关控制跨度的问题非常重要,因为在很大程度上,它决定着组织要设置多少层次,配备多少管理人员。在其他条件相同时,控制跨度越宽,组织效率越高,这一点可以举例证明。

假设有两个组织,基层操作员工都是4096名,如果一个控制跨度为4,另一个为

8,那么控制跨度宽的组织比控制跨度窄的组织在管理层次上少两层,可以少配备800人左右的管理人员。如果每名管理人员年均薪水为40000美元,则控制跨度宽的组织每年在管理人员薪水上就可节省3200万美元。显然,在成本方面,控制跨度宽的组织效率更高。但是,在某些方面,宽跨度可能会降低组织的有效性,也就是说,如果控制跨度过宽,由于主管人员没有足够的时间为下属提供必要的领导和支持,员工的绩效会受到不良影响。

控制跨度窄也有其好处,把控制跨度保持在5~6人,管理者就可以对员工实行严密的控制。但控制跨度窄主要有三个缺点:第一,管理层次会因此而增多,管理成本会大大增加;第二,使组织的垂直沟通更加复杂,管理层次增多也会减慢决策速度,并使高层管理人员趋于孤立;第三,控制跨度过窄易造成对下属监督过严,妨碍下属的自主性。

拓展案例

在通用电气公司和雷诺金属公司这样的大公司中,控制跨度已达10~12人,是15年前的2倍。汤姆·斯密斯是卡伯利恩公司(Carboline Co.)的一名地区经理,直接管辖27人,如果是在20年前,处于他这种职位的人,通常只有12名下属。

加宽控制跨度,与各个公司努力降低成本、削减企业一般管理费用、加速决策过程、增加灵活性、缩短与顾客的距离、授权给下属等的趋势是一致的。但是,为了避免因控制跨度加宽而使员工绩效降低,各公司都大大加强了员工培训的力度和投入。管理人员已认识到,自己的下属充分了解了工作之后,或者有问题能够从同事那里得到帮助时,他们就可以驾驭宽跨度的控制问题。

5. 集权与分权

在有些组织中,高层管理者制定所有的决策,低层管理人员只管执行高层管理者的指示。另一种极端情况是,组织把决策权下放到最基层管理人员手中。前者是高度集权式的组织,而后者则是高度分权式的。

企业所必须制定的主要战略决策与其结构的集权或分权程度有关。这通常取决于企业所处的特殊行业、环境和采用的技术。

6. 正规化

正规化是指组织中的工作实行标准化的程度。如果一种工作的正规化程度较高,就意味着做这项工作的人对工作内容、工作时间、工作手段没有多大自主权。人们总是期望员工以同样的方式投入工作,能够保证稳定一致的产出结果。在高度正规化的组织中,有明确的工作说明书,有繁杂的组织规章制度,对于工作过程有详尽的规定。而正规化程度较低的工作,相对来说,工作执行者和日程安排就不是那么僵硬,员工对自己工作的处理许可权就比较宽。由于个人许可权与组织对员工行为的规定成反比,因此工作标准化程度越高,员工决定自己工作方式的权力就越小。工作标准化不仅减少了员工选择工作行为的可能性,而且使员工无需考虑其他行为选择。

第三节　组织文化

一、组织文化的概念

组织文化又称企业文化,是一个组织由其价值观、信念、仪式、符号、处事方式等组成的其特有的文化形象。企业文化是在一定的条件下,企业生产经营和管理活动中所创造的具有该企业特色的精神财富和物质形态。它包括文化观念、价值观念、企业精神、道德规范、行为准则、历史传统、企业制度、文化环境、企业产品等。其中,价值观是企业文化的核心。

二、组织文化的作用

组织文化是组织的灵魂,是组织信奉并付诸于实践的价值理念,它包括经营观念、行为准则、知识成果、精神风貌、职工心态、舆论环境等内容。随着时代的发展,组织文化越来越受到企业界的重视。先进的组织文化在实践中已经显示出强劲的生命力,发挥着越来越重要的作用。

拓展案例

海航企业文化(海航企业文化之"同仁共勉"见图6-5)

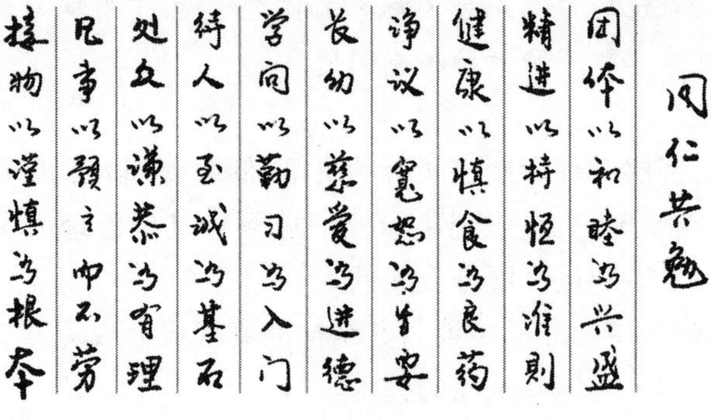

待物以澄慎为根本　凡事以预立为不劳　处文以谦恭为有理　待人以至诚为基石　学问以勤习为入门　长幼以慈爱为进德　净议以宽恕为生要　健康以慎食为良药　精进以持恒为准则　同侪以和睦为兴盛　同仁共勉

图6-5　海航企业文化之"同仁共勉"

海南航空(集团)公司的成长和发展就像我国改革开发后产生的其他成功企业一样,走过了两个典型的发展阶段:第一个阶段就是苦练内功,打造企业的核心竞争力。其主要内容就是建立一套适合自己和我国国情的以其独有的企业文化引领的企业管理体系,并经过反复实践,证明这套管理体系是行之有效的。第二个阶段就是以输出其被证明是行之有效的管理和企业文化为核心,以兼并重组为主要方式的快速扩张阶段。如果说海航有什么特点的话,就是海航在这两个阶段都非常强调企业文化的引领。由于海航是一个服务型企业,行之有效的以企业文化为精神的管理体系就是其最主要的竞争力。

海航在 1993 年以 1000 万元起步,通过 20 多年的努力,海航已成为三家"皇家"航空公司之后的中国第四大航空集团。

作为一家服务型企业,它的产品就是其提供的让旅客满意的优质服务。这个特点也决定了海航在打造其竞争力的过程中,以企业文化引领的服务精神和服务意识的重要性。

生产企业提供的产品质量和特色是企业的生命,而像海航这样的服务型企业的服务质量和服务特色就是海航的生命。以中国传统文化的思想精萃来进行企业文化建设和员工素质培养,既适应了我国大众的文化习惯,又找到了海航服务的精神特色和文化特色。有特色、标歧立异才能生存。

陈峰认为"海航的企业文化称为'四大':大众认同、大众参与、大众成就、大众分享。这种理念被员工接受之后,就会产生源源不断的生命力。海航的企业文化的目标是追求'至诚、至善、至精、至美''为自己、为他人、为社会做点事'。海航的起点这么低,在非常困难的情况下能发展到今天这个地步,靠的就是我们独有的企业文化精神。"

"在海航的历史中,我们就一直秉承'内修传统文化精萃,外兼西方先进科学文化技术'的理念,开始有三个人时就做大事记。做文化读本《海航文化导读》、员工守则,每一批员工都由我来讲人道和做人的学问,讲创业史,读一本书。多年时间潜移默化、锲而不舍的工作,才形成今天海航企业文化的基本氛围,同时也锤炼了一批优秀的干部。'三为一德'是海航对管理干部的独特要求,即为人之君,为人之亲,为人之师。'为人之君'指干部要有君王一样的责任和君子一般的风范;'为人之亲'指要像亲人般地善待下级;'为人之师'指的是干部要别人做到的自己先做到,还要让别人从你那里学到东西。海航的传统文化培训是针对全员的,高层管理者还要学习《周公诫子书》,苏洵的《心术》,清代孙嘉淦的《三习一弊疏》。《周公诫子书》讲的是谦德的作用,所谓'周公吐哺,天下归心'。《心术》讲管理就是管人,管人就是管心,为将之道,首先治心,泰山崩于前而不改色,你要有定力,不受诱惑才能当一个合格的管理者。"

海航的管理体系应该是西方的管理制度加上中国文化的精髓形成的。它是吸收了发达国家管理制度的有用部分,结合我国的具体情况,引入了中国文化的"天人合一""内圣外王"而形成的一套适合海航自己发展状况的管理体系。

中国文化中的讲究"仁""礼"的思想对一个服务型的企业来说,简直和企业的生命一样重要。中国文化中的"仁者爱人""己所不欲,毋施于人"的思想和像海航这样的服务型企业所追求的企业形象目标也完全一致。

海航以传统文化的精萃来建设企业文化并促进企业的发展,为中国整个企业界建立自己的竞争力树立了一个典范。

先进的组织文化对于提高职工的思想文化素质,丰富职工的精神文化生活,增强企业的吸引力、凝聚力和向心力，充分调动职工的积极性、主动性和创造性，增强职工的事业心和责任心，促使他们搞好生产经营，促进企业又好又快发展，都有着重要的意义和作用。

管理故事

希尔顿饭店和他首任经理的故事

在一个深秋的夜晚，大家已经熟睡，一对年老夫妻走进一家旅馆，可是旅馆已经客满。前台侍者不忍心深夜让这对老人再去找住宿，就将他们引到一个房间："也许它不是最好的，但至少你们不用再奔波了。"

老人看到整洁干净的屋子，就愉快地住下来。第二天，当他们要结账时，侍者却说："不用了，因为你们住的是我的房间。祝你们旅途愉快！"原来他自己在前台过了一个通宵。老人十分感动，说："孩子，你是我见到过最好的旅店经营人。你会得到报答的。"侍者笑了笑，送老人出门，转身就忘了这件事。有一天，他接到一封信，里面有一张去纽约的单程机票，他按信中所示来到一座金碧辉煌的大楼。

原来，那个深夜他接待的是一个亿万富翁和他的妻子。富翁为这个侍者买下了一座大酒店，并深信他会经营管理好这个大酒店。

请问，如果您是那个侍者，您会怎么做呢？先想一下，再请问：生活中您常常遇见这样的事情，您是如何处理的呢？

因果其实就在自己手中，高手在还没有明确人生的宏伟目标时都是用心做好了当下的事情，也正所谓"不算当下账，只算人生总账"。

管理定律

彼得原理

彼得原理是管理心理学的一种心理学效应，指在一个等级制度中，每个职工趋向于上升到他所不能胜任的地位。诺斯古德·帕金森（C. N. Parkinson）是著名的社会理论家，他曾仔细观察并有趣地描述层级组织中冗员累积的现象。他假设，组织中的高级主管采用分化和征服的策略，故意使组织效率降低，借以提升自己的权势，这种现象即帕金森所说的"爬升金字塔"（图6-6）。彼得认为这种理论设计是有缺陷的，他给出的解释员工累增现象

图6-6 彼得原理

的原因是层级组织的高级主管真诚追求效率(虽然徒劳无功)。正如彼得原理显示的,许多或大多数主管必已到达他们的不胜任阶层。这些人无法改进现有的状况,因为所有的员工已经竭尽全力了,于是为了再增进效率,他们只好雇用更多的员工。员工的增加或许可以使效率暂时提升,但是这些新进的人员最后将因晋升过程而到达不胜任阶层,于是唯一改善的方法就是再次增雇员工,再次获得暂时的高效率,然后是另一次逐渐归于无效率。这样就使组织中的人数超过了工作的实际需要。

对一个组织而言,一旦组织中的相当部分人员被推到了其不称职的级别,就会造成组织的人浮于事,效率低下,导致平庸者出人头地,组织发展停滞。因此,这就要求改变单纯的"根据贡献决定晋升"的企业员工晋升机制,不能因某个人在某一个岗位级别上干得很出色,就推断此人一定能够胜任更高一级的职务。要建立科学、合理的人员选聘机制,客观评价每一位职工的能力和水平,将职工安排到其可以胜任的岗位。不要把岗位晋升当成对职工的主要奖励方式,应建立更有效的奖励机制,更多地以加薪、休假等方式作为奖励手段。有时将一名职工晋升到一个其无法很好发挥才能的岗位,不仅不是对职工的奖励,反而使职工无法很好发挥才能,也给企业带来损失。

对个人而言,虽然我们每个人都期待着不停地升职,但不要将其作为自己的唯一动力。与其在一个无法完全胜任的岗位勉力支撑、无所适从,还不如找一个自己能游刃有余的岗位好好发挥自己的专长。

本单元小结

1. 人员在组织中怎样发挥更好、更大的效用,需要建立完善的组织结构及权利分配等机制。

2. 组织的定义具有三个关键点:①组织必须具有共同的目标;②组织必须有分工与合作;③组织要有不同层次的权力与责任制度。

3. 组织类型的划分可以分为正式组织和非正式组织。

4. 管理者应根据实际情况及各个组织结构的优缺点选择合适的组织结构类型,同时,在进行组织结构设计时,必须正确考虑6个关键因素:工作专业化、部门化、命令链、控制跨度、集权与分权、正规化。

5. 组织文化是组织的灵魂,是组织信奉并付诸于实践的价值理念,它包括经营观念、行为准则、知识成果、精神风貌、职工心态、舆论环境等内容。随着时代的发展,组织文化越来越受到企业界的重视。先进的组织文化在实践中已经显示出强劲的生命力,发挥着越来越重要的作用。

思考与讨论

一、填空题

1. 在现代社会生活中,组织是人们按照一定的_____和_____编制起来的社会集团。

2. 组织必须具有_____以及不同层次的权力与责任制度。

3. _____是指在组织中由于地理位置关系、兴趣爱好关系、工作关系、亲朋好友关系而自然形成的群体,这种群体不是经过程序化而成立的。

4. 组织结构是组织在_____、_____方面的动态结构体系,其本质是为实现组织战略目标而采取的一种分工协作体系。

5. 管理者在进行组织结构设计时,必须正确考虑6个关键因素:_____、过程部门化、_____、_____、_____、正规化。

二、简答题

1. 简述正式组织和非正式组织的区别。

2. 简述创业型组织结构的优缺点。

3. 简述组织结构设计时需考虑的因素。

三、训练项目

自由结组,每组自由选题,建立一个组织(可以是小型企业、中型生产制造企业或者虚拟企业),并通过调研建立组织机构、组织文化等,模拟生产运作,以小组形式进行汇报。

四、案例分析

一整天的公司高层例会结束后,D公司S总经理不禁陷入沉思。

例会由S总经理主持、几位副总经理参加。原本他就想商谈一下公司今后的发展方向问题,不过会上的意见争执却出乎自己的预料。很明显,几位高层领导在对公司所面临的主要问题和下一步如何发展的认识上,存在着明显的分歧。

6年来,D公司由初创时的几个人、1500万元资产、单一开发房地产的公司,发展到今天的1300余人,5.8亿元资产,以房地产业为主,集娱乐、餐饮、咨询、汽车维护、百货零售等业务于一体的多元化实业公司,已经成为本市乃至周边地区较有竞争实力和有知名度的企业。

作为公司创业以来一直担任主帅的S总经理在成功的喜悦与憧憬中,更多了一层隐忧。在今天的高层例会上,他在发言时也是这么讲的:"公司成立已经6年了,在过去的几年里,经过全体员工努力奋斗与拼搏,公司取得了很大的发展。现在回过头来看,过去的路子基本上是正确的。当然也应该承认,公司现在面临着许多新问题:一是企业规模较大,组织管理中管理信息沟通不及时,各部门协调不力;二是市场变化快,我们过去先入为主的优势已经逐渐消失,且主业、副业市场竞争都渐趋激烈;三是我们原本的战略发展定位是多元化,在坚持主业的同时,积极向外扩张,寻找新的发展空间,应该如何坚持这一定位?"面对新的形势,就公司未来的走向和目前的主要问题,会上各位高层领导都谈了自己的想法。

管理科班出身、主管公司经营与发展的L副总经理在会上说:"公司的成绩只能说明过去,面对新的局面必须有新的思路。公司成长到今天,人员在膨胀,组织层级过多,部门数量增加,这就在组织管理上出现了阻隔。例如,总公司下设5个分公司,即综合娱乐中心(下有戏水、餐饮、健身、保龄球、滑冰等项目)、房地产开发公司、装修公司、汽车维修公司和物业管理公司。各部门都自成体系,公司管理层次过多,如总公司有3级,各分公司又各有3级以上管理层,最为突出的是娱乐中心的高、中、低管理层次竟达7级,且专业管理机构存在重复设置现象。总公司有人力资源开发部,而下属公司也相应设置人力资源开发部,职能重叠,管理混乱。管理效率和人员效率低下,这从根本上导致了管理成本加大,组织效率下降,这是任何一个公司的发展大忌。从组织管理理论的角度看,一个企业发展到1000人左右,就应以制度管理代替'人治',我们公司可以说正是处于这一管理制度变革的关口。我们公司业务种类多、市场面广、跨行业的管理具有复杂性和业务多元化的特点,现有的直线职能制组织结构已不能适应公司的发展,所以进行组织变革是必然的,问题在于我们应该构建一种什么样的组织机构以适应企业发展需要。"

坐在S总经理旁边的另一位是公司创立三元老之一的始终主管财务的大管家C副总经理,他考虑良久,非常有把握地说:"公司之所以有今天,靠的就是最早创业的几个人,他们不怕苦、不怕累、不怕丢了饭碗,有的是闯劲、拼劲。一句话,公司的这种敬业、拼搏精神是公司的立足之本。目前,我们公司的发展出现了一点问题,遇到了一些困难,这应该说是正常的,也是难免的。如何走出困境,关键是要强化内部管理,特别是财务管理。现在公司的财务管理比较混乱,各个分部独立核算后,都有了自己的账户,总公司可控制的资金越来越少。如果要进一步发展,首先必须做到财务管理上的集权,该收的权力总公司一定要收上来,这样才有利于公司通盘考虑,共图发展。"

高层会议各领导的观点在公司的管理人员中间亦引起了争论,各部门和下属公司也产生了各自的打算:房地产开发部要求开展铝业装修,娱乐部想要租车间做服装设计,物业管理部提出经营园林花卉的设想。甚至有人提出公司应介入制造业,成立自己的机电制造中心。

案例思考:

1. 请讨论公司目前出现的主要问题是什么。

2. 请根据以上信息,为该公司设计一套合适的组织机构,并画出相应的组织机构图。

学习单元七　机组资源管理

导入案例

1978 年美联航 173 号班机燃油耗尽坠毁

1978 年 12 月 28 日,美联航 173 号班机,一架 DC-8 飞机准备降落波特兰国际机场,机上共有 181 名乘客,机组人员试图排除起落架存在的一个问题却没有成功,飞机在机场周围盘旋了一个多小时,尽管机上的机械师温和地提醒机长燃油正在迅速减少,机长过了很久才开始最终的进近。这架 DC-8 由于燃油耗尽坠毁在郊区(图 7-1),造成 10 人死亡。

图 7-1　飞机图

此后,美联航根据当时最新的机组资源管理(CRM)的理念对其机组的培训程序进行了修改,改变了传统的"机长就是王道"的航空业阶层观念。CRM 高度强调机组人员之间的团队合作和有效沟通,后来整个行业都采纳了这一标准。美联航的机长 Al Haynes 表示"这真的是很有成效",1989 年,他依靠调整引擎推力改变飞行方向,在无舵面工作的情况下操纵 DC-10 飞机在衣阿华州苏城紧急迫降,机身翻覆,造成 285 名乘客中有 111 人丧生,1 名乘务人员丧生。他表示:"如果没有 CRM 训练,我们几乎不可能完成迫降。"

(资料来源:2012-12-05,民航资源网,作者:刘冰洋)

学习目标

1. 了解机组资源的各种资源、人力资源规划。
2. 理解机组资源沟通的重要性、人力资源管理的特征。
3. 掌握有效沟通的原则和方法,掌握冲突管理的方法和策略。
4. 灵活应用有效沟通的技巧。

第一节　机组资源管理概述

20 多年前,丰田、沃尔沃等公司将团队引入生产历程中时,曾惊动一时。很多媒体追击报道这些团队的工作过程和事迹。但 20 多年后,500 强中如果哪个公司没有接纳团队形式,亦会成为消息热门。仅仅 20 年的时间,团队已经如此普及,渗透到各个优秀企业、各个部门,甚至政府部门都将领导团队作为不可或缺的环节进行建设。管理学理论指出,两个或两个以上相互作用和相互依赖的个体,为了实现某个特定目标而结合在一起,我们把这种集合体称为工作群体(Work Groud),工作群体的绩效仅仅是每个群体成员个人奉献的总和。在工作群体中,不存在一种积极的协同作用,能够使群体的总体绩效水平大于个人绩效之和。工作团队(Work Team)则不同,它通过其成员的共同努力能够产生积极协同作用,其团队成员努力的结果使团队的绩效水平远远大于个体成员绩效的总和。因此,我们一直致力于将机组从群体向团队升华的过程就是实现管理深化的过程,也就是实现 1 + 1 > 2 的过程。

一、机组资源管理的概念

机组资源管理是从国外引进的,由于文化背景不同,各国的开发 CRM 内容和方法不尽相同,但 CRM 训练是基于社会心理学、认知心理学和组织管理心理学的原理,也基对人的因素的研究,学习 CRM,首先要了解它的概念,理解它的理论基础,明确它的目的,才能在内容和方法上发展和完善。

机组资源管理(Crew Resource Management,CRM)是指充分、有效、合理地利用一切可以利用的资源来达到安全有效飞行运行的目的,核心内容是权威、参与、决断、尊重,通过有效提高机组人员的沟通技巧、提倡团队合作精神、合理分派任务、正确做出决策来体现。CRM 的对象包括软件(如文件资料管理等)、硬件(如飞机、设备等)、环境和人等四个方面及其相互关系。涉及的人员除飞行机组外,还包括日常与飞行组一起工作的所有人群,这些人群与决断飞机营运有关。这些人群包括乘务员、空警、安全员、飞行签派员、机务维修人员及空中交通管制员等。一般将空中交通管制人员、地面机务维修人员及其他有关人员,称为"机组资源"中的人力资源。

C——Crew(组):意为飞行组、乘务组及维护组等,扩展到整个公司。

R——Resource(资源):人力资源、自动化设备等硬件资源,操作手册等软件资源,油料、精力、时间等易耗资源。

M——Management(管理):协调地运用人—机—环境—任务中可能的一切资源达到目标。

拓展案例

军事歼击机驾驶舱只有一名飞行员,尚无机组概念,称为驾驶舱资源管理。

民用飞机由多人驾驶,在驾驶舱内操纵飞机的人员称飞行人员,包括机长(正驾驶)、副驾驶、领航员、报务员、机务工程师,目前双人制飞机只有两名飞行员,即机长和副驾驶员,二人以上称为组,便有了机组的概念。

民用飞机客舱中空中服务人员称乘务员,包括乘务长或主任乘务长、乘务员和安全员,组成乘务组,广义的机组人员包括飞行机组和乘务组。

概括起来,机组资源应包括人力资源、设备资源、信息资源、易耗资源和其他资源。机组资源管理是以提高"机组"人员的工作能力和工作绩效为目标,包括飞行人员的专门飞行技能、术语化技能、个体交流和团体协作技能。广义上也包括乘务员的客舱服务、交通管制员的指挥、机务人员维修、气象人员预报、飞机制造厂家的资料及对整个航空公司配置资源的开发利用。

二、机组资源管理的发展历史

从驾驶舱资源管理(Cockpit Resource Management)到机组资源管理的转变:

1979 年 NASA 的驾驶舱资源管理(AIM)概念问世,其目的是加强培训驾驶员之间的配合、机组间的协作、改变人的行为方式,减少飞行中人为因素造成的失误。

1986 年国际民航组织(ICAO)在关于飞行安全与人为因素的 A26 – 09 决议中推广 CRM 培训计划。

1989 年美国联邦航空局在它的通告中正式把 Cockpit 改为 Crew。

第二节　人力资源管理

一、人力资源管理概述

1. 人力资源管理的概念

人力资源是存在于人体的经济资源,也称人类资源、劳动资源、劳动力资源。20世纪初期,美国心理学家威廉·詹姆斯曾指出,一个普通的人,只运用了能力的10%,还有90%的潜力。后来,美国学者玛格丽特·米德在 1964 年出版的《人类潜在能力探索》一书中,估计人的能力只用了 6%,还有 94% 的潜力。70 年代开始,美国有 100

多名管理者提出："人是一种可以发展的资源。""人,是一种能开发的,比其他任何资源都要重要的资源。"这种新观点现在已经风靡全世界。

人力资源管理(Human Resource Management,HRM)是指运用科学方法,协调人与事的关系,处理人与人的矛盾,充分发挥人的潜能,使人尽其才,事得其人,人事相宜,以实现组织目标的过程。

2. 人力资源管理特点

1)时效性

时效性是指人力资源的形成与作用效率要受其生命周期的限制。人力资源的生命周期就是人从出生到死亡的整个过程。在生命的不同阶段,人力资源的性质和状态是有差别的。童年和少年阶段主要是人力资源的储备和形成阶段;此后的青年和中年阶段是人力资源发挥作用的最佳阶段;进入老年阶段以后,虽然还能继续发挥作用,但是效率已经大大下降。生命周期和人力资源的这种倒"U"形关系就决定了人力资源的时效性,必须在人的成年时期对其进行开发和利用,否则就浪费了宝贵的人力资源。人才的最佳创造年龄为25~45岁,37岁为峰值年。无论哪类人,都有其才能发挥的最佳期、最佳年龄段。如果其才能未能在这一时期充分利用开发,就会导致人力资源的浪费。因此,人力资源的开发与管理必须尊重人力资源的时效性特点,做到适时开发、及时利用、讲究时效,最大限度地保证人力资源的产出,延长其发挥作用的时间。人力资源作为劳动能力资源具有自身的周期,可以从三个层面表现出来:生命周期、劳动周期、知识周期。

拓展案例

人力资源的劳动周期

人力资源的劳动周期主要指处在法定劳动年龄内的劳动人口。关于劳动年龄,由于各国的社会经济条件不同,劳动年龄的规定不尽相同。一般国家把劳动年龄的下限规定为15岁,上限规定为64岁。我国招收员工规定一般要年满16周岁,员工退休年龄规定男性为60周岁(到60岁退休,不包括60岁),女性为55周岁(不包括55岁),所以我国劳动年龄区间应该为男性16~59岁,女性16~54岁。人的最佳学习年龄和最佳创造年龄是特定的,不同年龄期会产生不同的效果。一旦错过了这个时期,人力资源就会贬值,工作能力和创造力就会下降。

2)能动性

能动性是人力资源区别于其他资源的本质所在。其他资源在被开发的过程中,完全处于被动的地位;人力资源则不同,它在被开发的过程中,有思维与情感,能对自身行为作出抉择,能够主动学习与自主地选择职业,更为重要的是人力资源能够发挥主观能动性,有目的、有意识地利用其他资源进行生产,推动社会和经济的发展。

3）两重性

人力资源具有生产者和消费者的角色两重性。人力资源既是投资的结果，又能创造财富；或者说，它既是生产者，又是消费者，具有角色两重性。

4）再生性

人力资源是再生性资源，它基于人口的再生产和劳动力的再生产，通过人口总体内个体的不断更替和"劳动力耗费—劳动力生产—劳动力再次耗费—劳动力再次生产"的过程得以实现。同时，人的知识与技能陈旧、老化也可以通过培训和再学习等手段得到更新。当然，人力资源的再生性不同于一般生物资源的再生性，除了遵守一般生物学规律之外，它还受人类意识的支配和人类活动的影响。从这个意义上来说，人力资源要实现自我补偿、自我更新、持续开发，这就要求人力资源的开发与管理注重终身教育，加强后期的培训与开发。

拓展案例

可再生性资源和非再生性资源

经济资源分为可再生性资源和非再生性资源两大类。非再生性资源最典型的是矿藏，如煤矿、金矿、铁矿、石油等，每开发和使用一批，其总量就减少一批，决不能凭借自身的机制加以恢复。另一些资源，如森林，在开发和使用过后，只要保持必要的条件，可以再生，保持资源总体的数量。

5）消耗性

人力资源在使用过程中会出现有形磨损和无形磨损，劳动者自身的疾病和衰老是有形磨损，劳动者知识和技能的老化是无形磨损。

6）增值性

人力资源不仅具有再生性的特点，而且其再生过程也是一种增值的过程。人力资源在开发和使用过程中，一方面可以创造财富；另一方面通过知识经验的积累、更新，提升自身的价值，从而使组织实现价值增值。

3. 人力资源管理的功能

现代企业人力资源管理，具有以下五种基本功能：

（1）获取。根据企业目标确定所需员工条件，通过规划、招聘、考试、测评、选拔，获取企业所需人员。

（2）整合。通过企业文化、信息沟通、人际关系和谐、矛盾冲突的化解等有效整合，使企业内部的个体、群众的目标、行为、态度趋向企业的要求和理念，使之形成高度的合作与协调，发挥集体优势，提高企业的生产力和效益。

（3）保持。通过薪酬、考核、晋升等一系列管理活动，保持员工的积极性、主动性、创造性，维护劳动者的合法权益，保证员工安全、健康、舒适的工作环境，以增进员工满意感，使之安心满意地工作。

（4）评价。对员工工作成果、劳动态度、技能水平以及其他方面作出全面考核、鉴定和评价，为相应的奖惩、升降、去留等决策提供依据。

（5）发展。通过员工培训、工作丰富化、职业生涯规划与开发，促进员工知识、技巧和其他方面素质提高，使其劳动能力得到增强和发挥，最大限度地实现其个人价值和对企业的贡献率，达到员工个人和企业共同发展的目的。

二、人力资源管理结构

人力资源管理结构主要包括：人力资源规划与政策、招聘与录用、薪酬福利与激励、员工发展与培训、员工遣任与退任和信息管理。

1. 人力资源规划与政策

人力资源规划（Human Resources Plan，HRP）是指根据企业的发展规划和发展战略，通过对企业未来的人力资源的需要和供给状况的分析及估计，对人力资源的获取、配置、使用、保护等各个环节进行职能性策划，以确保组织在需要的时间和需要的岗位上，获得各种必需的人力资源的规划。

人力资源管理规划（图7-2）就像航行出海的船，在出行前要找到适合的、明确的目标与方向，即最适合本公司的制度，这就需要确定 HR 工作目标定位和实现途

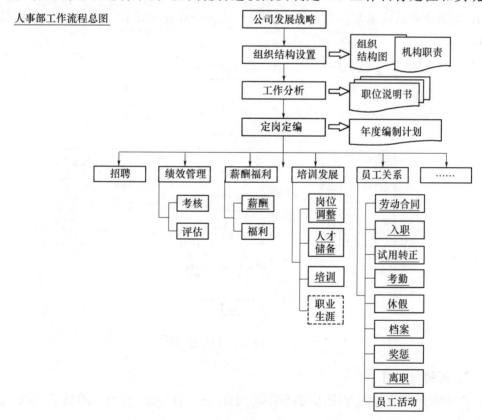

图7-2 人事部工作流程

径。人力资源规划的目的在于结合企业发展战略,通过对企业资源状况以及人力资源管理现状的分析,找到未来人力资源工作的重点和方向,并制定具体的工作方案和计划,以保证企业目标的顺利实现。正如航行出海的船只的航标导航仪,人力资源规划在 HR 工作中起到一个定位目标和把握路线的作用。

人力资源规划的实质是促进企业实现其目标,因此人力资源规划必须具有战略性、前瞻性和目标性,要体现组织的发展要求。

人力资源规划最显著的特点是把员工看作是资源,这与传统的只涉及员工的招聘与解雇问题的人事计划完全不同。

开发和整合人力资源计划与政策,确保与组织战略一致性,支持公司业绩目标的实现。

人力资源管理目标是指企业人力资源管理需要完成的职责和需要达到的绩效。人力资源管理既要考虑组织目标的实现,又要考虑员工个人的发展,强调在实现组织目标的同时实现个人的全面发展。

人力资源规划主要有以下五个目标:第一,得到和保持一定数量具备特定技能、知识结构和能力的人员;第二,充分利用现有人力资源(图 7 - 3);第三,能够预测企业组织中潜在的人员过剩或人力不足;第四,建设一支训练有素、运作灵活的劳动力队伍,增强企业适应未知环境的能力;第五,减少企业在关键技术环节对外部招聘的依赖性。

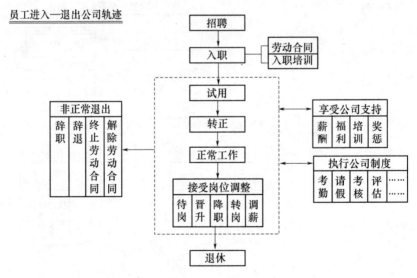

图 7 - 3　员工进入 - 退出公司轨迹

2. 招聘与录用

提供及时和有效的方法,吸引和招聘到合适的、有经验、有技术的员工,以满足组织要求。

人员招聘是指组织及时寻找、吸引并鼓励符合要求的人,到本组织中任职和工作的过程。那为什么企业要进行人员招聘呢？招聘的原因主要是：第一，新设立一个组织；第二，组织扩张；第三，调整不合理的人员结构；第四，员工因故离职而出现的职位空缺等。

人员招聘主要包括招募、筛选（或称选拔、选择、挑选、甄选）、录用三个具体步骤。

招募是指组织确定人力资源需求，吸引候选人来填补岗位空缺的活动。在公司实际招聘过程中，人力资源部一般会考虑采用多种渠道招募公司新员工，如校园招聘会、职业中介机构、现场招聘会、内部推荐、媒体广告、网上招聘（表7-1）等。

表7-1　各种招聘方式优缺点

方法	优点	缺点	适用范围
媒体广告	覆盖面广应聘者多	筛选成本高	广
校园招聘	素质高、潜力大、易培养归属感	经验不足	储备型
直接求职	快、成本低	需要适应	广
内部推荐	快、成本低、适应	小圈子	广
职业中介	初步筛选	费用、离职率高	广
网络	资源丰富	难保真实	广
猎头公司	直接接触、减轻甄选压力	成本高、易再猎走	高级人才

校园招聘上的应聘者普遍是年轻人，学历较高，工作经验少，可塑性强。这类员工进入工作岗位后能较快地熟悉业务、进入状况，所以这个招聘渠道一般适用于招聘专业职位或专项技术岗位人员，如果招聘企业重在员工知识结构的更新和人力资源的长期开发，则校园招聘是首选。如航空公司空乘人员招聘很多采用了校园招聘的方式。

拓展阅读

海南航空2013年外语类空乘人才招聘——海南航空2014校园招聘

海南航空股份有限公司（简称海南航空）于1993年1月成立，起步于中国最大的经济特区海南省，是中国发展最快和最有活力的航空公司之一，致力于为旅客提供全方位无缝隙的航空服务。

一、招聘信息

（一）招聘职位
空中乘务员。

（二）工作地点
北京、西安、大连、广州、太原、乌鲁木齐、深圳、海口。

二、报名条件

（一）学历与专业

本科三年级在校生，应届、往届毕业生，专业不限。

（二）年龄要求

（1）本科：未婚，18~25周岁；

（2）硕士（含）以上：未婚，18~27周岁；

（3）成熟乘务员：27周岁以下，条件优秀者可适当放宽。

（三）身高要求

女：165（含）~175cm（含）；

男：173（含）~185cm（含）。

（四）体重要求（kg）

女：[身高（cm）-110]×90% ~ [身高（cm）-110]×110%；

男：[身高（cm）-105]×90% ~ [身高（cm）-105]×110%。

（五）外语标准（满足以下任意一条）

1. 英语类

（1）通过英语专业四级（含）以上考试；

（2）通过大学英语六级考试；

（3）商务英语中级（含）以上；

（4）托业600分（含）以上；

（5）托福60分（含）以上；

（6）雅思5.5分（含）以上，或听力、口语任一分数达6分（含）以上；

（7）有1年以上海外留学经历（须通过教育部留学服务中心国外学历学位认证中心认证）。

2. 小语种类

（1）通过俄语专业四级（含）；

（2）韩语五级（含）以上；

（3）日语国际能力测试N1级（含）及以上；

（4）其他语种国内最高专业等级。

三、福利待遇

作为国际化职业乘务人才，除享受正式劳动合同工相关待遇之外，还享受如下职业成长绿色通道：

（1）免费提供报到机票；

（2）优先考虑工作属地分配意愿；

（3）同等条件下，优先进入国际航线系列培训、优先执飞国际航班；

（4）根据个人能力和表现优先纳入乘务队后备管理团队，提供"技术＋管理"双通道成长模式；

（5）根据个人能力和表现优先纳入公司国际人才储备库，择优选派赴法国蓝鹰航空、香港航空等航企交流；

（6）择优选入"海南航空品牌形象人才库"，参与各类宣传片拍摄。

四、面试流程

报名外语类空乘人才招募人员一律免参加初试，直接进入全英文面试考核。

全英文面试→心理测评→终审面见。

五、招聘行程

招聘站点	报名时间	面试时间	报名地点	详细地址
哈尔滨站	9月1日 14:00—16:00	校园宣讲/外语专招报名：免初试，直接参加沈阳站全英文面试	黑龙江大学大学生活动中心4楼（B区食堂4楼）多功能招聘大厅2	哈尔滨市学府路74号
	9月13日 14:00—16:00		黑龙江外国语学院3号教学楼328教室	哈尔滨市呼兰区师大南路1号
长春 沈阳	大幕即将开启，敬请期待！			
提示：请仔细阅读招聘简章，确认符合报名条件后携带相关材料参加面试。出发前请再次核对招聘时间				

提示：请仔细阅读招聘简章，确认符合报名条件后携带相关材料参加面试。出发前请再次核对招聘时间。

六、报名方式

（一）网络报名

登录海航集团人才社区，通过"海南航空外语类空乘人才招募"专项入口投递简历报名。

（二）宣讲会报名

院校宣讲会现场报名，招聘现场不接受报名。海航将通过短信通知面试时间及地点。

七、其他事项

（一）面试时需携带材料

（1）身份证原件、复印件；

（2）1寸蓝底彩色照片2张（图像未经技术处理）、黑色签字笔（非圆珠笔）、固体胶；

（3）英语等级证书；

（4）在校生携带学信网"教育部学籍在线验证报告"打印件。毕业生携带学信网"教育部学历证书电子注册备案表"打印件、毕业证复印件、学位证（大专毕业生不需提供）复印件。境外学历须携带毕业证、学位证、教育部留学服务中心国外学历学位认证中心认证的原件、复印件。

（二）面试仪容及着装要求

（1）面试期间不允许着浓妆，不允许配带假睫毛、美瞳、隐形眼镜等装饰品，不允许穿着连裤袜、长筒袜（与要求不符将不能进入考场）；

（2）男生着浅色衬衣、打领带、深色长裤、黑皮鞋，女生着裙装（裙子在膝盖上下3cm），深色皮鞋；

（3）男女生头发应不遮盖耳朵，女生盘头，露出额头；

（三）体检标准

符合中国民用航空局颁布的CCAR67FS体检标准，请应聘人员注意参照体检要求衡量自身标准。

（四）新乘培训

海南航空将对终审合格人员进行为期近3个月的乘务新雇员培训，费用自理。

（五）特别提示

（1）海航只接受应聘者个人报名，不接受任何学校、培训机构或中介机构有组织报名，海航从未委托任何个人、学校或者中介机构以海航名义招聘任何人员。欢迎广大应聘者及家属进行监督。

（2）招聘期间请应聘人员保持手机畅通，具体面试时间与面试地点以及后续考核结果将通过海航专用短信平台发布。

（3）考核采取单项淘汰制，海航对考核结果不予解释。

（4）乘务员招聘相关信息请随时关注海航集团人才社区或"海南航空乘务员招聘"新浪官方微博。

（5）如发现应聘人员在个人信息、学历证书、证明等方面弄虚作假，一经查实，立即取消其应聘或录用资格并在海航人才库中列入不诚信名单，禁止参加任何海航招聘活动，在此过程中发生的一切费用和存在的风险由应聘者本人自行承担。

（资料来源：应届毕业生网）

职业中介机构，扮演着双重角色，既为企业、单位选人，同时也为求职者选工作单位。通过专业机构推荐的人员一般都经过筛选，因此招聘成功率比较高，效果也比较好。一些规范化的交流中心还能提供后续服务，使招聘企业感到放心。针对性强、费用低廉都是该渠道的优点所在。猎头公司渠道是职业中介机构中比较特殊的一种，通过这一渠道招聘的多是公司中高层职位。

现场招聘是公司招聘最常用的一种渠道，在招聘会上，用人企业和应聘者可以直接进行接洽和交流，节省了企业和应聘者的时间，还可以为招聘负责人提供不少有价值的信息。随着人才交流市场的日益完善,洽谈会呈现出向专业方向发展的趋势,比如有中高级人才洽谈会、应届生双向选择会、信息技术人才交流会等。

内部推荐是比较常见、有效的一种渠道,主要表现在新员工进入公司后离职率低,工作满意度较高,工作绩效较好。这类应聘者多数是公司内部员工熟知的亲人或朋友,所以他(她)们对公司内部信息和岗位要求也有比较清楚准确的认识,而在另一方面,公司内部员工对被推荐者较为熟悉,会根据岗位的要求考虑他(她)们是否具备相应的条件;进入公司后也可能更快地融入公司内部关系网络,得到更多的帮助和指导,因而在短时间内工作可能会有较好的表现。但内部推荐也有负面影响:一些公司内部员工纯粹为朋友亲人争取一个职位机会,而没有考虑被推荐人是否合格,更有甚者则是有些员工或中高层领导为了培养个人在公司的势力,在公司重要岗位安排自己的亲信,形成几个小团体,这会影响公司正常的组织架构和运作。

媒体广告是在报纸杂志或电视上刊登、播放招募信息,受众面广,一般会收到较多的应聘资料,同时也可以宣传企业的形象。通过这一渠道应聘的人员分布广泛,但高级人才很少采用这种求职方式,所以招聘公司中基层和技术职位的员工时比较适用。同时该渠道的一个缺点在于对应聘者信息的真实性较难辨别,人力资源部门在这方面需花费大量的人力物力。

网上招聘有两种类型:由人才交流公司或中介机构完成网上招聘,企业直接网上招聘。网上招募渠道表现出三大特点:一是成本较低廉,一次招聘会的费用可以做两个月的网上招聘;二是网络本身是一层屏障,通过网络的应聘者一般在计算机使用、网络,甚至英语上都具备一定的水平;三是网上的招聘广告不受时空限制,受众时效强,招聘信息还可以发布到海外。同时值得一提的是这种渠道对于招聘 IT 行业人才有着很好的效果,这也与 IT 人员经常使用网络的特点密切相关。

3. 薪酬福利与激励

薪酬福利管理提供薪酬和福利框架,以激励更高的工作业绩,确保组织目标的实现和优秀人才的保留。

1)薪酬福利

薪酬的本质:薪酬是企业根据员工劳动合同的规定,对员工为企业所提供的贡献,包括工龄、体力、知识、技能和工作表现等而支付给员工的相应报酬。薪酬实质上是一种交易或交换。

薪酬与福利的作用有两点:一是对员工过去业绩的肯定;二是借助有效的薪资福利体系促进员工不断提高业绩。一个有效的薪资福利体系必须具有公平性,保证外部公平、内部公平和岗位公平。外部公平会使得企业薪酬福利在市场上具有竞争力,内部公平需要体现薪酬的纵向区别,岗位公平则需要体现同岗位员工胜任能力的差距。对过去业绩公平地肯定会让员工获得成就感,对未来薪资福利的承诺会激发员工不断提升业绩的热情。薪酬福利必须做到物质形式与非物质形式有机地结合,这样才能满足员工的不同需求,发挥员工的最大潜能。

2）激励

激励是一种有效的领导方法，它能直接影响员工的价值取向和工作观念，激发员工创造财富和献身事业的热情。激励的作用是巨大的。美国哈佛大学教授詹姆士曾在一篇研究报告中指出：实行计时工资的员工仅发挥其能力的20%～30%，而在受到充分激励时，可发挥至80%～90%。

激励是对员工潜能的开发，它完全不同于自然资源和资本资源的开发，无法用精确的计算来进行预测、计划和控制。激励有以下四个特点：激励的结果不能事先感知，激励是以人的心理作为激励的出发点，激励的过程是人的心理活动的过程，而人的心理活动不可能凭直观感知，只能通过其导致的行为表现来感知；激励产生的动机行为是动态变化的，从认识的角度来看，激励产生的动机行为不是固定不变的，受多种主客观因素的制约，不同的条件下，其表现不同。因此，必须以动态的观点认识这一问题。激励手段是因人而异的，从激励的对象来看，由于激励的对象是有差异的，人的需要也千差万别，从而决定了不同的人对激励的满足程度和心理承受能力也各不相同。要求对不同的人采取不同的激励手段。激励的作用是有限度的，从激励的程度上看，激励不能超过人的生理和能力的限度，应该讲究适度的原则。激励的目的是使人的潜力得到最大限度的发挥。但是，人的潜力不是无限的，受到生理因素和自身条件的限制，所以，不同的人发挥的能力是不同的。

作为企业应该怎样有效激励员工呢？激励的类型主要有以下四种：作风激励、水平激励、情感激励、赏识激励。

（1）作风激励：领导掌握着一定的权力，实施领导的过程，就是运用权力的过程。领导爱岗敬业、公道正派，其身正其令则行，就能有效地督促下属恪尽职守，完成好工作任务。风气建设是最基本的组织建设，而领导的作风在风气建设中起着决定性的作用。

（2）水平激励：领导的知识水平和工作能力是领导水平的重要体现，要求领导者善于捕捉各种信息，扩大知识面，使自己具备一种不断同外界交换信息的、动态的、不断发展的知识结构。当代员工都有日趋增强的成就感，他们都希望以领导为参照系数，发挥、发展自己的知识和才能，更好地实现个人价值的增值。高水平的领导者能产生强大的非权力影响力，来增强组织的凝聚力。

（3）情感激励：情感需要是人的最基本的精神需要，领导需重视人际沟通，建立感情联系，增强员工和领导在感情上的融合度。建立情感联系，领导者必须改变居高临下的工作方式，变单向的工作往来为全方位的立体式往来，在广泛的信息交流中树立新的领导行为模式，如人情往来和娱乐往来等。领导会在这种无拘无束、员工没有心理压力的交往中得到大量有价值的思想信息，增强彼此间的信任感。

（4）赏识激励：员工希望能得到领导的承认和赏识，成为群体中不可缺少的一员。赏识激励能较好地满足这种精神需要。领导要知人善任，对有才干的人，都要为其实现自我价值创造尽可能好的条件，对员工的智力贡献，如提建议、批评等，也要及时地给予肯定的评价。肯定性评价也是一种赏识,同样能满足员工精神需要,强化其团队意识。

激励的手段主要有三种知识激励、精神激励和物质激励。

(1)知识激励是指以及时提供必要的知识和信息作为激励手段。在实际生活中,我们经常可以看到这样一种人才现象,就是有些被使用对象,因为知识老化、信息闭塞而陷入极度苦闷之中,逐渐失去了继续开拓前进的勇气和信心。比如很多公司会送员工去参加培训、进修、深造、考察、专家讲座等,都是属于知识激励。从激励效果看,知识激励属于短期激励,一旦员工掌握了所需知识,激励就失去固有效果。

拓展案例

IBM 的知识激励

IBM 公司有专门的员工培训部门,也有专门为员工进行培训的场所"e - Learning Center"。IBM 的员工培训有相当多的分类,如对新员工进行培训的 Entry Level Training(入门级培训),也有对公司管理层的 Management Development(老板培训),这种划分显然是根据员工在公司的不同级别进行的。还有针对不同部门的职业培训,比如针对销售人员、市场人员和人力资源部门的员工培训等。此外,员工还可以根据自己的工作、职业取向和爱好进行课程的选择。在 IBM 的内部网上键入"w3.ibm.com"即可登录到 IBM 的内部网站,新员工到公司的初期,一般都会在内部网上进行学习,查看公司组织结构和相关产品等。当新员工遇到问题时,还可以在网上与公司的老员工和培训部的人员进行交流,从而对公司的情况有一个初步的了解。

IBM 公司建议所有的员工每年选修至少一门 e - learning 课程。需要说明的是,IBM 课程的内容的提供者不仅来自 IBM 公司内部,也有由其他公司提供的。值得一提的是,IBM 的课程培训包罗万象,既有行业知识的培训,例如金融和保险行业(IBM 非常重视员工行业知识的掌握);也有个人技能和技巧的培训,比如销售技能、计算机知识、与人沟通的技能,甚至包括如何处理同事之间矛盾的技能等。而且每种相关技能又有多门(通常是几十门)可供选择。看来,在这样的企业中工作的确是员工的幸运,而对于企业来说,能够为员工提供这样的培训和工作环境,在提高员工素质之外,也增强了企业的吸引力。以 e - learning 为例,据《美国商业周刊》报道,IBM 在 2000 年由于 36% 的员工内部培训工作搬到了网上,共节省了 3.5 亿美元的培训费用。

(资料来源:杨剑,白云,等.人力资源的量化管理.北京:中国纺织出版社,2002;

陈杰.商场关键词·管理是什么.北京:人民日报出版社,2004)

(2)精神激励即内在激励,是指精神方面的无形激励,包括向员工授权、对他们的工作绩效的认可,公平、公开的晋升制度,提供学习和发展,进一步提升自己的机会,实行灵活多样的弹性工作时间制度以及制定适合每个人特点的职业生涯发展道路等。比如情感激励、领导行为激励、榜样典型激励和奖励惩罚激励都是典型的精神激励的方法。

美国惠普公司的精神激励

美国惠普公司不但以卓越的业绩跨入全球百家大公司行列,更以其对人的尊重与信任的企业精神而闻名于世。

在惠普,存放电气和机械零件的实验室备品库是全面开放的,允许甚至鼓励工程师在企业或家中任意使用。惠普的观点是:不管他们拿这些零件做什么,反正只要他们摆弄这些零件就总能学到东西。公司没有作息表,也不进行考勤,每个员工可以按照个人的习惯和情况灵活安排。惠普在员工培训上一向不惜血本,即便人员流失也在所不惜。惠普的创始人比尔·休利特说:"惠普的成功主要得益于'重视人'的宗旨,就是从内心深处相信每个员工都想有所创造。我始终认为,只要给员工提供适当的环境,他们就一定能做得更好。"基于这样的理念,惠普特别关心和重视每个人,承认他们的成就、尊严和价值。

(资料来源:http://edu.21cn.com/qy/Learn/1884.htm)

(3)物质激励是指运用物质的手段使受激励者得到物质上的满足,从而进一步调动其积极性、主动性和创造性。物质激励有资金、奖品等,通过满足要求,激发其努力生产、工作的动力。它的出发点是关心群众的切身利益,不断满足人们日益增长的物质文化生活的需要。

在激励员工时要注意,物质激励与精神激励的关系:第一,精神激励与物质激励相对应,是按照激励的内容划分的两种激励形式,是分别采用物质鼓励和精神鼓励调动人们积极性的两种方法。物质方面和精神方面的需求,是人们产生某种动机,导致某种行为的主要源泉。第二,精神激励和物质激励紧密联系,互为补充,相辅相成。精神激励需要借助一定的物质载体。而物质激励则必须包含一定的思想内容。而且,只有精神激励手段和物质激励的手段相结合,才能收到事半功倍之效。

企业应该如何做好物质激励与精神激励呢?首先应该给予非物质激励以高度的关注,在企业内部构建系统的多元化回报与激励体系;其次,在对员工的内在需求现状调查研究的基础上,设计与实施有针对性的非物质激励措施;再次,通过企业文化和组织氛围建设,在企业内部构建长效的激励动力源泉。

中国企业激励的现实来看,最有效的非物质激励方法应该重点关注:加大人力资源开发的物质投入,通过系统的培训教育,提高员工的职业化能力,提升员工对企业的组织承诺度;通过文化和氛围建设,增强员工凝聚力;通过机制优化和变革,提升员工对企业的认同感。

想一想:列举在现实生活中常见的激励方法,每种至少列出三种。

知识激励＿＿＿＿＿＿＿＿＿＿＿＿＿＿＿＿＿＿＿＿＿＿＿＿＿＿＿＿＿＿＿＿

精神激励_____

_____

物质激励_____

_____

拓展案例

"一分钟"管理法则

西方许多企业纷纷采用"一分钟"管理法则,并取得了显著的成效。具体内容为一分钟目标、一分钟赞美及一分钟惩罚。

所谓一分钟目标,就是企业中的每个人都将自己的主要目标和职责明确地记在一张纸上。每一个目标及其检验标准,应该在250个字内表达清楚,一个人在一分钟内能读完。这样,便于每个人明确认识自己为何而干,如何去干,并且据此定期检查自己的工作。

一分钟赞美,就是人力资源激励。具体做法是企业的经理经常花费不长的时间,在职员所做的事情中,挑出正确的部分加以赞美。这样可以促使每位职员明确自己所做的事情,更加努力地工作,使自己的行为不断向完美的方向发展。

一分钟惩罚,是指某件事应该做好,但却没有做好,对有关的人员首先进行及时批评,指出其错误,然后提醒他,你是如何器重他,不满的是他此时此地的工作。这样,可使做错事的人乐于接受批评,感到愧疚,并注意避免同样错误的发生。

"一分钟"管理法则大大缩短了管理过程,有立竿见影的效果。一分钟目标,便于每个员工明确自己的工作职责,努力实现自己的工作目标;一分钟赞美可使每个职员更加努力地工作,使自己的行为趋向完善;一分钟惩罚可使做错事的人乐意接受批评,促使他今后工作更加认真。

4. 员工发展与培训

员工培训是指一定组织为开展业务及培育人才的需要,采用各种方式对员工进行有目的、有计划的培养和训练的管理活动,其目标是使员工不断地更新知识,开拓技能,改进员工的动机、态度和行为,使企业适应新的要求,更好地胜任现职工作或担负更高级别的职务,从而促进组织效率的提高和组织目标的实现。

企业对新进人员培训的内容主要有:

(1) 介绍企业的经营历史、宗旨、规模和发展前景,激励员工积极工作,为企业的繁荣作贡献;介绍公司的规章制度和岗位职责,使员工们在工作中自觉地遵守公司的规章,一切工作按公司制定出来的规则、标准、程序、制度办理。包括:工资、奖金、津贴、保险、休假、医疗、晋升与调动、交通、事故、申诉等人事规定;福利方案、工作描述、职务说明、劳动条件、作业规范、绩效标准、工作考评机制、劳动秩序等工作要求。

（2）介绍企业内部的组织结构、权力系统，各部门之间的服务协调网络及流程，有关部门的处理反馈机制。使新员工明确在企业中进行信息沟通、提交建议的渠道，使新员工们了解和熟悉各个部门的职能，以便在今后工作中能准确地与各个有关部门进行联系，并随时能够就工作中的问题提出建议或申诉。

（3）业务培训，使新员工熟悉并掌握完成各自本职工作所需的主要技能和相关信息，从而迅速胜任工作。

（4）介绍企业的安全措施，让员工了解安全工作包括哪些内容，如何做好安全工作，如何发现和处理安全工作中发生的一般问题，提高他们的安全意识。

（5）企业的文化、价值观和目标的传达。让新员工知道企业反对什么，鼓励什么，追求什么。

拓展案例

海航文化

海航通过持之以恒的努力，致力于塑造新的商业文明，创立了独特的经营和管控机制，把社会、他人、自身利益融为一体，创造了以中华传统优秀文化为底蕴的崭新商业文明，使中国特色的社会主义价值观和世界级企业的管理制度融为一体，确立了中西合璧的普适性企业文化。

海航人的文化理念有"四个共同"：共同的理想，"为了人类的幸福和世界的和平"；共同的信仰，"天佑善人，天自我立，自我主宰"；共同的追求，"大众认同，大众参与，大众成就，大众分享"；共同的理念，"诚信、业绩、创新"。

海航在企业文化建设中，通过不断实践，将企业员工行为的两个内涵"做人与做事"具体标准化为十个训条，在国学大师南怀瑾先生主持下议定出"海航同仁共勉十条"，以此作为指导员工行为的基本准则。

根据不同培训需求，建立健全员工培训和人才成长体系；开展心灵工程，落实员工关爱；维护员工合法权益，提高员工福利；实现员工社会价值，由谋生向人生、由人生向众生转变。

（资料来源：www.hnagroup.com）

（6）介绍企业员工行为和举止的规范。如关于职业道德、环境秩序、作息制度、开支规定、接洽和服务用语、仪表仪容、精神面貌、谈吐、着装等的要求。

新员工培训，一方面可以缓解新员工对新环境的陌生感和由此产生的心理压力，另一方面可以降低新员工对企业不切合实际的想法，正确看待企业的工作标准、工作要求和待遇，顺利通过磨合期，在企业长期工作下去。新员工培训是新员工职业生涯的新起点，适应新组织的行为目标和工作方式。

拓展案例

人品远比业绩重要

有一个服装厂,经过家族成员和外来员工的共同努力,已经形成一个有知名品牌的服装企业。这家公司之所以发展如此迅速,是因为公司注重员工人品远比业绩重要。

不管是从事生产的员工,还是从使营销的业务人员,该公司认为,首要人品,业务次之。人品提升是业务提升的最佳保障;人品低下的人做的业务在日后也会因为各种问题而漏洞百出。一个良好的职业操守胜过一切,这也是该公司为什么将企业培训摆在了企业发展战略的第一位。

身为公司 80 后的赵先生就是一个很典型的例子。赵先生是 2008 年应届毕业生,加入该公司才有三个月。但是短短一个星期的企业内部培训之后,赵先生的思想来了一个 180 度大转弯。"我现在才明白为什么员工之间的差别这么大。企业内部培训举办得真是太及时、也太重要了。如果没有内训的正确引导,我相信我很快就会跳槽的。在公司,企业内训讲得最多的是我们要有良好的职业操守,做事要凭良心,不能两只眼睛只看钱。这一点对我有很大的启示,让我明白了保持一个良好的人品是做好一切事情的前提和基础,公司如果没有举办培训的话,理解这个最浅显的道理必定要耗费我们人生巨大的精力!"

（资料来源:http://www.sino-manager.com/2013311-46991-P1.html)

5. 员工遣任与退任

员工遣任与退任是根据员工特点为员工安排合适的岗位,确保员工特长能够充分发挥,确保员工迁移与中止有效管理和成本合理,及充分解决对个体员工的冲击。

6. 信息管理

信息管理,包括人力资源管理制度、作业流程,如员工管理办法、绩效考核制度、薪资制度、职位说明书、人事信息等。确保人力资源信息的产生和流程运行高效、精确,并保持与其他业务系统和流程的整合。人力资源管理信息系统在信息管理中占据重要作用,是指一个由具有内部联系的各模块组成的,能够用来搜集、处理、储存和发布人力资源管理信息的系统,该系统能够为一个组织的人力资源管理活动的开展提供决策、协调、控制、分析以及可视化等方面的支持。如福利管理、培训管理和招聘、人员基本信息、时间管理、岗位管理、能力评估和一些常规的报表。时间管理,根据本国或当地的日历,灵活安排企业的运作时间以及劳动力的作息时间表;对员工加班、作业轮班、员工假期以及员工作业顶替等做出一套周密的安排;与员工薪资、奖金有关的时间数据会在薪资系统和成本核算中作进一步处理。

第三节　其他资源管理

一、设备资源

设备资源(Equipment Resources)指人机系统中的飞机与机载设备,也可称为硬件资源。当代飞机设计与飞行管理中,使用高新技术、采用自动化系统,使得飞机制造商们得以改善飞行员工作环境,驾驶舱发生了很大的变化,舱内大量的自动化装置改变了机组成员在飞行过程中的行为。设备资源是对人力资源的扩充,自动驾驶仪、自动着陆系统,使飞行更安全、更高效。设备资源包括许多精密的机载设备,如通信设备、状态显示器、趋势预测指示器和劳动保护装置。

拓展案例

737-600 机型系统

正驾驶面前的两块显示屏分别是 PFD(主飞行显示屏;左侧)和 ND(导航显示屏;右侧)。正驾驶和副驾驶面前各有一组,在两人中间(上下呈钝角排列)有一对共用的 DU(显示设备)。每个可以都独立显示一些信息。

发动机:737-600 驾驶舱配有玻璃显示器和数字化的航空电子设备。配备两台具有反推能力的 CFM56-7 涡轮风扇发动机。两台发动机由 APU(辅助动力装置)点火——APU 本身就是一台小型喷气发动机,可以用来发动机翼下两个大家伙,(APU是靠电瓶启动的)。两台发动机的燃油供给由电子设备控制。

燃油系统:波音 737 有三个油箱,两侧机翼中各一个主油箱,另一个中央油箱位于机身内。电动燃油泵负责将油料输送至发动机。每个油箱配有两台冗余燃油泵,总计六台。中央油箱先供油,两个主油箱随后。通常,中央左燃油泵向左发动机供油,另一侧也是同理。

液压系统:两台发动机为三套冗余液压系统(系统 A 和 B,以及一套备用系统)提供动力。液压系统负责驱动飞行控制装置(升降舵、方向舵、副翼)。这些装置用于在飞行中操控飞机。液压系统同样用于驱动起落架、襟翼、活动辅助翼、反推装置以及其他一些相对次要的设备。系统 A 和系统 B 分别负责驱动前述设备中的一部分,备用系统在 A 或 B 系统失灵时提供应急液压力。

电气系统:每台发动机(包括 APU)都驱动各自的发电机,为飞机的电子设备供电(照明器材、航电设备、机上的厨房、机载娱乐系统等。)在发动机关闭时,机载电瓶会为各系统提供电能。在主电瓶电量耗尽时,一个备用电瓶可以继续发挥作用。飞机同样可以使用移动发电机提供地面外部电能。每种电源(电瓶、发电机、地面外部电能)都可以和两个转换汇流条中的一个连接。转换汇流条负责将电传送至各个系统。通常来说,飞行时每台发动机的发电机各和一个转换汇流条连接。当两个转换汇流条必须由同一个电源(APU,电瓶)供电时,汇流条连接系统会将两者连通。

引气系统:引气(通过发动机吸入空气)系统驱动机上的空调组件和防冰系统,并为液压系统和燃油泵提供压力。飞机被划分为两个独立的"区域",各区域可有独立的温度设定。飞机同样可以使用由移动气源车提供的气源。

氧气系统:波音737有两套独立的氧气系统——一套供机组人员使用,一套供乘客使用。当发生机舱失压时,氧气面罩会脱落,氧气瓶将为机组人员和乘客提供加压氧气。

导航系统:波音737配备两只独立的GPS天线和三台IRU(惯性基准组件)。IRU是一个可以记录加速度变化的陀螺仪。通过综合分析一段时间内加速度的变化,系统就可以追踪飞机位置的变化,但是随着时间的推移所得结果的准确度会降低。

无线电系统:波音737具有三套通信(COMM)无线电系统和三套导航(NAV)无线电系统。飞行员使用通信无线电系统和空管联络,使用导航无线电系统,根据无线电导航站的电波进行导航。飞机还配备一台机载气象雷达,通过其向前方发射无线电波,侦测雷雨云。

(资料来源:"What do all the controls in an airplane lockpit do?"译者Wayne. Huang,原作者Tim Morgan等)

除了驾驶舱设备以外,在客舱内还有很多客舱设备,空中乘务人员需要熟练应用这些设备,如舱门,紧急出口,广播内话系统,乘务员控制面板,厨房设备(烧水杯、热水器、餐车位、杂物储存柜、电源控制板、工作灯、烤箱等),厕所设备(马桶、设备放置架、热水器、自动灭火装置等),客舱服务设备(行李架、旅客服务组件、遮光板、呼唤铃、阅读灯等),氧气面罩,救生衣等。

二、信息资源(Information Resources)

现代人机系统中,操作者的体力负荷越来越少,而信息加工的要求和心理负荷越来越大。1973年,D. Kahneman开始了对人的注意资源或容量概念的研究,认为作为信息加工主体的人类,存在着一组无差别的心理资源。

驾驶舱中机组获得信息以建立情境意识,营运信息是飞行员有效进行计划和做出决策所需的信息来源,包括飞行手册、检查单、飞机手册、性能手册、飞行员操作手册、民用航空条例、航图、机场细则以及公司营运手册等。所有这些资料都应该随机携带以便于机组在必要时查找。营运信息也是航行准备不可缺少的必要组成部分,包括气象简述、飞行计划、NOTAMS、载运单以及重量和平衡计算数据等。上述这些都可以称为软件资源。值得注意的是间断的气象预报、陈旧的航图、过时的进近航图讲话尺、陈旧的手册以及非权威性的出版物都是一些不可靠的资源。这些不完善的或者说无效的营运信息实际上会增加飞行机组的工作负荷,导致不良的计划和决策。所以要求所有营运信息必须具有代表性,便于使用,具有实用价值。

拓展案例

飞行员和乘务员应携带的用具

民航飞行员分为机长和副驾两等级,副驾驶一般又分为第一阶段副驾驶(F1)、第二阶段副驾驶(F2)、第三阶段副驾驶(F3)、第四阶段副驾驶(F4)和左座副驾驶(FL),机长又分为机长、教员、模拟机教员等。其中教员负责对飞行学员的技术培训。民航飞行员应对飞行有较强的兴趣和愿望;心胸宽广,性格开朗;大胆果断,意志坚强;情绪稳定,控制力强;理解、记忆等智力水平较高;思维敏捷,反应灵活,四肢协调,方位判断准,模仿能力强。飞行员在执行任务前应取得以下执照(飞行时必须携带):

(1)中国民航空勤登机证;

(2)民用航空器商用驾驶员执照;

(3)应急训练合格证;

(4)英语双证;

(5)空勤人员体格检查合格证;

(6)危险品运输培训合格证;

(7)国际免疫接种证书(飞国际、地区航班必须携带);

(8)教员执照(飞行教员须携带);

(9)飞行经历本。

空乘人员飞行所需携带的证件:

(1)中国民用航空空勤登记证;

(2)中国民用航空客舱乘务员培训合格证;

(3)航空人员体检合格证;

(4)中华人民共和国因公护照(国际航线)和港澳通行证(地区航线);

(5)国际预防接种证书(国际、地区航线,必要时携带);

(6)国际旅行健康证明书(国际、地区航线,必要时携带)。

(资料来源:民航资源网)

情景意识是指一个人在信息处理过程中,通过理解和判断,精确地感知环境变化和对未来发展的预知能力。安全是民航永远的话题,提高飞行员、乘务员的情境意识,就能避免不安全状态的发生,确保飞行安全。

情景意识被划分为三个阶段:感知、理解和预测。

感知,也称知觉,即能察觉到身处环境内的有效信息。这其中包括对环境保持一定的警惕性,以及对信息的合理挑选。

拓展案例

大韩航空空难——情景意识感知的丧失

1997 年 8 月 5 日,大韩航空 801 号航班,一架 B747 在 20 点 53 分由汉城金浦国际机场飞往美国关岛安东尼奥·汪帕特国际机场,在雨中降落过程时误判了机场跑道位置,导致其撞在了尼米兹山的半山腰上,造成 288 人死亡。根据事故调查报告,大部分机场的 DME 是设在跑道末端的,但关岛机场 6L 跑道的 DME 却是设在跑道头的前端 5 千米外的山上。由于当日天气状况不良,机场 ILS 因故障关闭,机组只能依靠 DME 认定跑道的位置。然而,多次往返此航线的机长忽略了真正跑道端在 DME 认定的跑道位置的 5 千米外,于是他们过早下降飞行高度,最终导致撞山。

机长飞过这条航线不止一次,对于机场跑道 DME 的位置有特殊性这件事本应十分清楚。但当天,机长属于疲劳驾驶,身体条件不佳,这使他对所处的周围环境的感知、理解和预测能力减弱。再加当时上天气条件差,能见度极低,下滑道 GS 的干扰等客观因素,过多的信息严重影响了机长对于注意的分配,使他暂时忽略了机场跑道 DME 位置特殊性,失去了对飞机实际所处位置和机场位置的感知,从而导致了错误判断跑道位置。等机长感知到错误进场后,为时已晚。

理解,也就是对获取到的有效信息的在大脑中的分析处理。在知觉过程中,人脑将直接作用于感觉器官的刺激化为整体经验,知觉是个体对客观事物和身体状态整体的反映。它很大程度上依赖于人的主观态度和过去的知识经验。

拓展案例

伯根航空空难——理解的偏差

1996 年 2 月 6 日,伯根航空 301 号航班,一架波音 757－225 在起飞 5 分钟后,便失速坠毁于加勒比海中,机上 189 人全数罹难。飞机在刚刚起飞时,资历丰富的机长发现其空速表出现故障,而驾驶 B757 不足 75 小时的副驾驶的空速表数据正常。机长依靠副驾驶的空速表读数继续起飞爬升。然而,当机长将飞机转为自动驾驶后,飞机出现了方向舵速率和马赫数空速调整两种空速过快警告。正在检查之时,机长的空速表显示飞行速度达到 325 节,即将达到最高空速 350 节,而副驾驶的空速表则显示空速过慢。

机长在此时便做出了一个愚笨的理解:根据黑匣子记录,机长说了一句两个空速表都错了。而实际上,副驾驶的空速表是正常的。这一点,从副驾驶的空速表一直表现正常就应该看出。机长本来有五个不同的空速资料来源,但当时驾驶飞机的是自动驾驶仪,它只能根据机器错误的信息作反应。作为 B757 驾驶经验丰富的飞行员,机长却直接就将机器的反应作为了最后的理解。

正是这一错误理解，使得机长为了满足飞机仪器的需求而降低了速度。接下来，操作杆震荡器发出即将失速的警报，ADI（姿态偏差指示器）显示飞机偏离常态。可惜的是，在超速警报和失速警报两重矛盾的信息之下，机长对当下情境的理解开始混乱，不知如何是好，没能及时推起节流阀，最后致使飞机失速，坠入海中，无人生还。

预测，有了对环境正确的感知和理解之后，就需要对周围环境将来的发展趋势做出正确的预测。

美国航空空难——预测的错误

1999 年 6 月 1 日，一架 MD－82，美国航空 1420 号航班试图在风暴中降落在小岩城国家机场时，以超过 100 英里（1 英里≈161 千米）的时速冲出跑道，撞上护堤，随后又撞上一架钢制天桥。NTSB 的调查报告显示，起飞前 1420 航班机组人员收到了雷暴警告，但机组认为他们能赶在雷暴之前降落。在降落前，由于风向改变，机组也改变了航向，从 22L 跑道转到 4R 跑道着陆。就在这段时间中，一场雷暴已在机场上空形成。

低云、雨、闪电、雷暴、狂风等因素使得驾驶员忙得不可开交。飞行员不但从机上雷达发觉天气很恶劣，也能看到窗外的闪电。根据黑匣子记录显示，机长说了一句重要的话："真痛恨在坏天气的夜晚目视飞行，我根本不知道我们在哪"。这句话说明飞行员对目前的恶劣的飞行环境理解得非常清楚。

调查人员认为，在当时这种情况下，这位飞行时数高达 10000 小时的机长应该放弃进入小岩城机场，飞往其他机场或者返回。但他仍执意进场，而当时机场的雷暴愈来愈强烈。在降落时，飞行员得到管制员的信息：侧风高于 10 节，超出了美国航空公司允许的降落条件。然而，机场就在前方，为了完成航空公司务必到站任务的飞行员认为自己可以放手一搏，应该可以完成任务。

这种飘飘然的预测让飞行员开始在雷暴中降落，接着手忙脚乱，忘记启动扰流板，导致飞机不能及时刹车，因此冲出了跑道，酿成了悲剧。

良好的情景意识并非一时养成的，即使在良好的目视飞行规则条件下飞行，驾驶员也要成为一台接受大量传输进来的信息数据接收器和处理器，因此飞行员需要长时间的训练来获得良好的情境意识。高水平情景意识的飞行员应做到以下两点：情境意识的保持、注意力管理。

保持情境意识应经常问自己，我现在在哪里？我在干什么？我应该干什么？我不能干什么？现在状态正常吗？参数符合标准吗？有哪些偏差？有哪些后果？应该怎样纠正？有哪些资源可以用？飞机正常吗？天气正常吗？其他人员正常吗？现在安全吗？过去怎样的？怎么会发展成现在这样的？将来会怎么样？

注意力管理是基于信息过剩、注意力资源短缺的智力资源管理活动,即运用对方稀有的事情,选择产生的时间占有率产生更高的组织智力资源管理效能。注意力是对于某条特定信息的精神集中。当各种信息进入人们的意识范围,人们关注其中特定的一条,然后再决定是否采取行动。注意力资源是稀缺的,因而也是昂贵的。企业为购买消费者的注意力要投入巨资。美国各行业的广告费用约占其销售额的2.5%,其中,85%是支付给媒介用来购买注意力资源的。一些大众消费品企业的广告费用更是惊人,20世纪90年代初期,宝洁公司把销售收入的11.8%投在广告上,高露洁公司投入了13.5%。1886年可口可乐诞生,当年其销售额为50美元,而广告费就花去了46美元,80年代可口可乐的广告费用约为1.6亿美元,而短短的十多年,便增加到现在的6亿美元。企业在注意力资源上的花费已经成为经营成本的重要组成部分。因而如何提高注意力资源的使用效率成为企业必须高度重视的经营目标。注意力分散是人本身的特性,在管理注意力时应注意:对问题本质的识别,善于在复杂现象中找到问题的关健;及早排除现有的固执;对不确定任务进行预期;精密计划、谨慎管理。

三、易耗资源

　　易耗资源是指在飞行过程中的消耗品。由于这些资源非常昂贵,在每一次的飞行中所配给的数量是相当有限的。重要的易耗资源是燃油、航空食品、个人精力以及时间。每架飞机的耗油量是不一样的,会根据座位数不一样而有所不同,如550个座位的空中客车客机A380,平均每个座位每百公里耗油2.9升。由于飞机烧的是航空柴油,比重是0.8,那么2.9升就是2.32千克。据此可知,A380每个座位每百公里耗油2.3千克,550个座位每百公里耗油1595千克。416个座位的波音747,平均每个座位每百公里耗油3.1升,每人每百公里2.5千克,416个座位每百公里耗油1040千克。航空油料是给飞行活动带来动力的易消耗品,是有形的资源。

　　人的精力和时间是一种无形的资源。如同飞机需要燃料一样,人体也需要能量来运转。足够的能量水平使人能够保持觉醒水平并在生理上能够履行他们的职责。当能量水平耗竭时,就会感到疲劳,处境意识也就会受到破坏。个体的能量可通过获得足够的休息、适宜的营养、饮用适当的饮料、使用恰当的放松技术以及保持良好的身体状况来进行储备。如飞行员飞行时间规定年飞行小时不能超过1000小时,每个日历月不能超过100小时,任何三个连续的日历月不能超过270小时,任何连续7天的飞行小时不能超过40小时,在任何的连续7天中必须有连续的2天休息。双人制机组每天飞行小时为8小时,三人制机组为10小时。

　　时间也是一种资源,常见于离场、进近时间、等待、机场开放时间,以及其他一些时间限制因素。离场延误、等待以及改飞备降机场不仅涉及到燃油问题,同时也增加了机组的飞行时间,在这种情况下就会引起飞行机组的疲劳。如海航空中乘务人员一般需要在起飞前110分钟签到。对整个飞行建立现实的目标和时间管理将会帮助飞行员们避免时间的浪费,并能够允许他们对其他易耗资源进行更为有效的管理。对飞行资源进行恰当的管理和整合是每一个飞行员应该形成和不断加以磨炼的技能。飞行员可用的飞行资源是非常丰富的。一个成功的资源管理者应该知道:需要多少这类资源?有多少是可以利用的?怎样有效地使用这些资源?怎样确保这些资源够用?对于时间的良好控制可以更好地协同机组,促进机组的有效合作。

拓展案例

深航航班因飞行员休息不足延迟 2.5 小时起飞

4 月 25 日一大早,乘坐深圳航空公司 ZH9924 航班的旅客张女士赶到双流机场,顺利换取了登机牌,然后过安检,到达登机口。但是,直到起飞前十分钟,张女士和机上的近 80 名乘客突然得知,飞机将推迟两个半小时起飞。对此,航空公司给出的解释竟然是:飞行员休息时间不足,不能疲劳驾驶。这样的理由让飞机上的乘客们难以理解。

对于航空公司给出的航班推迟原因,乘客们感到很不满。于是,60 多名乘客联名起草了一份申明,要求深航相关负责人出面道歉,同时补偿每位旅客免费乘坐深航航班一次和现金 600 元。但由于和深航工作人员没有谈妥,定于 10:50 出发的航班再次推迟。

一直僵持到 12:00 左右,部分旅客登机走了。剩下近 30 名旅客继续与航空公司谈判。下午 2:00 左右,深航相关负责人赶到现场,与旅客达成协议:为他们改签成下午 5:00 左右的川航班机,赔偿机票票面价值 100% 的金额,并为旅客们解决吃饭和休息问题。

(资料来源:2008 - 04 - 26,四川在线(成都))

拓展案例

美国新飞行员休息管理规定将致 26700 人失业

美国航空运输协会(ATA)表示,据咨询机构奥纬咨询(Oliver Wyman)的分析结果显示,美国联邦航空管理局(Federal Aviation Administration,FAA)提议实施的飞行员疲劳管理规定和当值时间规定"不但会对美国航空人员的就业造成严重的负面影响……还会减少航班服务,特别是小型社区的航班服务。"

美国行政管理和预算局(OMB)正在对联邦航空局去年提出的飞行员疲劳管理规定做最后的审查工作。上周,ATA 副总裁兼总法律顾问 David Berg 致函 OMB,警告称"提议的管理规定将直接导致……航空公司和航空货运公司裁员约 26700 人。"

联邦航空局的局长 Randy Babbitt 表示,按照提议的管理规定,在飞行员报到进行飞行任务之前,需要"有 9 个小时的休息时间",在其入住酒店或其他指定休息场所

"关上门之后"，才开始计时。而目前的规定则要求航班机组人员在两次飞行任务期间至少休息 8 小时。但是，该规定并没有明确休息时间，这就意味着从机场到酒店所用的时间也会计为休息时间。

在联邦航空局去年发布有关飞行员疲劳管理和当值时间的"规章制定建议通知"后，Randy Babbitt 在一次新闻发布会上强调说，"如果到达酒店需要 2 个小时，仍有 9 小时的休息时间。"

这一规定以及其他规定"将促使航空公司裁员，因为消费者对价格的敏感度使得航空公司无法通过提高价格来弥补这笔由法规强加的新费用"。Berg 在信中对 OMB 写道，"这一状况将迫使航空公司削减运力，特别是那些利润微薄和无利可图的航线——有很多小型或者乡村社区都是通过这样的航空运输服务与美国其他地区以及全世界保持联系的。削减运力和航班服务也就意味着裁员。"

四、其他资源

其他资源是指会影响到机组的其他资源，如行李重量、行李种类、旅客、飞机上装载的货物等。

第四节　有效沟通

一、沟通概述

沟通是做人做事的基本功。沟通能力是现代职业人士成功的必要条件。一个职业人士成功的因素 75% 靠沟通，25% 靠天才和能力。学习沟通技巧，可以使自己在以后的工作、管理中游刃有余。

拓展案例

三个金人

曾经有个小国到中国来，进贡了三个一模一样的金人，金碧辉煌，把皇帝高兴坏了。可是这小国同时出了一道题目：这三个金人哪个最有价值？

皇帝想了许多的办法，请来珠宝匠检查，称重量，看做工，都是一模一样的。怎么办？使者还等着回去汇报。泱泱大国，不会连这个小事都不懂吧？

最后，有一位退位的老大臣说他有办法。

皇帝将使者请到大殿，老臣胸有成足地拿着三根稻草，插入第一个金人的耳朵里，这稻草从另一边耳朵出来了。第二个金人的稻草从嘴巴里直接掉出来，而第三个金人，稻草进去后掉进了肚子，什么响动也没有。老臣说："第三个金人最有价值！"使者默默无语，答案正确。

最有价值的人,不一定是最能说的人。老天给我们两只耳朵一个嘴巴,本来就是让我们多听少说的。善于倾听,才是成熟的人最基本的素质。

1. 沟通概念

沟通是人类社会交往的基本行为过程,人们具体沟通的方式、形式也多种多样。沟通是人们分享信息、思想和情感的任何过程。这种过程不仅包含口头语言和书面语言,也包含形体语言、个人的习气和方式、物质环境——即赋予信息含义的任何东西。

2. 沟通过程

沟通过程是指沟通主体对沟通客体进行有目的、有计划、有组织的思想、观念、信息交流,使沟通成为双向互动的过程。沟通过程应包括五个要素,即沟通主体、沟通客体、沟通介体、沟通环境、沟通渠道。

(1)沟通主体是指有目的地对沟通客体施加影响的个人和团体,诸如党、团、行政组织、家庭、社会文化团体及社会成员等。沟通主体可以选择和决定沟通客体、沟通介体、沟通环境和沟通渠道,在沟通过程中处于主导地位。

(2)沟通客体即沟通对象,包括个体沟通对象和团体沟通对象;团体的沟通对象还有正式群体和非正式群体的区分。沟通对象是沟通过程的出发点和落脚点,因而在沟通过程中具有积极的能动作用。

(3)沟通介体即沟通主体用以影响、作用于沟通客体的中介,包括沟通内容和沟通方法。沟通主体与客体间的联系,保证沟通过程的正常开展。

(4)沟通环境既包括与个体间接联系的社会整体环境(政治制度、经济制度、政治观点、道德风尚、群体结构),又包括与个体直接联系的区域环境(学习、工作、单位或家庭等)、对个体直接施加影响的社会情境及小型的人际群落。

(5)沟通渠道即沟通介体从沟通主体传达给沟通客体的途径。沟通渠道不仅能使正确的思想观念尽可能全、准、快地传达给沟通客体,而且还能广泛、及时、准确地收集客体的思想动态和反馈的信息,因而沟通渠道是实施沟通过程、提高沟通功效的重要一环。沟通渠道很多,诸如谈心、座谈、头脑风暴等。

3. 沟通种类

在我们的工作和生活中,会采用不同的沟通方式,可能我们用得最多的是语言。这是人类特有的一个非常好的沟通方式。实际上在工作和生活中,除了用语言沟通,有时还会用书面语言和肢体语言去沟通,如眼神、面部表情和手势。归纳起来,沟通主要有两种,即语言的沟通和肢体语言的沟通。通过这两种不同方式的沟通,可以把沟通的三个内容即信息、思想和情感传递给对方,并达成协议。

二、有效沟通

1. 有效沟通及其特征

有效的沟通,是通过听、说、读、写等载体,通过演讲、会见、对话、讨论、信件等方式将思维准确、恰当地表达出来,以促使对方接受。

达成有效沟通须具备两个必要条件:首先,说什么? 信息发送者清晰地表达信息的内涵,以便信息接收者能确切理解;其次,怎么说? 信息发送者重视信息接收者的反应并根据其反应及时修正信息的传递,免除不必要的误解。两者缺一不可。有效沟通主要指组织内人员的沟通,尤其是管理者与被管理者之间的沟通。

2. 机组沟通的障碍

机组之间的沟通障碍主要来源于以下几个原因:

(1) 不同的部门。驾驶舱机组和客舱机组分别归属不同的部门,各部门有着不同的规章制度与管理模式、独立的排班系统,具有不同的行政管理部门,人为地增加了机组之间交流、沟通的距离。不同的排班系统有时造成一个客舱乘务组一天换几套驾驶舱机组。

(2) 不同的职责规章制度。驾驶舱机组的职责主要是保证飞行安全,而对于旅客交流方面并没有过多地强调过,而做好服务工作理所当然地只是客舱机组的职责。

(3) 机组人员之间的不同特点。驾驶舱机组中几乎全部为男性,客舱机组中女性占大多数。性别差异有时产生不愿意与之沟通的情绪。驾驶舱机组是终身职业,而客舱机组属于阶段性职业;驾驶舱机组属于技术型人员,而客舱机组则属于社交性人员。

(4) 对相互工作的不了解。对于长久以来形成的固有行为习惯,使驾驶舱人员和乘务组人员相互了解不多,对对方在各飞行阶段的工作程序、工作内容、需要的支持与配合等都不甚了解,因而偶尔有配合不愉快的现象出现。如在达到巡航高度前,驾驶舱执行着关键阶段的程序,而客舱内的工作却很少,乘务员希望能将驾驶舱的服务工作先完成,却不能打扰驾驶舱的工作;到达巡航高度后,驾驶舱的工作相对轻松,驾驶舱机组希望得到照顾,而客舱内的服务工作却繁忙起来,未能给驾驶舱提供及时的服务。

3. 有效沟通的三原则

(1) 有效果沟通。强调沟通的目标明确性,通过交流,沟通双方就某个问题可以达到共同认识的目的。沟通时要重视每个细节,要达到你的至少一个目标,要适应主观和客观环境的突然变化,注意有效沟通的基本技巧。沟通前要确定沟通目标,沟通的内容就围绕沟通要达到的目标组织规划,也可以根据不同的目的选择不同的沟通方式。

(2) 有效率沟通。沟通效率是指依据利益点,选择适当的时间、方式、手段,快捷、准确、及时传递信息产生的实效性和节奏感。强调沟通的时间概念,沟通的时间要简短,频率要增加,在尽量短的时间内完成沟通的目标。

(3) 有笑声沟通。强调人性化作用,沟通要使参与沟通的人员认识到自身的价值。只有心情愉快的沟通才能实现双赢的思想,绝不口出恶言,恶言伤人,就是所谓的"祸从口出"。中国俗话说"良言一句三冬暖,恶语伤人六月寒"。学会好说话、说好话、话好说。

拓展案例

杜邦"特福龙事件",疏于沟通步步被动

美国环境保护署对杜邦公司提起行政指控,称其位于西弗吉尼亚州的一家工厂使用的一种名为全氟辛酸铵的化工品,违反了有关潜在健康风险的联邦报告要求。若指控成立,杜邦将被处以最高每日27500美元的罚金。

杜邦否认了环境保护署的指控,并表示将在30天内针对这一指控提出正式否认。杜邦称其完全遵守联邦报告要求,并对上述化工品与人体健康或环境的任何有害影响之间存在任何联系表示质疑。

7月12日,据国内媒体报道,中国大多数机构和消费者对这一事件尚不知情,使用杜邦特富龙涂层的炊具的销售未受影响。

中国国家质检总局有关人士表示,听说了杜邦公司特富龙不粘锅等产品可能含致癌物这件事情,具体情况是否属实还有待进一步核实。

北京出入境检验检疫局有关人士表示,检验检疫局还没有听到这方面的消息,情况是否属实还有待核实,不过他们会对这方面的产品加强监管。

7月13日《北京青年报》报道,"杜邦特富龙可能给人体健康带来危害情况"的消息引起国家质检总局的高度关注,并且已经组织有关专家进行论证。国家质检总局的有关负责人说,一旦发现特富龙确实会对人体健康造成危害,国家有关部门将立即采取相关措施。

工商部门表示,如果确认特富龙产品对人体有害,相关生产厂家应实施主动召回制度。中消协指出,如果证明此事属实,那么杜邦公司以及国内的生产厂家、经营者都应该并且有义务向消费者明确说明。消费者有权向杜邦公司索赔。

特富龙危机开始蔓延,使用杜邦特富龙涂层的不粘锅等炊具销售应声陷入寒流。

7月14日,国家质检总局当日晚八时正式就"特富龙"事件发表声明,表示将迅速组织专家展开相关研究论证,同时加强与美方的信息交流。但具体检验结果要到9月份才可能得出。

国家质检总局有关人士表示,国家质检总局已经组织中国检验检疫科学研究院研究出不粘锅特氟隆涂层中全氟辛酸的测定方法(包括气相色谱法和液相色谱法),并将利用该方法对不同环境下(包括高温条件下)全氟辛酸的含量及特性进行研究;同时将组织国内部分权威专家就全氟辛酸对人体健康的危害进行研讨和论证。

国家质检总局还将通过中国驻美商务处与美国环境保护署(EPA)取得联系,开展在全氟辛酸毒性风险分析方面有关的信息交流与合作。

7月15日,杜邦开始开展危机公关。杜邦中国集团公司常务副总裁任亚芬当日做客新浪网,反复强调特富龙安全无害。任亚芬表示,本来是美国环保署跟杜邦之间关于行政报告程序的争议点,不是产品本身安全性的问题,在中国却演变成了跟家庭

生活人身健康息息相关的一个炊具的争议。

7月19日,杜邦总裁贺利得接受人民日报记者采访,回应中国消费者。贺利得再次强调环保署的指控并非针对杜邦产品的安全性,而是环保署与杜邦在行政报告的程序问题上存在争议。并强调杜邦在产品质量和安全性能方面的良好声誉。

7月20日,杜邦中国集团有限公司会同三名总部的氟产品技术专家在北京召开新闻发布会,称特富龙不粘涂层中不含全氟辛酸铵,同时全氟辛酸铵对人体和环境也是无害的。

当天下午,杜邦还拜访了国家质量监督检验检疫总局,向质检总局提交了有关技术资料,并回答了质检总局的提问。公司中国总裁查布朗表示,杜邦公司将尊重质检总局的结论。

此后近三个月事件,杜邦公司不断通过多种方式向媒体表示,杜邦产品没有任何问题,对人体、环境没有任何危害,然而中国很多商场,含有特富龙材料的不粘锅或者被下架销售,或者购买者寥寥。

（资料来源：人民网）

4. 改善机组沟通的方法

（1）友善的态度。"态度决定一切",无论是驾驶舱机组还是客舱乘务组,都应该抱以积极、友善、乐于沟通的专业态度,它将体现在人的语言、语气、表情、肢体状态等方面。同时态度具有感染力,人们都乐于与亲切、友善的人相处。

（2）自我介绍,建立良好的第一印象,以便建立良好的工作关系,营造和谐的工作氛围。

（3）专业术语沟通,双向反馈,了解彼此的工作程序,理解对方的工作量。

（4）机组人员之间相互尊重、理解,支持对方的工作,重视对方给予的各项信息。只有给予对方尊重才有沟通,若对方不尊重你,你也要适当地请求对方的尊重,否则很难沟通。客舱机组应具备安全意识,报告一切客舱异常情况,只要是与飞行安全有关的情况,都应该向驾驶舱报告。客舱机组对驾驶舱机组表现出尊重,了解驾驶舱的工作,并应对飞行各阶段驾驶舱的工作程序有基本了解。

（5）相互协作配合规范。以标准统一的规章来指导和规范驾驶舱机组与客舱乘务组之间的交流。

（6）明确驾驶舱机组与客舱机组配合规范,密切协同。

三、冲突管理

1. 冲突与冲突形成过程

冲突是指个人或群体内部、个人与个人之间、个人与群体之间、群体与群体之间互不相容的目标、认识或感情,并引起对立或不一致的相互作用的任何一个状态。

冲突是一种普遍存在的现象,冲突可能发生于人与人之间、人与群体之间、群体内部的人与人之间、群体与群体之间等。冲突是双方意见的对立或不一致,以及一定程度的相互作用,冲突有各种各样的表现形式,如暴力、威胁、破坏、无理取闹、争吵等。

冲突对组织产生两方面的影响。第一方面,冲突的积极影响,冲突产生以后,为了解决冲突的过程有可能激发组织中的积极变革。组织成员为了消除冲突,就要寻求改变现有方式和方法的途径。寻求解决冲突的途径,不仅可以导致革新和变革,而且可能使得变革更容易为下属所接受,甚至为员工所期望。冲突可能形成的一种竞争气氛,促使员工振奋精神、更加努力。引起一个或多个目标发生冲突的竞争,也有一定好处,如果员工觉得在工作绩效方面存在着一种竞争气氛,就可能振奋精神,以求得在竞争中名列前茅。第二方面,冲突的消极影响。冲突可能分散资源。冲突可能分散人们为实现目标而做出的努力,组织的资源不是主要用来实现既定目标,而是消耗在解决冲突上,时间和金钱就是常被分散到消除冲突上去的两种重要资源。冲突有损员工的心理健康。置身于对立的意见中,会造成"敌意"、紧张和焦虑。冲突的存在可能使相互支持、相互信任的关系难以建立和维持。内部竞争而引发的冲突,可能对群体效率产生不良影响。内部竞争可能引发冲突,如当两个销售公司为了扩大销售额以赢得总公司的奖励时,就可能因追求局部利益,在争夺资金、人员等方面产生冲突,如果处理不当,就可能对总公司整体效果产生影响,如果企业为鼓励员工多做努力而制定一定的产量目标,人们就可能重视产品数量,而牺牲产品质量。

2. 冲突类型

(1)根据冲突的范围界限可分为三种类型:群体中个体之间的冲突、群体之间的冲突、个体与群体之间的冲突。

① 群体中个体之间的冲突:由于组织中个人面临多重难以作出的选择时,对一些目标、认识或情感的冲突。

② 群体之间的冲突是组织内部由于各种原因而发生的对立情形。

③ 个体与群体之间的冲突是组织个人与组织所发生的冲突。

(2)根据冲突发生的原因不一样,可以分为三种:目标性冲突、认识性冲突和感情性冲突。

① 目标性冲突:即冲突双方具有不同的目标导向时发生冲突。

② 认识性冲突:即不同群体或个人在对待某些问题上由于认识、看法、观念之间的差异而引发的冲突。

③ 感情性冲突:即人们之间存在情绪与情感上的差异所引发的冲突,如群体成员之间相互生气。

某大型知外企业员工冲突管理

某大型知名科技集团创立于 1974 年,是专业从事计算机、通信、消费电子、数位内容、汽车零组件、通路等 6C 产业的高新科技企业。2012 年跃居《财富》全球 500 强第 43 位。该企业在大陆动辄数万人的工厂规模,再一次遭遇管理上的考验。

2010 年 5 月 21 日清晨,该企业一名员工坠楼身亡,这是今年以来该企业集团第十个坠楼的员工,这些坠楼者 8 死 2 伤。自 2010 年 1 月 23 日至 2010 年 11 月 5 日,该企业共发生 14 起跳楼事件,引起社会各界乃至全球的关注。之后该企业陆续传出血汗工厂等负面新闻,社会争议不断。

2012 年 9 月 23 日 23 时至 24 日 3 时,该企业某科技工业园内发生冲突事件。当地警方称,据初步了解是部分员工和园区保安等在宿舍区发生冲突,事件中,共有 40 人受伤入院救治,均为男性,其中的 3 名重伤患者目前生命体征平稳,其余人伤势较轻,没有人员死亡。事发原因正在进一步调查。

2012 年 10 月 5 日,该企业发生大规模员工停工事件。此次有数百人直接涉及冲突,而另有 3000~4000 人则以坚持不上班来表示抗议,持续事件也将近两天。

不难发现,死亡员工多属于 80 后甚至是 90 后,这些频发的年轻员工死亡事件,是不是已经在警示该企业内部管理已经出现问题?这些由 80 后、90 后构成的新一代人力资源与该企业旧的管理制度已经不相适应了?军人出身的企业领导,对该企业一直实行严格的军事化管理,在这个工厂里,有严格的等级制度,下级必须服从上级,有极度强调执行力的目标管理,对员工有严格的奖惩机制。这种高强度的压力自上而下地传导。在过去 20 年里,也从未见频繁的员工自杀事件,但到了近年,这种情况频频发生。这是否能够说明,新一代员工并不能适应这种严苛管理、缺乏尊重和个体关怀的工作环境。

3. 管理冲突的策略

一般解决冲突的策略主要有以下五种:

(1) 回避、冷处理:既不合作又不武断的策略。

(2) 强制、支配:以牺牲一方为代价而满足另一方的需要。

(3) 迁就、忍让:指一种高度合作而武断程度较低的策略。

(4) 折中、妥协:指合作性和武断程度均处于中间状态的策略。

(5) 合作、协同:指在高度的合作精神和武断的情况下采取的策略。

管理故事

一分钟改变一生

谢尔曼·罗杰斯上大学时,他在爱达荷州的一个伐木场度过了一个暑假。当时的负责人要外出几天,他让罗杰斯临时负责。

"如果工人不听从我的命令怎么办?"罗杰斯问。他想到了托尼,一个移民工人,整天牢骚满腹,让别人都有点怕他。

"开除",负责人说。接着,仿佛看出罗杰斯的心思似的,他又说:"我想你是在考虑如果有机会的话就开除托尼吧。我觉得这不好。我已经在这里 40 年了。托尼是我见到的最可靠的工人。我知道他脾气不好，他对什么都要抱怨。但他从来最早上班，最后下班。他干了8年从来没有出过事故。"

第二天罗杰斯开始负责。他找到托尼谈话。

"托尼，你知道今天开始我负责这里吗？"托尼咕哝了一声。"我本想，只要你跟我争辩一声，我就开除你，但我想让你知道我不会这么干。"他把负责人的一席话全都告诉了托尼。

当他说完，托尼手上的一铲沙子洒落在地上，泪水从他眼眶中涌出。

"他为什么不在8年前告诉我？"

那一天，托尼比任何一天都干得卖力，而且，他笑了！他后来对罗杰斯说："我告诉玛丽亚，你是这个国家里第一个对我说'干得好，托尼'的工头。这让玛丽亚感觉像是圣诞节一样。"

那年夏天过后，罗杰斯又返回大学。12年之后他又遇到托尼，托尼如今是西部最大伐木公司铁路建设的负责人。罗杰斯问他，他怎么会来到加利福尼亚，并且获得了如此的成功。

托尼回答道："如果不是那次在爱达荷州你对我说的一分钟的话，我会杀人。一分钟改变了我一生。"

墨菲定律

墨菲定律源于美国空军1949年进行的关于"急剧减速对飞行员的影响"的研究。实验的志愿者们被绑在火箭驱动的雪橇上，当飞速行驶的雪橇突然停止时，实验人员会监控他们的状况。监控器具是一种由空军上尉工程师爱德华·墨菲所设计的甲胄，甲胄里面装有电极。有一天，在通常认为无误的测试过程中，甲胄却没有记录任何数据，这使技术人员感到非常吃惊。墨菲后来发现甲胄里面的电极每一个都放错了，于是他说道：如果某一事情可以有两种或者两种以上的方法来实现，而其中有一种会导致灾难性的错误，这一错误往往就会发生。

墨菲的这一说法后来得到广泛的流传并被总结成墨菲定律：如果坏事有可能发生，不管这种可能性多么小，它总会发生，并可能引起更大的损失。

本单元小结

1. 机组资源管理(CRW)是指充分、有效、合理地利用一切可以利用的资源来达到安全有效飞行运行的目的,核心内容是权威、参与、决断、尊重,通过有效提高机组人员的沟通技巧、提倡团队合作精神、合理分派任务、正确做出决策来体现。

C——Crew(组):意为飞行组、乘务组及维护组等,扩展到整个公司。

R——Resourc(资源):人力资源、自动化设备等硬件资源,操作手册等软件资源,油料、精力、时间等易耗资源。

M——Management(管理):协调地运用人—机—环境—任务中可能的一切资源达到目标。

2. 人力资源管理(HRM)是指运用科学方法,协调人与事的关系,处理人与人的矛盾,充分发挥人的潜能,使人尽其才,事得其人,人事相宜,以实现组织目标的过程。

3. 激励的类型主要有以下四种:作风激励、水平激励、情感激励、赏识激励。

4. 激励的手段主要有三种:知识激励、精神激励和物质激励。

5. 冲突类型。

根据冲突的范围界限可分为三种类型:群体中个体之间的冲突、群体之间的冲突、个体与群体之间的冲突。

根据冲突发生的原因不同,可以分为三种:目标性冲突、认识性冲突和感情性冲突。

6. 管理冲突的策略:

(1) 回避、冷处理:既不合作又不武断的策略。

(2) 强制、支配:也就是以牺牲一方为代价而满足另一方的需要。

(3) 迁就、忍让:指一种高度合作而武断程度较低的策略。

(4) 折中、妥协:指合作性和武断程度均处于中间状态的策略。

(5) 合作、协同:指在高度的合作精神和武断的情况下采取的策略。

7. 有效沟通的三原则:有效果沟通、有效率沟通、有笑声沟通。

思考与讨论

一、填空题

1. 机组资源管理是指充分、有效、合理地利用一切可以利用的资源来达到安全有效飞行运行的目的,核心内容是_____、_____、_____、尊重,通过有效提高机组人员的_____、提倡_____、合理分派任务、_____来体现。

2. 人力资源管理是指运用科学方法,协调_____的关系,处理_____的矛盾,充分发挥人的潜能,使_____,_____,_____,以实现组织目标的过程。

3. 激励的类型主要有以下四种:_____、_____、_____、赏识激励。

4. 有效沟通的三原则:_____、_____、有笑声沟通。

5. 认识性冲突是指_____或_____在对待某些问题上由于认识、看法、观念之间的差异而引发的冲突。

6. 信息管理,包括_____,_____,如员工管理办法、绩效考核制度、薪资制度、职位说明书、人事信息等。

7. 情景意识是指一个人在_____过程中,通过_____和_____,精确的_____和对_____。情景意识被划分为三个阶段:_____、_____和_____。

二、多项选择题

1. 以下属于管理冲突策略的有(   )。

A. 回避   B. 冷处理   C. 折中、妥协

D. 迁就、忍让   E. 合作、协同   F. 强制、支配

2. 根据冲突发生的原因不一样,可以分为三种(   )。

A. 目标性冲突   B. 认识性冲突   C. 感情性冲突

D. 群体中个体之间的冲突   E. 群体之间的冲突

3. 根据冲突的范围界限可分为三种类型:(   )。

A. 个体与群体之间的冲突   B. 群体之间的冲突

C. 感情性冲突   D. 群体中个体之间的冲突

4. 以下属于设备资源的有(   )。

A. 精密的机载设备   B. 通信设备   C. 状态显示器

D. 趋势预测指示器   E. 劳动保护装置。

5. 以下属于机组资源的是(   )。

A. 人力资源   B. 设备资源   C. 信息资源

D. 易耗资源   E. 其他资源。

三、简答题

1. 简述改善机组沟通的方法。

2. 简述有效沟通的方法主要有什么。

3. 简述人力资源规划的目标主要有哪些。

4. 简述如何进行冲突管理。

四、训练项目:撕纸游戏

1. 形式:每组 10 人数,沟通时间:5~10 分钟。

2. 材料和道具:A4 复印纸,必须保证每人两张。

3. 场地:室内。

4. 操作程序:

(1) 每位学生自带两张 A4 复印纸,按照老师的指令去做,任何学生都不能发声和提问。

(2) 老师引导学生将纸对折一下,然后再对折一下,在右上角撕去一个角,然后转动 180 度,再将手中所拿纸的左上角撕去,然后把纸打开。老师会发现各种不同的答案,有很多学生的图形和老师所折的图形是不相同的。

(3) 再拿出一张纸,重复做上面的动作,只不过这次允许学生在做的过程中可以向老师发问,并提出自己的一些疑问及不清楚的地方。如问清楚对折是横折还是竖折,折过后的开口朝哪个方向等。

在此基础上做完所有的全过程,然后要求学生将纸打开。将老师手中的纸所打开的图形与学生手中的图形作比照,会发现图形不一致的现象还是存在,只不过较上次少了许多。

(4) 引导同学探询结果不一致的原因。

5. 问题讨论:

(1) 完成第一步之后可以问大家,为什么会有这么多不同的结果?

每组讨论答案:_____

_____

_____

_____

(2) 完成第二步之后又问大家,为什么还会有误差?

每组讨论答案:_____

_____

_____

_____

五、案例分析

海尔"赛马不相马"

1995年某月,海尔人力资源开发中心主任的办公桌上放着职工江华为的辞职申请书。汪华为是刚进集团工作不久的大学生。在集团下属的冰箱厂工作时,他表现突出,提出了一些有创造性的工作意见,被评为"揭榜明星"。领导看到了他的发展潜力,于是集团将其提升为电冰箱总厂财务处干部。这既是对其已有成绩的肯定,也为其进一步磨炼提供了一个更广阔的舞台。汪华为作为年轻的大学生,在海尔集团有着良好的发展前途,缘何要中途辞职? 丁主任大惑不解。

经了解,汪华为接受了另一家用人单位的月工资高出上千元的承诺,他正准备跳槽。仅仅是因为更好的物质待遇吗? 事情恐怕并非如此简单。虽然汪华为在海尔的努力工作得到了及时肯定,上级赋予他更大的权力和责任,但他仍认为一流大学的文凭应是一张王牌和优势至上的通行证,理所当然,他可以进厂就担当要职,驾驭别人,而非别人驾驭他。而海尔提出的"赛马不相马"的用人机制更注重实际能力和工作努力后的市场效果,人人都有平等竞争的机会,"能者上,庸者下";岗位轮流制更是让人觉得企业中的"仕途漫漫"。作为刚步入社会的大学生,汪华为颇有些心理不平衡。另外,海尔有着严格的内部管理,员工不准在厂内或上班时间吸烟,违反者重罚;员工不准在上班时间看报纸,包括《海尔报》;匆忙之间去接电话,忘了将椅子归回原位,也要受到批评。因为公司有一条"离开时桌椅归回原位"的规定;《海尔报》开辟了"工作研究"专栏,工作稍有疏忽就可能在上面亮相;每月一次的干部例会,当众批评或表扬,没有业绩也没犯错误的平庸之辈也被归入批评之列;海豚式升迁、能上能下的用人机制更让人感到一种无处不在的压力。当另一家用人单位口头承诺重用他时,他便递上了辞职申请书。

丁主任望着办公大楼的外面,今年新招进的一批大学生正在参加上岗前的军训,与草地浑然一色的橄榄绿让人真正感受到了这些年轻人的活力和朝气。究竟一个企业应如何为刚走出校门的大学生提供一个施展才华的空间? 企业如何才能争得来人才、留得住人才并保持合理的人员流动性?

案例思考:

1. 有人觉得海尔的管理方法太严格,很难留住人才,你如何看待这一问题?

2. 对海尔每月一次的例会如何看待,海尔应如何开展有效的激励方式?

3. 你作为领导者,如何能与其他领导人、员工更好地实现沟通?

学习单元八　领　导

导入案例

用人之道

去过庙里的人都知道，一进庙门，首先是弥勒佛，笑脸迎客，而在他的北面，则是黑口黑脸的韦陀。但相传在很久以前，他们并不在同一个庙里，而是分别掌管不同的庙。

弥勒佛热情快乐，所以来的人非常多，但他什么都不在乎，丢三落四，没有好好地管理账务，所以依然入不敷出。而韦陀虽然管账是一把好手，但成天阴着脸，太过严肃，搞得人越来越少，最后香火断绝。

佛祖在查香火的时候发现了这个问题，就将他们俩放在同一个庙里，由弥勒佛负责公关，笑迎八方客，于是香火大旺。而韦陀铁面无私，锱珠必较，则让他负责财务，严格把关。在两人的分工合作中，庙里一派欣欣向荣的景象。

其实在用人大师的眼里，没有废人，正如武功高手，不需名贵宝剑，摘花飞叶即可伤人，关键看如何运用。

学习目标

1. 了解领导的概念。

2. 理解领导特性理论、勒温的三种领导方式理论、李克特的四种管理方式理论。

3. 掌握领导的影响力、领导者与管理者的区别与联系、领导者的类型、团队概念。

4. 灵活运用领导人和处理事的艺术。

第一节　领导概述

领导不同于管理，领导需要真正能够起到"领而导之"的作用，管理就是要管得住、理得清。好的领导，肯定是个优秀的管理者，但优秀的管理者不一定能成为好的领导，作为好的领导，领导力的核心是影响追随者的能力，美国前总统艾森豪威尔说过一句话，"领导力是让下属做你期望实现、他又不愿意去做的一项艺术"。

一、领导的概念

伯恩斯对领导的定义是:"领袖劝导追随者为某些目标而奋斗,而这些目标体现了领袖及其追随者共同的价值观和动机、愿望和需求、抱负和理想。"他认为,领袖与追随者之间关系的实质,是具有不同动机和权力(包括技能)的人们相互影响以寻求一个共同的目标。

领导是指运用各种影响力带领、引导或鼓励下属为实现目标而努力的过程,领导者就是在组织中发挥领导作用的人。

从领导的概念上,可以知道领导至少要有三个要素:一是领导者必须有追随者;二是领导者要有影响追随者的能力,这种能力或力量包括正式的权力,也包括个人所拥有的影响力;三是领导者实施领导的唯一目标就是达到组织的目标。

拓展案例

有天一个男孩问华特(迪士尼创办人):"你画米老鼠吗?"

"不,不是我。"华特说。

"那么你负责想所有的笑话和点子吗?"

"没有。我不做这些。"

最后,男孩追问,"迪士尼先生,你到底都做些什么啊?"

华特笑了笑回答,"有时我把自己当作一只小蜜蜂,从片场一角飞到另一角,搜集花粉,给每个人打打气,我猜,这就是我的工作。"

在童言童语之间,团队领导者的角色不言而喻。不过,团队领导者不只是会替人打气的小蜜蜂,还是团队中的灵魂人物。

二、领导的影响力

领导影响力是指领导者在领导过程中,有效改变和影响他人心理和行为的一种能力或力量。任何领导活动都是在领导者与被领导者的相互作用中进行的。

领导影响力在领导过程中发挥着重要的作用,领导影响力是整个领导活动得以顺利进行的前提条件;领导影响力影响着组织群体的凝聚力与团结;领导影响力可以改变和影响组织成员的行为。

领导影响力(或者说权力)的基础有两大方面:一是职位权力影响力;二是非职位权力影响力。

拓展案例

鹦　鹉

一个人去买鹦鹉,看到一只鹦鹉前标:"此鹦鹉会两门语言,售价二百元。"

另一只鹦鹉前则标道:"此鹦鹉会四门语言,售价四百元。"

该买哪只呢?两只都毛色光鲜,非常灵活可爱。这人转啊转,拿不定主意。

结果突然发现一只老掉了牙的鹦鹉,毛色暗淡散乱,标价八百元。

这人赶紧将老板叫来:"这只鹦鹉是不是会说八门语言?"

店主说:"不。"

这人奇怪了:"那为什么又老又丑,又没有能力,会值这个数呢?"

店主回答:"因为另外两只鹦鹉叫这只鹦鹉老板。"

这故事告诉我们,真正的领导人(图8-1),不一定自己能力有多强,只要懂信任,懂放权,懂珍惜,就能团结比自己更强的力量,从而提升自己的身价。相反许多能力非常强的人却因为过于完美主义,事必躬亲,什么人都不如自己,最后只能做最好的攻关人员、销售代表,成不了优秀的领导人。

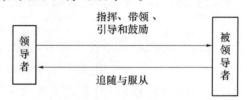

图8-1　领导者与被领导者的关系

1. 职位权力影响力

职位权力影响力又称为强制性影响力,它主要源于法律、职位、习惯和武力等。职位权力影响力对人的影响带有强迫性、不可抗拒性,它是通过外推力的方式发挥其作用。在这种方式作用下,职位权力影响力对人的心理和行为的激励是有限的。职位权力影响力与领导的职位相对应,是组织赋予领导者的岗位的法定权力,退位后相应的权力便会消失,如决策权、组织权、指挥权、人事权和奖惩权都属于职位权力。职位权力一般是由组织正式授予领导者,并接受组织规章的保护。

(1)决策权。从某种意义上来讲,领导过程就是决策和实施的过程,决策正确与否是领导成功的关键因素之一。

(2)组织权。是组织各部门、各职位在职责范围内决定事务、支配和影响他人或者集体行为的权力。包括合理的组织机构,规定必要的劳动纪律,确定人员编制和配备等。

(3)指挥权。指挥权是领导者实施领导决策或规划、计划等的必要保障,没有这种保障,领导便无法完成其使命。

(4)人事权。人事权是领导对工作人员的挑选录用、培养、调配、任免等权力,如果人事问题不与主管领导发生直接联系,必然削弱领导者的权力基础。

(5)奖惩权。领导者根据下属的功过表现进行奖励或惩罚的权力。奖励权是指通过精神或物质上的鼓励,促使下属完成一定任务的一种权力。奖励权可以鼓励下属的积极性,奖励属于正激励。惩罚权是指通过精神或物质上的威胁,强迫下属服从的一种权力。惩罚权包括对员工扣罚工资、降职、处分等。惩罚权使用时往往引起员工的反感、愤怒,甚至报复行为,使用时必须谨慎。

拓展案例

挥泪斩马谡

蜀后主建兴六年(公元 228 年),诸葛亮为实现统一大业,发动了一场北伐曹魏的战争。他命令赵云、邓芝为疑军,占据箕谷(今陕西汉中市北),亲自率 10 万大军,突袭魏军据守的祁山(今甘肃),任命参军马谡为前锋,镇守战略要地街亭(今甘肃秦安县东北)。临行前,诸葛亮再三嘱咐马谡:"街亭虽小,关系重大。它是通往汉中的咽喉。如果失掉街亭,我军必败。"并具体指示让他"靠山近水安营扎寨,谨慎小心,不得有误"。

马谡到达街亭后,不按诸葛亮的指令依山傍水部署兵力,却骄傲轻敌,自作主张地想将大军部署在远离水源的街亭山上。当时,副将王平提出:"街亭一无水源,二无粮道,若魏军围困街亭,切断水源,断绝粮道,蜀军则不战自溃。请主将遵令履法,依山傍水,巧布精兵。"马谡不但不听劝阻,反而自信地说:"马谡通晓兵法,世人皆知,连丞相有时也得请教于我,而你王平生长戎旅,手不能书,知何兵法?"接着又洋洋自得地说:"居高临下,势如破竹,置死地而后生,这是兵家常识,我将大军布于山上,使之绝无反顾,这正是致胜之秘诀。"王平再次谏阻:"如此布兵危险。"马谡见王平不服,便火冒三丈说:"丞相委任我为主将,部队指挥我负全责。如若兵败,我甘愿革职斩首,绝不怨怒于你。"王平再次义正辞严:"我对主将负责,对丞相负责,对后主负责,对蜀国百姓负责。最后恳请你遵循丞相指令,依山傍水布兵。"马谡固执己见,将大军布于山上。

魏明帝曹睿得知了蜀将马谡占领街亭,立即派骁勇善战、曾多次与蜀军交锋的军张郃领兵抗击,张郃进军街亭,侦察到马谡舍水上山,心中大喜,立即挥兵切断水源,掐断粮道,将马谡部队围困于山上,然后纵火烧山。蜀军饥渴难忍,军心涣散,不战自乱。结果,张郃命令乘势进攻,蜀军大败。马谡失守街亭,战局骤变,迫使诸葛亮退回汉中。

马谡违反了诸葛亮的调度,在山上扎营,是丢失街亭的主要原因,而街亭的丢失,让蜀汉军队丧失了继续进取陕西的最好时机,作为将领,马谡需要负主要责任。

诸葛亮总结此战失利的教训,痛心地说:"用马谡错矣。"为了严肃军纪,诸葛亮下令将马谡革职入狱,斩首示众。

纪律是一切制度的基石,组织和团队要长久存在,其重要的维系力就是团队的纪律,要建立团队纪律,作为团队领导者要身先士卒,维护纪律。

2. 非职位权力影响力

与职位权力影响力相反的另一种影响力是非职位权力影响力,非职位权力影响力也称非强制性影响力,它主要来源于领导者个人的人格魅力,来源于领导者与被领导者之间的相互感召和相互信赖。构成非职位权力影响力的主要有:专长权和个人魅力。专长权是领导者具有各种专门的知识和特殊的技能或学识渊博而获得下属的尊重和佩服,从而在各项工作中显示出的在学术上和专长上一言九鼎的影响力。专长权和职位没有直接联系,许多专家、学者虽然没有行政职位,但是在组织和群体中具有很大的影响力,专长权的影响往往仅限在专长范围内。个人魅力是建立在领导者的个人素质之上的,是一种无形的、难以用语言准确描述的权力,如品格、知识、才能、气质、毅力、处事作风等,通常与具有超凡魅力或名声卓著的领导者联系,又被称为领导者的感召权。感召权也称模范权、典范权或参考权,是与领导者的品质、魅力、经历、背景或工作风格等相关的权力,是领导者对其他成员产生共鸣、认同和敬佩而产生的一种影响力。感召权就是你尊敬并喜欢这个人,乐意为他做事。

三、领导的作用

1. 指挥作用

领导者能帮助人们认清所处的环境和形势,指明活动的目标和达到目标的途径。

2. 协调作用

协调的本质,就在于协调各种关系,解决各方面的矛盾,使整个组织和谐一致,使组织成员的工作同既定目标保持一致。

3. 激励作用

领导者要为员工排忧解难,激发和鼓舞他们的斗志,发掘、充实和加强他们积极进取的动力。

四、领导者与管理者

从行为方式看,领导和管理都是在组织内部通过影响他人的协调活动,实现组织目标的过程;从权利构成看,两者都与组织层级的岗位设置有关。

管理者的本质是依赖被上级任命而拥有某种职位所赋予的合法权力而进行管理;领导者本质是被领导者的追随和服从,他完全取决于追随者的意愿而并不完全取决于领导者的职位和合法权力。

并非所有人都既擅长领导又善于管理。一些人有能力成为出色的管理者,但是不能成为优秀的领导者;另一些人具备巨大的领导潜力,却因为种种原因很难成为优秀的管理者。聪明的企业对这两种人都器重,并努力让他们成为团队的一部分。所有的管理者都应是领导者。

五、领导者的类型

领导者按不同的角度可划分为多种类型。

1. 从制度权力的集中度,可分为集权式领导者和民主式领导者

(1)集权式领导者,就是把管理的制度权力相对牢固地进行控制的领导者,主要决策由个人决定的领导者,所以又称独裁者。集权式领导者的优势在于,通过完全的行政命令,管理的组织成本在其他条件不变的情况下,要低于在组织边界以外的交易成本。这对于组织在发展初期和组织面临复杂突变的变量时,是有益的。但是,集权式领导者长期将下属视为某种可控制的工具,则不利于他们职业生涯的良性发展。

(2)民主式领导者。和集权式领导者形成鲜明对比的,是民主式领导者。民主式领导者是向被领导者授权,鼓励下属的参与,并且主要依赖于其个人专长和影响权影响下属的领导者。这种领导者的特征是向被领导者授权,鼓励下属的参与,并且主要依赖于其个人专长权和影响权影响下属。从管理学角度看,这样的领导者通过对管理制度权力的分解,进一步通过激励下属的需要,去实现组织的目标。不过,由于这种权力的分散性,使得组织内部资源的流动速度减缓,因为权力的分散性一般导致决策速度降低,进而增大了组织内部的资源配置成本。

2. 从创新纬度,可分为维持型领导者和创新型领导者

(1)维持型领导者一般也称为事务型领导者(Transactional Leader),是致力于维持现状的守业式的领导者,其目的是为了维持秩序,使企业系统能高效、稳定地运行下去。事务型领导者的管理使命是维持现状。这种领导者通过明确角色和任务要求,激励下属向着既定的目标活动,并且尽量考虑和满足下属的社会需要,通过协作活动提高下属的生产率水平。他们对组织的管理职能推崇备至,勤奋、谦和而且公正,将把事情理顺、工作有条不紊地进行引以为自豪。

(2)创新型领导者又称战略性领导者,战略性领导者的特征是用战略思维进行决策。战略本质上是一种动态的决策和计划过程,战略追求的是长期目标,行动过程是以战略意图为指南,以战略使命为目标基础。创新型领导者主要有魅力型领导者、变革型领导者和战略领导者。

第二节　领导理论

领导理论的研究成果可分为三个方面,即领导特性理论、领导行为理论和领导权变理论。

一、领导特性品质理论

1. 传统特性理论

传统特性理论主要观点为领导者所具有的特性是天生的,是由遗传决定的。如今已经很少有人赞同这种观点。

传统特性理论认为领导者的特性来源于生理遗传,是先天俱有的,且领导者只有具备这些特性才能成为有效的领导者。特性理论的创始人阿尔波特(C. W. Allport)及其同事们曾分析过17953个用来描写人的特点的形容词。亨利(W. Henry)1949年在调查研究的基础上指出,成功的领导者应具备12种品质:成就需要强烈,他把工作成就看成是最大的乐趣;干劲大,工作积极努力,希望承担富有挑战性的工作;用积极的态度对待上级,尊重上级,与上级关系较好;组织能力强,有较强的预测能力;决断力强;自信心强;思想敏捷,富于进取心;竭力避免失败,不断地接受新的任务,树立新的奋斗目标,驱使自己前进;讲求实际,重视当下;眼睛向上,对上级亲近而对下级较疏远;对父母没有情感上的牵扯;效力于组织,忠于职守。

随着研究的深入和实践的反馈,传统特性理论受到了各方面的异议,归纳起来,主要反映在三个方面:第一,据有关统计,自 1940—1947 年的 124 项研究中,所得出的天才领导者的个人特性众说纷纭。但各特性之间的相关性不大,有的甚至产生矛盾。第二,进一步的研究发现,领导者与被领导者、卓有成效的领导者与平庸的领导者有量的差别,但并不存在质的差异。第三,许多被认为具有天才领导者特性的人并没有成为领导者。

2. 现代特性理论

现代特性理论主要观点为领导者的特性和品质是在实践中形成的,是可以通过教育训练培养的。

现代特性理论认为:领导者的特性和品质并非全是与生俱来的,而可以在领导实践中形成,也可以通过训练和培养的方式予以造就。主张现代特性理论的学者提出了不少富有见地的观点。美国普林斯顿大学教授威廉·杰克·鲍莫尔针对美国企业界的实况,提出了企业领导者应具备的十项条件:合作精神;决策能力;组织能力;精于授权;善于应变;勇于负责;勇于求新;敢担风险;尊重他人;品德超人。美国管理协会曾对在事业上取得成功的 1800 名管理人员进行了调查,发现成功的管理人员一般具有下列 20 种品质和能力:工作效率高;有主动进取精神;善于分析问题;有概括能力;有很强的判断能力;有自信心;能帮助别人提高工作的能力;能以自己的行为影响别人;善于用权;善于调动他人的积极性;善于利用谈心做工作;热情关心别人;能使别人积极而乐观地工作;能实行集体领导;能自我克制;能自主做出决策;能客观地听取各方面的意见;对自己有正确估价,能以他人之长补自己之短;勤俭;具有管理领域的专业技能和管理知识。

一些研究表明,某些个人品质与领导者有效性之间确实存在着相互联系。例如,一些研究发现领导者确实具有高度的才智、广泛的社会兴趣、取得成功的强烈欲望,以及对待员工的关心和尊重。

另一些研究则发现个人的才智、管理能力、首创性、自信以及个性等,与领导的有效性有重要的关系。系统地分析了领导者所应具有的能力、品德、为人处事方式,向领导提出了要求和希望。

这些研究成果对我们培养、选择和考核领导者有很大帮助。

二、领导行为理论

领导才能与追随领导者的意愿都是以领导方式为基础的,所以许多人从研究领导者的内在特征转移到外在行为上。这就是领导者的行为方式论。这种理论认为，依据个人行为方式可以对领导进行最好的分类。领导行为理论是研究领导有效性的理论，是管理学理论研究的热点之一。

领导行为理论集中研究领导的工作作风和行为对领导有效性的影响，主要研究成果包括：勒温的三种领导方式理论、李克特的四种管理方式理论、领导四分图理论、管理方格理论等。这些理论主要是从对人的关注和对生产的关心两个维度，以及上级的控制和下属参与的角度对领导行为进行分类，这些理论在确定领导行为类型与群体工作绩效之间的一致性关系上取得了有限的成功，主要的缺点是缺乏对影响成功与失败的情境因素的考虑。

1. 勒温的三种领导方式理论

美国依阿华大学的研究者、著名心理学家勒温和他的同事们从 20 世纪 30 年代起就进行关于团体气氛和领导风格的研究。勒温等人发现，团体的任务领导并不是以同样的方式表现他们的领导角色，领导者们通常使用不同的领导风格，这些不同的领导风格对团体成员的工作绩效和工作满意度有着不同的影响。勒温等研究者力图科学地识别出最有效的领导行为，他们着眼于三种领导风格，即专制型、民主型和放任型的领导风格。三种不同的领导风格，会造成三种不同的团体氛围和工作效率。

专制型的领导者只注重工作的目标，仅仅关心工作的任务和工作的效率。对团队的成员不够关心，被领导者与领导者之间的社会心理距离比较大，领导者对被领导者缺乏敏感性，被领导者对领导者存在戒心和敌意，容易使群体成员产生挫折感和机械化的行为倾向。领导者只注重工作的目标，只关心工作任务的完成和工作效率的高低，对团队成员个人不太关心。在这种团队中，团队成员均处于一种无权参与决策的从属地位。团队的目标和工作方针都由领导者自行制定，具体的工作安排和人员调配也由领导者个人决定。团队成员对团队工作的意见不受领导者欢迎，也很少会被采纳。上级与下级之间存在较大的社会心理距离和隔阂，领导者对被领导者缺乏敏感性，被领导者对领导者存有戒心和敌意，下级只是被动、盲目、消极地遵守制度，执行指令。团队中缺乏创新与合作精神，而且易于产生成员之间的攻击性行为。

民主型的领导者注重对团体成员的工作加以鼓励和协助，关心并满足团体成员的需要，营造一种民主与平等的氛围，领导者与被领导者之间的社会心理距离比较近。在民主型的领导风格下，团体成员自己决定工作的方式和进度，工作效率比较高。领导者起到一个指导者或委员会主持人的作用，其主要任务就是在成员之间进行调解和仲裁。团队的目标和工作方针要尽量公诸于众，征求大家的意见并尽量获得大家的赞同。具体的工作安排和人员调配等问题，均要经共同协商决定。有关团队工作的各种意见和建议将会受到领导者鼓励，而且很可能会得到采纳，一切重要决策都会经过充分协商讨论后做出。民主型的领导者注重对团队成员的工作加以鼓励和协助，关心并满足团队成员的需要，能够在组织中营造一种民主与平等的氛围。在这种领导风格下，被领导者与领导者之间的社会心理距离较近，团队成员的工作动机和自主完成任务的能力较强,责任心也比较强。

放任型的领导者采取的是无政府主义的领导方式,对工作和团体成员的需要都不重视,无规章、无要求、无评估,工作效率低,人际关系淡泊。领导者置身于团队工作之外,只起到一种被动服务的作用,其扮演的角色有点像一个情报传递员和后勤服务员。领导者缺乏关于团体目标和工作方针的指示,对具体工作安排和人员调配也不做明确指导。

2. 李克特的四种管理方式理论

伦西斯·李克特,美国现代行为科学家,曾就学于美国密歇根大学,取得文学学士学位;后至美国哥伦比亚大学攻读研究生课程,获理学博士学位。在第二次世界大战中,李克特任职于美国联邦政府,先后担任过农业部项目调查处长和美国战略轰炸调查局风纪处长,对于多学科人员联合开展调查研究工作的优点深有体会。李克特的主要贡献是在领导理论、激励理论和组织理论等方面,主要著作包括《管理的新模式》(1961年),以及与简·吉布森·李克特合著的《管理冲突的新途径》(1976年)等。

李克特和他的同事于1947年开始进行研究,试图比较群体效率如何随领导者的行为变化而变化。这种研究发现了两种不同的领导方式:

(1)工作(生产)导向型的领导行为,这种领导方式关心工作的过程和结果,通过密切监督和施加压力来争取获得良好的绩效。对领导者而言下属是实现目标和绩效的工具,不关心下属的情感和需要,群体任务的完成情况是领导行为的核心。

(2)员工导向型领导行为,表现为关心员工,有意识地培养与高绩效群体相关的人文因素,即重视人际关系。员工导向的领导者把他们的行为集中在对人的监督上而不是对生产的提高上,关心员工的需要、晋升和职业发展。

员工导向的领导者与高的群体生产率和高满意度成正相关,而生产导向的领导者则与低的群体生产率和满意度相关。

李克特总结了环境变化趋势和管理特点后,在1967年提出了领导的四种管理方式理论,即剥削式的集权领导、仁慈式的集权领导、协商式的民主领导和参与式的民主领导。各种方式的领导有不同的特征:

① 剥削式的集权领导:在组织中,决策都是由组织的领导制定,管理者一般采用恫吓和威胁的管理手段,上下级互相不信任,因而组织的目标难以实现。

② 仁慈式的集权领导:在组织中,决策也是由领导者做出,但在一定的范围内,也会代表被管理者的意见;管理者一般会采用恩赐的手法进行管理,上级对下级缺乏信任,下级对上级敬而远之,报喜不报忧,工作缺乏主动性,上下级的沟通只是表面的、肤浅的。

③ 协商式的民主领导:在组织中,领导者实行部分的参与制,被管理者在自己部门的范围内有一定的发言权,但宏观的决策仍是由领导制定的,下级只可以做出具体的决定,管理者主要采取鼓励的方式进行管理,偶尔使用惩罚的手段,领导者与下级

沟通的程度比较深,彼此大致信任。

④ 参与式的民主领导:在组织中,领导者实施目标管理,向下级提出具体的目标而不过多干涉下级实现目标的方法,领导者主要使用奖励的方法调动职工积极性,上下级之间充分信任,信息沟通准确流畅。

李克特认为参与式的民主领导的效果最好,能产生工作的高效率,能使每一个人参与管理,上下级的关系也比较理想。

3. 领导四分图理论

美国俄亥俄州立大学的研究人员弗莱西曼和他的同事们的研究是关于领导方式的比较研究,以国际收割机公司的一家卡车生产厂为调查对象,结果进一步分为两个维度,领导方式的关怀维度和定规维度。

(1)关怀维度:代表领导者对员工之间以及领导者与追随者之间的关系,相互信任、尊重和友谊的关心,即领导者信任和尊重下属的关怀程度。

(2)定规维度:代表领导者构建任务、明察群体之间的关系和明晰沟通渠道的倾向,或者说,为了达到组织目标,领导者界定和构造自己与下属的角色的倾向程度。

领导者只有把两方面结合起来,才能进行有效的领导,据此可以分为四种基本类型(图8-2):

(1)高关怀-高定规:既关心员工又重视制度建设,在建立良好制度的基础上又维持和谐的人际关系,是一种理想的领导行为模式。

(2)高关怀-低定规:重视对员工的关心,但是忽视了制度建设,一般认为是亲情化的管理方式。

(3)低关怀-高定规:重视对制度的建设,不关心员工,是一种强制管理的行为。

(4)低关怀-低定规:既不关心员工也不重视制度建设,是一种不负责任的管理行为。

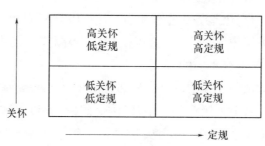

图8-2 四种基本类型

在两个维度方面皆高的领导者,更能使下属达到高绩效和高满意度。不过高关怀-高定规型风格并不总是产生积极效果;而其他三种维度组合类型的领导者行为,普遍与较多的缺勤、事故、抱怨以及离职有关系。领导者的直接上级给领导者的绩效评估等级,与高关怀度成负相关。

4. 管理方格理论

管理方格理论(Management Grid Theory)是研究企业的领导方式及其有效性的理论,是由美国得克萨斯大学的行为科学家罗伯特·布莱克和简·莫顿在1964年出版的《管理方格》一书中提出的。这种理论倡导用方格图表示和研究领导方式。

管理方格(图8-3)是一张纵轴和横轴各9等分的方格图,纵轴表示企业领导者对人的关心程度(包含了员工对自尊的维护、基于信任而非基于服从来授予职责、提供良好的工作条件和保持良好的人际关系等),横轴表示企业领导者对业绩的关心程度(包括政策决议的质量、程序与过程、研究工作的创造性、职能人员的服务质量、工作效率和产量)。

第1格表示关心程度最小,第9格表示关心程度最大。

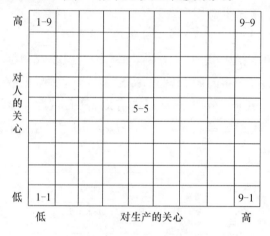

图8-3　管理方格理论

管理方格图中,将领导行为划分成许多不同类型:

1-1定向表示贫乏型管理,对生产、业绩和人的关心程度都很小,实际上,他们已放弃自己的职责,只想保住自己的地位。

9-1定向表示任务型管理,重点抓生产任务,不大注意人的因素;作风专制,他们眼中没有鲜活的个人,只有需要完成生产任务的员工,他们唯一关注的只有业绩指标。

1-9定向表示俱乐部型管理,对业绩关心少,重点在于关心人,他们努力营造一种人人得以放松、感受友谊与快乐的环境,但对协同努力以实现企业的生产目标并不热心。

5-5定向表示中间式或不上不下式管理,既不偏重于关心生产,也不偏重于关心人,完成任务不突出,是中庸之道型管理。

9-9定向表示团队型管理,对生产和对人都很关心,能使组织的目标和个人的需求最理想最有效地结合起来。既能带来生产力和利润的提高,又能使员工得到事业的成就与满足。

三、权变理论

权变理论的研究始于 20 世纪 60 年代,并于 70 年代逐渐形成体系。其产生和发展反映了一定时代背景条件下实际管理活动的需要。权变理论简单地说指的是,任何策略制度的拟定,在不同环境下,都应有不同的作法,即策略与其所处的环境必须要能配合才能产生效果,再好的策略放在不适合的环境下都无法产生绩效。权变理论的研究主要集中在三个方面:组织结构的权变理论、人性的权变理论和领导的权变理论。

1962 年,心理学家费德勒最早提出"有效领导的权变模式",即费德勒模式。70 年代初加拿大多伦多大学教授豪斯,提出一种新型的领导权变理论路径 – 目标理论。赫塞和布兰查德提出领导生命周期理论。

1. 菲德勒模型

伊利诺大学的菲德勒从 1951 年开始,首先从组织绩效和领导态度之间的关系着手进行研究,经过长达 15 年的调查试验,提出了"有效领导的权变模式",即菲德勒模型(图 8 – 4)。他认为任何领导形态均可能有效,其有效性完全取决于是否与所处的环境相适应。他把影响领导者领导风格的环境因素归纳为三个方面:职位权力、任务结构和上下级关系。

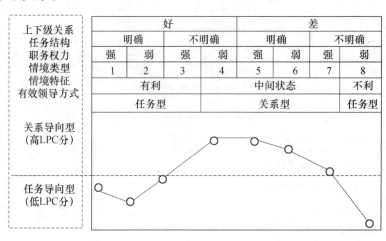

图 8 – 4 菲德勒模型

1)职位权力

职位权力指的是与领导者职位相关联的正式职权和从上级及整个组织各个方面所得到的支持程度,这一职位权力由领导者对下属所拥有的实有权力所决定。领导者拥有这种明确的职位权力时,组织成员将会更顺从他的领导,有利于提高工作效率。

2)任务结构

任务结构是指工作任务明确程度和有关人员对工作任务的职责明确程度。当工作任务本身十分明确、组织成员对工作任务的职责明确时,领导者对工作过程易于控制,整个组织完成工作任务的方向就更加明确。

3)上下级关系

上下级关系是指下属对一位领导者的信任、爱戴和拥护程度,以及领导者对下属的关心、爱护程度。这一点对履行领导职能是很重要的。因为职位权力和任务结构可以由组织控制,而上下级关系是组织无法控制的。

菲德勒认为,影响领导成功的关键因素之一是领导者的基本领导风格。由于领导行为与领导者的个性是相联系的,所以领导者的风格是稳定不变的。提高领导者有效性的方式仅有两条途径:或是替换领导者以适应新环境,或是改变环境以适应领导者。

2. 领导生命周期理论

该理论由赫塞和布兰查德提出,他们认为下属的"成熟度"对领导者的领导方式起重要作用。所以,对不同"成熟度"的员工采取的领导方式有所不同。所谓"成熟度"是指人们对自己的行为承担责任的能力和愿望的大小。它取决于两个要素:工作成熟度和心理成熟度。工作成熟度包括一个人的知识和技能,工作成熟度高的人拥有足够的知识、能力和经验完成他们的工作任务而不需要他人的指导。心理成熟度指的是一个人做某事的意愿和动机。心理成熟度高的个体不需要太多的外部激励,他们靠内部动机激励。

在管理方格图的基础上,根据员工的成熟度不同,将领导方式分为四种(图8-5):命令式、说服式、参与式和授权式。

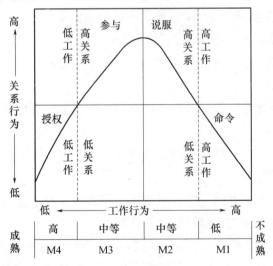

图8-5 领导生命周期

1)命令式(高工作-低关系)

领导者对下属进行分工并具体指点下属应当干什么、如何干、何时干,它强调直接指挥。当下属成熟程度为M1第一阶段时,下属缺乏接受和承担任务的能力和愿望,既不能胜任又缺乏自觉性。

2）说服式（高工作－高关系）

领导者既给下属以一定的指导,又注意保护和鼓励下属的积极性。当下属成熟程度为 M2 第二阶段时,下属愿意承担任务,但缺乏足够的能力,有积极性但没有完成任务所需的技能。

3）参与式（低工作－高关系）

领导者与下属共同参与决策,领导者着重给下属以支持及其内部的协调沟通。当下属成熟程度为 M3 第三阶段时,下属具有完成领导者所交给任务的能力,但没有足够的积极性。

4）授权式（低工作－低关系）

领导者几乎不加指点,由下属自己独立地开展工作,完成任务。当下属成熟程度为 M4 第四阶段时,下属能够而且愿意去做领导者要他们做的事。

根据下属成熟度和组织所面临的环境,领导生命周期理论认为随着下属从不成熟走向成熟,领导者不仅要减少对活动的控制,而且也要减少对下属的帮助。当下属成熟度不高时,领导者要给予明确的指导和严格的控制,当下属成熟度较高时,领导者只要给出明确的目标和工作要求,由下属自我控制和完成。

3. 路径－目标理论

路径－目标理论是以期望概率模式和对工作、对人的关心程度模式为依据,认为领导者的工作效率是以能激励下属达到组织目标并且在工作得到满足的能力来衡量的。领导者的基本职能在于制定合理的、员工所期待的报酬,同时为下属实现目标扫清道路、创造条件。根据该理论,领导方式可以分为四种:

（1）指示型领导方式。领导者对下属提出要求,指明方向,给下属提供他们应该得到的指导和帮助,使下属能够按照工作程序去完成自己的任务,实现自己的目标。

（2）支持型领导方式。领导者对下属友好,平易近人,平等待人,关系融洽,关心下属的生活福利。

（3）参与型领导方式。领导者经常与下属沟通信息,商量工作,虚心听取下属的意见,让下属参与决策,参与管理。

（4）成就指向型领导方式。领导者做的一项重要工作就是树立具有挑战性的组织目标,激励下属想方设法去实现目标,迎接挑战。

领导者可以而且应该根据不同的环境特点来调整领导方式和作风,当领导者面临一个新的工作环境时,他可以采用指示型领导方式,指导下属建立明确的任务结构和明确每个人的工作任务;接着可以采用支持型领导方式,有利于与下属形成一种协调和谐的工作气氛。当领导者对组织的情况进一步熟悉后,可以采用参与型领导方式,积极主动地与下属沟通信息,商量工作,让下属参与决策和管理。在此基础上,就可以采用成就指向型领导方式,领导者与下属一起制定具有挑战性的组织目标,然后为实现组织目标而努力工作,并且运用各种有效的方法激励下属实现目标。

第三节 团队建设

一、团队概述

1. 团队概念

团队(Team)是由员工和管理层组成的一个共同体,它合理利用每一个成员的知识和技能协同工作,解决问题,达到共同的目标。所谓团队精神,简单来说就是大局意识、协作精神和服务精神的集中体现。

管理学家斯蒂芬·P·罗宾斯认为,团队就是由两个或者两个以上的相互作用、相互依赖的个体,为了特定目标而按照一定规则结合在一起的组织。

团队"Team"每一个字母都代表一个单词,它们是:

T→Together(一起)。

E→Each other(相互协作)。

A→Aim(目标),目标有很多种,对于团队成员目标可以为:提高自己的沟通能力;提高自己的领导能力;激励成员的能力;培训和发展员工的能力;建立积极、开放的团队气氛,建立自信等。

M→Member(成员),团队成员。

2. 团队五要素

根据定义可以知道团队的五个要素(5P):

(1)目标(Purpose):任何团队,都应该制定一个目标或接受一个目标,这个目标,为团队成员指引行动的方向,让团队成员明确存在的价值。没有目标的团队就没有存在的价值。

(2)定位(Place):定位包括团队定位和团队成员定位两种,明确团队的定位是非常重要的,因为不同类型的团队有着极大的差异,它们在工作周期、一体化程度、工作方式、授权大小、决策方式上都有很大的不同。如一个服务团队可能需要持久的工作,团队一体化程度是非常高的,团队成员中的差别化不是很严重:一个研发团队的工作周期可能很短,但是它的成员的差别化要求会很高。团队定位包括团队是什么类型的,如建议/参与团队、生产/服务团队、计划/发展团队、行动/磋商团队、团队面临的首要任务是什么,团队对谁负责等。

团队成员定位,包括团队对谁负责,依据什么原则决定团队的成员和团队的各种规范。

(3)职权(Power):是指团队负有的职责和相应享有的权力大小。团队工作成效在很大的程度上取决于团队的积极性和主动性。在企业中,影响人们的工作积极性的主要因素就是权责利的合理配置问题。团队的权限范围必须和它的定位、工作能力和所赋予的资源相一致。调动团队的积极性,需要适当的、合理的和艺术的授权。

(4) 计划(Plan):团队应如何分配和行使组织赋予的职责和权限? 团队应该如何高效地解决面临着的各种各样的问题。换句话说,就是团队成员应该分别做哪些工作,如何做? 具体讲这就是计划工作。

(5) 人员(People):团队是由人组成的。确定团队目标、定位、职权和计划,都只是为团队取得成功奠定基础,最终能否获得成功取决于人。这方面企业的自主性很大。选择成员的原则还是一样要根据团队的目标和定位。一旦明确了团队需要进行哪些工作,下一步要做的事情就是制定出团队人员职位的明确计划。无论谁负责这项工作,都应该尽可能多地去了解候选者,如他们每个人都有哪些技能、学识、经验和才华。更重要的是,这些资源在多大程度上符合团队的目标、定位、职权和计划的要求。这都是在选择和决定团队成员时必须认真了解的。

3. 团队基本特征

一个优秀团队更多的不是因为功能层次而结合,而是因为精神层次而结合,"道不同,不相谋"。往往一个好的团队是以功能相结合而以精神取胜,一支团队一般应具备以下六个基本特征:

(1) 明确的目标。团队的每个成员可以有不同的目的、不同的个性,但作为一个整体,必须有共同的奋斗目标。

(2) 清晰的角色。有效团队的成员必须在清楚的组织架构中有清晰的角色定位和分工,团队成员应清楚了解自己的定位与责任。

(3) 相互的技能。团队成员要具备实现共同目标的基本技能,并能够有良好的合作。

(4) 相互的信任。相互信任是一个成功团队最显著的特征。

拓展案例

信　任

两只鸟在一起生活,雄鸟采集了满满一巢果仁让雌鸟保存,由于天气干燥,果仁脱水变小,一巢果仁看上去只剩下原来的一半。

雄鸟以为是雌鸟偷吃了,就把它啄死了,过了几天,下了几场雨后,空气湿润了,果仁又涨成满满的一巢。这时雄鸟十分后悔地说:"是我错怪了雌鸟!"

观点:领导、员工之间要相互信任,很多优秀的团队就毁于怀疑和猜忌。所以,对同事、员工要保持信任,不要让猜疑毁了团队。

(5) 良好的沟通。团队成员间拥有畅通的信息交流,才会使成员的情感得到交流,才能协调成员的行为,使团队形成凝聚力和战斗力。

(6) 合适的领导。团队的领导往往起到教练或后盾作用,他们对团队提供指导和支持,而不是企图控制下属。

拓展案例

换　位

小羊请小狗吃饭,它准备了一桌鲜嫩的青草,结果小狗勉强吃了两口就再也吃不下去了。

过了几天,小狗请小羊吃饭,小狗想:我不能像小羊那样小气,我一定要用最丰盛的宴席来招待它。于是小狗准备了一桌上好的排骨,结果小羊一口也吃不下去。

观点:有时候,已之所欲,也勿施于人。凡事不要把自己的想法强加给同事,遇到问题的时候多进行一下换位思考,站在对方的角度上想想,这样,你会更好地理解同事、员工。

4. 团队和群体的区别

团队和群体(图 8 – 6)经常容易被混为一谈,群体可以向团队过渡,但它们之间有根本性的区别,汇总为六点:

(1)在领导方面。作为群体应该有明确的领导人;团队则可能不同,尤其团队发展到成熟阶段,成员共享决策权。

(2)目标方面。群体的目标必须跟组织保持一致,但团队中除了这点之外,还可以产生自己的目标。

(3)协作方面。协作性是群体和团队最根本的差异,群体的协作性可能是中等程度的,有时成员还有些消极、有些对立,但团队中是一种齐心协力的气氛。

(4)责任方面。群体的领导者要负很大责任,而团队中除了领导者要负责之外,每一个团队的成员也要负责,甚至要一起相互作用、共同负责。

(5)技能方面。群体成员的技能可能是不同的,也可能是相同的,而团队成员的技能是相互补充的,把不同知识、技能和经验的人综合在一起,形成角色互补,从而达到整个团队的有效组合。

(6)结果方面。群体的绩效是每一个个体的绩效相加之和,团队的结果或绩效是由大家共同合作完成的产品。

图 8 – 6　群体团队结构图

二、团队类型

一般根据团队存在的目的和拥有自主权的大小将团队分为三种类型:问题解决型团队、自我管理型团队、多功能型团队。

1. 问题解决型团队

问题解决型团队是指组织成员就如何改进工作程序、方法等问题交换看法,对如何提高生产效率和产品质量等问题提出建议。工作核心是提高生产产量、提高生产效率、改善企业工作环境等。在这样的团队中成员就如何改变工作程序和工作方法相互交流,提出一些建议。成员几乎没有什么实际权力来根据建议采取行动,如民航督导组。

2. 自我管理型团队

自我管理型团队,也称自我指导团队,一般由10~16名员工组成,他们承担着以前自己的上司所承担的一些责任,他们拥有不同的技能,轮换工作,生产整个产品或提供整个服务,接管管理的任务。自我管理型团队,比如工作和假期安排、订购原材料、雇佣新成员等。

3. 多功能型团队

多功能型团队是一种有效的团队管理方式,它能使组织内(甚至组织之间)不同领域员工之间交换信息,激发产生新的观点,解决面临的问题,协调复杂的项目。但是多功能型团队在形成的早期阶段需要耗费大量的时间,因为团队成员需要学会处理复杂多样的工作任务。在成员之间,尤其是那些背景、经历和观点不同的成员之间,建立起信任并能真正地合作也需要一定的时间。多功能团队是一种有效的方式,它能使组织内(甚至组织之间)不同领域员工之间交换信息,激发出新的观点,解决面临的问题,协调复杂的项目。

拓展案例

任务攻坚队

在20世纪60年代,IBM公司为了开发卓有成效的360系统,组织了一个大型的任务攻坚队(task force),攻坚队成员来自于公司的多个部门。任务攻坚队其实就是一个临时性的多功能团队。同样,由来自多个部门的员工组成的委员(Committees)是多功能团队的另一个例子。但多功能团队的兴盛是在20世纪80年代末,当时,所有主要的汽车制造公司——包括丰田、尼桑、本田、宝马、通用汽车、福特、克莱斯勒——都采用了多功能团队来协调完成复杂的项目。

麦当劳有一个危机管理队伍,责任就是应对重大的危机,由来自于麦当劳营运部、训练部、采购部、政府关系部等部门的一些资深人员组成,他们在平时共同接受关于危机管理的训练,甚至模拟当危机到来时怎样快速应对,比如广告牌被风吹倒,砸伤了行人,这时该怎么处理? 一些人员考虑是否把被砸伤的人送到医院,如何回答新闻媒体的采访,当家属询问或提出质疑时如何对待等。另外一些人要考虑的是如何对这个受伤者负责,保险谁来出,怎样确定保险等。所有这些都要求团队成员能够在复杂问题面前做出快速行动,并且进行一些专业化的处理。

三、团队精神

所谓团队精神,简单来说就是大局意识、协作精神和服务精神的集中体现。团队精神的基础是尊重个人的兴趣和成就。核心是协同合作,最高境界是全体成员的向心力、凝聚力,反映的是个体利益和整体利益的统一,并进而保证组织的高效率运转。团队精神的形成并不要求团队成员牺牲自我,相反,挥洒个性、表现特长保证了成员共同完成任务目标,而明确的协作意愿和协作方式则产生了真正的内心动力。团队精神的基础是尊重个人的兴趣和成就。核心是协同合作,最高境界是全体成员的向心力、凝聚力,反映的是个体利益和整体利益的统一,并保证组织的高效率运转,团队成员依靠其知识和技能协同工作,解决问题,达到共同的目标。

四、团队建设

1. 团队建设概念

团队建设(Team Construction)是指有意识地在组织中努力开发有效的工作小组,是企业在管理中有计划、有目的地组织团队,并对其团队成员进行训练、总结、提高的活动,是企业真正的核心竞争力。

2. 如何创建优秀团队

(1) 共同的目标、共同的期望是形成一个团队的首要条件。任何组织的延生首先是基于人类彼此存在共同的需求,或共同的好处。例如,原始社会,人们要共同抵御野兽的袭击,只有共同的狩猎才会有收获,所以结成部落。进入工业社会后,雇员要维护自身的利益,对抗资本家的过度榨取,所以结成工会。任何组织其实就是一个利益共同体,相同的利益要求是一个组织产生的首要前提。没有相同利益,任何组织都不可能产生。

(2) 团队内部良好的沟通协调是形成一个优秀团队不可或缺的重要条件。正如同沃尔玛总裁所说的:"如果你必须将沃尔玛体制浓缩成一个思想,那可能就是沟通,因为它是成功的真正关键之一。"丹费大学所作的一项研究表明,他所研究的46家公司之所以面对互联网带来的商业机会行动迟缓,最主要的两个原因是:交流的贫乏和行政上的混乱。使交流成为一个团队、一个公司里的优先事项,并且让每个员工都知道你重视交流;为员工提供同管理层交谈的机会;建立信任的氛围。这是优秀的团队要达到有效的沟通协调至关重要的三个条件。

拓展案例

沟 通

狮子和老虎之间爆发了一场激烈的战争,到了最后,两败俱伤。

狮子快要断气的时候对老虎说:"如果不是你非要抢我的地盘,我们也不会弄成现在这样。"老虎吃惊地说:"我从未想过要抢你的地盘,我一直以为是你要侵略我!"

观点:相互沟通是维系同事、领导之间的一个关键要素。有什么想法不要不表达,多和同事、员工交流,也让同事、员工多了解自己,这样可以避免许多无谓的误会和矛盾。

(3) 营造公平公正的氛围,创建公平公正的机制,保证团队成员得到公平公正的待遇。一种精神的形成必须以一种积极健康的机制来维系,使遵从团队精神共同行为规范的成员能得到高的报酬。这些机制,既有利益方面的也有精神方面的。好的企业要处理好团队成员间的公平问题,不搞远近亲疏区别对待,不培养亲信、扶植小圈子势力,不有意制造矛盾。

(4) 一个优秀的团队必须具有创新能力。没有创新能力的团队不能称为优秀团队。现今独具慧眼并且具有高智商的客户群,要求团队要具备高度的弹性以及敏捷的创新能力,在塑造这样的团队文化时,就要把弹性以及创新能力塑造在团队文化内,使每一位员工都习惯于改变并清楚意识到改变是任何改善的前提,永远不变的就是"变"。

第四节　领导艺术

一、领导人的艺术

领导艺术是指在领导的方式方法上表现出的创造性和有效性,是领导者个人素质的综合反映,是因人而异的。黑格尔说过:"世界上没有完全相同的两片叶子",同样也没有完全相同的两个人,没有完全相同的领导者和领导模式。有多少个领导者就有多少种领导模式。

领导者应当把"以人为本"视作自己最重要的使命之一,不遗余力地发掘、发现人才,将适合企业特点的优秀人才吸引到自己身边。重视员工的成长,给予人才最大的发展空间,为人才提供足够的培训和学习机会。要给员工更多的空间,只有这样才能更加充分地调动员工本人的积极性,最大程度释放他们的潜力,给予员工必要的授权。

1. 领导下级的艺术

领导者用人的艺术主要有：合理选择，知人善任；扬长避短、宽容待人；合理使用，积极培养；用人要正，激励人才。用人之诀在于用人所长，且最大限度地实现其优势互补。唐僧之所以能西天取经成功，主要是他能做到知人善任，把孙悟空、沙和尚、猪八戒安排到最适合他们的岗位上去。

2. 对待平级的艺术

领导者正确处理同级关系，应当特别注意方法，讲究艺术。一般应做到：既要齐心协力积极开展工作，又要做到不越位擅权，不插手别人分管的工作；尊重其他工作部门和其他领导人的职权，维护他们的权威，不干预和随便评论别人工作；不插手别人职权范围内的工作，不打扰别人的部署，不影响别人的工作，不伤害别人的感情和自尊心，防止引起别人的不满。

3. 尊重上级的艺术

正确认识和评价自我，找准自己的角色和位置，是领导者处理好与上级关系的前提条件。在社会关系中，每个人总是处于某一特定的位置，这种位置要求人们的行动必须与这种位置相吻合，才能与其他社会角色的关系处于常态，保持相对的和谐。领导者在同上级相处的时候，扮演的是下级的角色，这就要求领导者必须按照自己的身份，把握好自己的位置，既要尽心尽责地做好本职工作，又要做到出力而不越位。

拓展案例

亚当斯用比自己更优秀的人

约翰·亚当斯是美国历史上的第二位总统，为美国的独立立下过汗马功劳。

亚当斯在接替华盛顿就任总统时，美国正面临着与法国关系破裂的危险。到了1797年底，两国处于剑拔弩张、一触即发的交战前夕。

常识告诉亚当斯，要打胜仗，必须要有得力的统帅指挥。有很多人劝他亲自统帅军队，但他认为自己并不具有军事上的特别才能。思来想去，他认为华盛顿才是唯一能够唤起美国军魂、团结全美人民的统帅。最后，他下定决心请华盛顿复出。

亚当斯的亲信们得知后，一致表示反对。他们认为，如果华盛顿复出，会再次唤起人民对他的崇敬和留恋，这样势必对亚当斯的威望和地位造成威胁。

千军容易得，一帅最难求。亚当斯毫不动摇，认为国家的利益和命运高于一切。他授权汉尼尔顿立即给华盛顿写了一封信，请求华盛顿再次担当大陆军总司令，指挥美军打败入侵者。

与此同时，又亲自给华盛顿写了封信。信中诚恳地写到："当万不得已而要组织一支军队时，我就把握不准到底是该起用老一辈将领，还是起用一批新人，为此我不得不随时要向你求教。如果你允许,我们必须借用你的大名去动员民众,因为你的名字要胜过一支军队。"

华盛顿接到信后很受感动,表示愿意立刻肩负重任。幸运的是,就在华盛顿准备率军出征的前夕,亚当斯终于通过外交斡旋的途径同法国达成了和解。

这件事被美国人民传为佳话,亚当斯的正直与豁达也被广为传诵。后来,有位著名的记者采访他,问到:"您为什么不怕华盛顿复出会再次唤起人民对他的崇敬和留恋,进而威胁您的威望和地位?为什么敢于起用比自己更优秀的人?"

亚当斯开始没有直接回答,而是先给这位著名记者讲了自己少年时的一件往事。

"年幼的时候,父亲要我学拉丁文。那玩意儿真无聊,我恨得牙痒痒。因此,我对父亲说,我不喜欢拉丁文,能不能换个事情做?"

"好啊!约翰。"父亲说,"你去挖水沟好啦,牧场需要一条灌溉渠道。"

于是,亚当斯真的到牧场去挖水沟。可是,拿惯笔的人,拿不惯锹。那天晚上,他就后悔了,整个身子疲惫不堪。只是他的傲气不减,不愿意认错。于是,他咬紧牙关又挖了一天。傍晚时,他只好承认:"疲惫压倒了我的傲气。"他终于回到了学拉丁文的课堂上。

在以后的岁月里,亚当斯一直记着从挖水沟这件事中得到的教训:必须承认人有所长,也有所短;人有所能,也有所不能。认为自己样样都行,实际上恰恰是自己的不自量力。

亚当斯深有体会地说:"真正出色的领导者,绝非事必躬亲,而是知人善任,特别是能敢于起用比自己更优秀的人才。如果高层领导者事无巨细,一律包揽,那只能成为费力不讨好的勤杂工式的领导者。"

亚当斯知人善任,凭借众多的优秀人才,特别是凭借那些比自己更优秀的人才,一步一步地攀登上了成功的巅峰。

二、处理事的艺术

常听到不少领导者感叹:事情实在太多,怎样忙也忙不过来。一个会当领导的人,不应该成为做事最多的人,而应该成为做事最精的人。做自己该做的事。当前领导者需要处理的事情有:

1. 领导者必须干领导的事情

领导者不是制订计划,而是确定方向;领导者不是组织与配备人员,而是让员工协调一致;领导者不是解决问题与控制,而是激励员工。领导者想干、擅长干、必须要干的事,比如,用人、决策等。领导者想干、必须干、但不擅长干的事,比如,跑路子、挣资金等。

2. 任何事情三问"能不能"

领导者在处理任何事情的时候应该自问:能不能取消它? 能不能与别的工作合

并? 能不能用更加简便的事情代替? 领导者不想干、不擅长干、也不一定要干的事,比如,一些小应酬、一些可去可不去的会议等。领导者对该自己管的事一定要管好,对不该自己管的事一定不要管。尤其是那些已经明确了是下属分管的工作和只要按有关制度就可办的事,一定不要乱插手、乱干预,多做着眼明天的事。领导者应经常去反思昨天,干好今天,谋划明天。多做一些有利于本地方或本单位可持续发展的事。比如,勾画一个明晰且富于自身特点的长、中、短期工作目标,打造一个团结战斗且优势互补的领导班子。

3. 不断总结经验教训

领导者应善于从工作实践中总结经验、吸收教训,可以提升领导工作效率。

4. 提高会议效率

组织心理学研究发现,一位成功主管大约要花44%的时间进行人际沟通,开会就是最常使用的沟通形式,说明了职场中的决策都在会议中决定,如果能节省开会时间又不影响决策品质,就是企业一大福音。而在国外研究中也显示,传统坐着开会的时间平均要30分钟,但站着开会的时间只要20分钟,远比坐着开会少了34%,两种会议所做出的决策品质却没有差异。

拓展案例

站着开会,效率更高

福特六和汽车的内部会议,所有人都是站着开会,而且几乎不发会议书面资料,全场所有人只需看白板上的一张纸。福特六和总裁李国宝表示,这种做法不但能提高会议效率,还能真正响应环保。

李国宝说,福特汽车有一项传统,就是一周内会选择几个固定的日子开早会,会议的地点被称为战斗房(War Room),和其他企业会议室不同,战斗房空间不大,因为里面完全没有桌椅,只有一张白板,所有参与会议的同仁都站着讨论事情。

他笑着说,要大家站着开会不是怕大家睡着,而是有三个目的,一是让大家的距离能更靠近、互动更佳;二是站着开会能缩短会议时间;三是能让大家更专心。"空间较小,人与人的距离就变短了,互动当然也会比较好,而且大家会为了避免会议拖太久脚酸,自然会尽量避免不必要的讨论主题与时间。站着开会肢体语言较丰富,传达信息也能更精准。"李国宝说。

国立台湾大学工商管理学系教授陆洛也曾表示,追求效率成为许多企业再造的重要议题,许多英美大型企业倡导"站着开会"已行之有年。

李国宝表示,开会时只准备一张报告让所有人看,除了可以增加与会人的专注度外,另一个重要目的是落实环保政策。如果每个人都看着自己手上的资料,不但容易分心,也没有互动,这样的会议效率自然会受到影响,因此企业内部的会议,大部分都只提供一分资料并贴在白板或墙上,供所有人一起讨论。

"我认为,站着开会来表达意见,还有在墙上贴出需要的图表,就可以让讨论更聚焦,更有效率。"李国宝指出,企业都在推动环保节能,每次会议列印一堆文件,就是不环保的行为。

就汽车产业而言,除了研发更省能源、低污染的交通工具之外,企业也应该为环境尽力,能从会议中减少纸张的浪费,就是好的开始。

(资料来源:经济日报,作者:吴嵩浩)

管理故事

所长无用

有个鲁国人擅长编草鞋,他妻子擅长织白绢。他想迁到越国去。友人对他说:"你到越国去,一定会贫穷的。""为什么?""草鞋,是用来穿着走路的,但越国人习惯于赤足走路;白绢,是用来做帽子的,但越国人习惯于披头散发。凭着你的长处,到用不到你的地方去,这样,要使自己不贫穷,可能吗?"

一个人要发挥其专长,就必须适合社会环境需要。如果脱离社会环境的需要,其专长也就失去了价值。因此,要根据社会的需要,决定自己的行动,更好去发挥自己的专长。

管理定律

大树理论

(1)成为一棵大树的第一个条件:时间。

没有一棵大树是树苗种下去,马上就变成了大树,一定是岁月刻画年轮,一圈一圈往外长。

启示:要想成功,一定要给自己时间。时间就是体验的积累和延伸。

(2)成为一棵大树的第二个条件:不动。

没有一棵大树,第一年种在这里,第二年种在那里,而可以成为一棵大树,一定是千百年来经风霜、历雨雪,屹立不动。正是无数次的经风霜、历雨雪,最终成就大树。

启示:要想成功,一定要"任你风吹雨打,我自岿然不动",坚守信念、专注内功,终成正果。

(3)成为一棵大树的第三个条件:根基。

树有千百万条根,粗根、细根、微根,深入地底,忙碌而不停地吸收营养,成长自己。绝对没有一棵大树没有根。

启示：要想成功，一定要不断学习。不断充实自己，自己扎好根，事业才能基业常青。

（4）成为一棵大树的第四个条件：向上长。

没有一棵大树只向旁边长，长"胖"不长高；一定是先长主干再长细枝，一直向上长。

启示：要想成功，一定要向上。不断向上才会有更大的空间。

（5）成为一棵大树的第五个条件：向阳光。

没有一棵大树长向黑暗，躲避光明。阳光，是树木生长的希望所在，大树知道必须为自己争取更多的阳光，才有希望长得更高。

启示：要想成功，一定要树立一个正确的目标，并为之努力奋斗，愿望才有可能变成现实。

本单元小结

1. 领导就是运用各种影响力带领、引导或鼓励下属为实现目标而努力的过程，领导者就是在组织中发挥领导作用的人。

2. 领导特性理论：企业领导者应具备的十项条件：合作精神；决策能力；组织能力；精于授权；善于应变；勇于负责；勇于求新；敢担风险；尊重他人；品德超人。

3. 勒温的三种领导方式理论：即专制型、民主型和放任型的领导风格。

4. 李克特的四种管理方式理论：即剥削式的集权领导、仁慈式的集权领导、协商式的民主领导和参与式的民主领导。

5. 领导影响力（或者说权力）的基础有两大方面：一是职位权力影响力；二是非职位权力影响力。

6. 领导者与管理者的区别与联系：从行为方式看，领导和管理都是在组织内部通过影响他人的协调活动，实现组织目标的过程；从权利构成看，两者都与组织层级的岗位设置有关。管理者的本质是依靠被上级任命而拥有某种职位所赋予的合法权力而进行管理；领导者本质是被领导者的追随和服从，他完全取决于追随者的意愿而并不完全取决于领导者的职位和合法权力。并非所有人都既擅长领导又善于管理。一些人有能力成为出色的管理者，但是不能成为优秀的领导者；另一些人具备巨大的领导潜力，却因为种种原因很难成为优秀的管理者。聪明的企业对这两种人都器重，并努力让他们成为团队的一部分。所有的管理者都应是领导者。

7. 领导者的类型:①从制度权力的集中度,可分为集权式领导者和民主式领导者;②从创新纬度,可分为维持型领导者和创新型领导者。

8. 团队是由员工和管理层组成的一个共同体,它合理利用每一个成员的知识和技能协同工作,解决问题达到共同的目标。所谓团队精神,简单来说就是大局意识、协作精神和服务精神的集中体现。

9. 领导人的艺术:领导下级、对待平级、尊重上级。

10. 处理事的艺术:领导者必须干领导的事情;任何事情三问"能不能";不断总结经验教训;提高会议效率。

思考与讨论

一、填空题

1. 职位权力影响力又称为 ＿＿＿＿＿＿＿＿＿＿,它主要源于法律、＿＿＿＿＿＿＿＿、习惯和 ＿＿＿＿＿＿＿＿ 等。非职位权力影响力也称 ＿＿＿＿＿＿＿＿＿＿,它主要来源于领导者个人的＿＿＿＿＿＿＿＿＿＿,来源于领导者与被领导者之间的相互感召和相互信赖。构成非职位权力影响力主要有:＿＿＿＿＿＿＿＿＿＿和＿＿＿＿＿＿＿＿＿＿。

2. 团队是由＿＿＿＿＿＿＿＿和＿＿＿＿＿＿＿＿＿＿组成的一个共同体,它合理利用每一个成员的知识和技能 ＿＿＿＿＿＿, ＿＿＿＿＿＿＿＿, 达到 ＿＿＿＿＿＿＿＿。所谓＿＿＿＿＿＿＿＿＿＿,简单来说就是＿＿＿＿＿＿＿＿、＿＿＿＿＿＿＿＿和＿＿＿＿＿＿＿＿＿＿的集中体现。团队(Team)每一个字母都代表一个单词,它们是:＿＿＿＿＿＿＿＿＿＿、＿＿＿＿＿＿＿＿、＿＿＿＿＿＿＿＿＿＿、＿＿＿＿＿＿＿＿。

3. 领导影响力的基础有两大方面:＿＿＿＿＿＿＿＿＿＿和＿＿＿＿＿＿＿＿＿＿。

二、单项选择题

1. 所谓授权,是指( )。

A. 在组织设计时,规定下属管理岗位必要的职责与权限

B. 在组织调整时,规定下属管理岗位必要的职责与权限

C. 领导者将部分处理问题的权力委派给某些下属

D. 委托代理关系

2. 在管理学中,定义为"影响力"的权力除"专长权"和"个人影响权"外,还包括( )。

A. 随机处置权

B. 制度权

C. 奖惩权　　　　　　　　D. 任免权

三、双项选择题

1. 在领导方式四分图理论中,(　　　)。

A. 正式结构指衡量着眼于与下属的相互信任,双向沟通,尊重下属思想感情的领导行为的尺度

B. 正式结构指衡量着眼于达到组织目的的领导行为的尺度

C. 正式结构型领导注重对下属的心理支持和对组织成员的关心

D. 正式结构型领导喜欢编制工作进度,并评价下属的工作表现

2. 过分集权的弊端,除了会降低决策的质量外,还会造成(　　　)。

A. 降低决策的执行速度　　　B. 降低组织的适应能力

C. 降低成员的工作热情　　　D. 影响政策的统一性

3. 管理的适度原则要求管理要进行(　　　)。

A. 适情管理　　　　　　　　B. 适时管理

C. 适才管理　　　　　　　　D. 按满意原则而不是按最优原则进行管理

四、简答

1. 简述领导者的类型,并举例说明。

2. 简述李克特的四种管理方式理论包含哪些理论。

3. 简述领导者领导人的艺术有哪些。

4. 简述领导者处理事的艺术有哪些。

五、训练项目

团队拓展是一种全新的体验式学习方法和训练方式,适合于现代人和现代组织。大多以培养合作意识和进取精神为宗旨,帮助企业和组织激发成员的潜力,增强团队活力、创造力和凝聚力,以达到提升团队生产力和竞争力的目的。

团队拓展一:群龙取水

1. 道具

绳子一条或粉笔一支,矿泉水若干(以每个小组人数而定,每人一瓶一瓶)。

2. 项目内容

小组成员在同伴的帮助下,依次从距离端线约 2 米的地方取到活动的饮用水,每人仅限取一瓶,起始线至水源区为危险区,所有伙伴身体的任何一部分均不可以触碰危险区,如违反则需重新开始挑战。

3. 项目目的

(1) 合理的分工与合作,资源的优化组合;

（2）加强团队内部的协作与沟通，体会个人与团队之间的相互作用；

（3）培养团结一致、密切配合、战胜困难的团队精神；

（4）规范自我行为同社会、集体利益的关系。

4. 项目规则

（1）安全规则：半年内动过大手术和习惯性脱臼的学生不能参加此项目。

（2）每个小组成员在取水过程中，身体的任何部位不能触碰到游戏区域内或拿到水瓶后又触到危险区，犯规一次矿泉水瓶往后移一段距离。

（3）做项目过程中，要注意安全，学生取水时，其他学员要拉住此学生的手和脚，防止学生取水过程中摔倒。

5. 任务布置

（1）请所有学生到场地，按自己的小组站好。

（2）每个小组同时来做这个项目。

（3）做项目的小组在划线的这一侧，把对面的矿泉水瓶取过来，每个人每次只能取一瓶。

（4）每个小组的成员依次取水瓶，当一位伙伴取水时，队里其他伙伴可以拉住他的胳膊和腿，做保护。

（5）以每个队取完对面的水瓶用时最短为胜利者。

（6）高声问大家：大家有没有信心迎接挑战，完成这个任务？听到大家答案后，宣布项目开始，开始计时。

6. 项目总结

（1）每个学生分享自己的心得和体会：

_____

_____

_____

_____

_____

_____

（2）老师总结：

_____

_____

_____

_____

_____

团队拓展二:齐眉棍

1. 道具

一根 2 米左右手指粗细的 PVC 管

2. 项目内容

在第一轮任务进行中,小组的所有成员的左手都要接触到塑料棍,一旦有学生的手离开塑料棍,宣布任务失败,重新开始;轻质塑料棍要水平往下移动,否则宣布任务失败。第一轮任务进行中,学生可以说话。每个小组自行选出一名指挥员来领导完成这次任务。以完成任务或用时最少完成任务的队伍为胜利者,失败队伍要向胜利的队伍鞠躬膜拜!

3. 项目目的

培养学生的团结协作能力、领导力、沟通力、凝聚力、执行力。

4. 项目规则

"亲爱的伙伴们,请每个小组站成相对的两列,小组成员全部将左手举到自己的眉头的位置,我们今天做这个游戏叫做齐眉棍",将轻质木棍放在每个学生的左手上,要求学生必须保证每双手都接触到轻质塑料棍,并且手都在轻质木棍下面,要求小组成员将轻质木棍保持水平。

5. 任务布置

第一轮任务:在保证每个学生的左手都在轻质塑料棍下面的情况下将轻质塑料棍完全水平地往下移动,一旦有人的手离开轻质塑料棍或轻质塑料棍没有水平往下移动,任务就算失败。

每个小组 10 分钟的练习时间;每个队只有 10 分钟的时间去完成任务,时间到宣布任务结束;确认大家准备好后,宣布计时开始。

第二轮任务:还是同样的任务,但是前提是所有学生在任务进行中不能讲话,包括每个队的指挥员;同样是每个小组 10 分钟的练习时间。

每个队还是只有 10 分钟的时间去完成任务,时间到宣布任务结束;"大家有没有信心完成下面的高级版本的齐眉棍?"宣布计时开始。

6. 项目总结

(1)每个学生分享自己的心得和体会:

_____

_____

_____

_____

（2）老师总结：

六、案例分析

大雁团队

大雁是一种候鸟，春天到北方繁殖，冬天到南方过冬，每一次迁徙都要经过大约1~2个月的时间，途中历尽千辛万苦。但它们春天北去，秋天南往，从不失信。不管在何处繁殖，何处过冬，总是非常准时地南来北往。而要完成这种空间上的跨越，自然就免不了长时间的飞行。每当秋季来临，天空中成群结队南飞的大雁就是值得我们借鉴的企业经营的楷模、一支完美的团队。

雁群是由数百只，甚至上千只有着共同目标的大雁组成，由有经验的"头雁"带领，加速飞行时，队伍排成"人"字形，一旦减速，队伍又由"人"字形换成"一"字长蛇形，这是为了进行长途迁徙而采取的有效措施。科学研究表明，雁群组队齐飞要比单独飞提高22%的速度，人字队形可以增加雁群70%的飞行范围。当飞在前面的"头雁"的翅膀在空中划过时，翅膀尖上就会产生一股微弱的上升气流，排在它后面的就可以依次利用这股气流，从而节省了体力。但"头雁"因为没有这股微弱的上升气流可资利用，很容易疲劳，所以在长途迁徙的过程中，雁群需要经常地变换队形，更换"头雁"。当领头雁感觉疲倦无力，另外的大雁会及时补上，以此保持飞行的速度。漫长的迁徙过程中总是头雁领航搏击，这是一份承担、一份责任，一种敢于牺牲的精神。

在大雁的组织中，有着明确的分工合作，当队伍中途飞累了停下休息时，它们中有负责觅食、照顾年幼或者老龄的青壮派大雁，有负责雁群安全放哨的大雁，有负责安静休息、调整体力的领头雁。在雁群进食的时候，巡视放哨的大雁一旦发现有敌人靠近，便会长鸣一声给出警示信号，群雁便整齐地冲向蓝天、列队远去。而那只放哨的大雁，在别人都进食的时候自己不吃不喝，这也是一种为团队牺牲的精神。而在飞行过程中，领头雁时常会发出"咿啊，咿啊"的叫声带领雁群相互激励，以此鼓励其他大雁不要掉队，通过共同扇动翅膀来形成气流，为后面的队友提供了"向上之风"，如果在雁群中，有受伤或生病的大雁，直至其恢复或死亡，然后它们再加入到了新的雁群，继续南飞直至目的地。

雁群之优，在于目标一致、前后呼应、强势超达。企业经营也应如此。21世纪，是一个团队至上的时代。在一个公司里面，员工就像大雁，团队就像雁群。大雁的迁徙，就好比企业一步一步向成功迈进。所有事业都是团队的事业，所有的成功都是团队的成功,这就需要一种团队精神。只有拥有了一支具有很强向心力、凝聚力、战斗力的团队,拥有了一批彼此间互相鼓励、支持、学习、合作的员工,就如大雁一样,目标一致、群策群力、共同努力,才能提高我们的团队精神,塑造一个好的企业形象,发展良好的客户关系,不断推进客户关系的深化,才能构筑一个健康繁荣发展的市场,让企业不断前进、壮大,最终实现企业的腾飞,走向个人的成功!

案例思考:

(1) 在此案例中如何体现团队精神?

(2) 如何创建有团队精神的团队?

学习单元九　控　制

导入案例

扁鹊的医术

魏文王问名医扁鹊说:"你们家兄弟三人,都精于医术,到底哪一位最好呢?"扁鹊答:"长兄最好,中兄次之,我最差。"文王再问:"那么为什么你最出名呢?"扁鹊答:"长兄治病,是治病于病情发作之前。由于一般人不知道他事先能铲除病因,所以他的名气无法传出去;中兄治病,是治病于病情初起时,一般人以为他只能治轻微的小病,所以他的名气只及本乡里;而我是治病于病情严重之时,一般人都看到我在经脉上穿针管放血、在皮肤上敷药等大手术,所以以为我的医术高明,名气因此响遍全国。"

控制有事前控制、事中控制、事后控制。事后控制不如事中控制,事中控制不如事前控制,可惜大多数的事业经营者均未能体会到这一点,等到错误的决策造成了重大的损失才寻求弥补。而往往是即使请来了名气很大的"空降兵",结果于事无补。

学习目标

1. 掌握控制的概念及控制的类型。
2. 掌握有效控制的方法。

第一节　控制概述

一、控制的概念

控制就是采用正确的标准衡量计划的执行过程,目的是引导人们的行为,以达到组织的目标。

控制曾被称为是管理的孪生子之一,它的孪生兄弟是计划。控制是必要的,因为一旦管理者制定了计划和战略,就必须保证计划得到执行。就是说,确保其他人正在做、需要做的事是正确的,而不是其他不适当的事。如果计划没有被很好地执行,管理者必须采取行动对问题进行修正,这就是管理的基本控制功能。为了保持创造力、提高质量及减少成本,管理者必须找到控制组织中各种问题的方法。

控制在管理中,一方面起检验作用,它检验各项工作是否按预定计划执行,同时也检验计划的正确性和合理性;一方面起调整作用,它调整行动或计划,使两者相吻合。

拓展案例

俄罗斯火灾启示——问责就要问到痛

2009 年 12 月 5 日,俄罗斯彼尔姆市夜总会发生严重火灾事故,导致 120 多人死亡、120 多人入院。

这场火灾灾情之惨烈、影响之恶劣,已深深刺痛了俄罗斯人,当地官员不可能无动于衷,如彼尔姆市长卡茨所说,至少在道德上已经不能继续担任市长一职。9 日,俄罗斯彼尔姆边疆区政府宣布集体辞职。俄罗斯总统要求,要惩处所有对事故负有责任的人员,包括相关政府官员和监管部门人员。这样的问责力度前所未闻。

俄罗斯也是个安全事故高发国家,仅最近几年,类似的严重事故已多次发生。经验表明,事故高发的地区,往往都是政府监管不严、执法环境不好、以罚代管严重的地区。就像我们所熟悉的,当事故发生之后,俄罗斯也照例会开展全国突击检查,出台相关法规和条例,但事故依然发生,说明主要问题出在执行上。

硬件之失,可以通过整改"亡羊补牢",公众安全意识不高,可以通过教育逐渐提升。但监管不力甚至执法犯法,只能通过严厉问责和依法惩处来根治。没有问责的监管,形同虚设;没有威慑力的问责,同样形同虚设。问责就要问到痛,就不要走过场。政府集体请辞,或许才算彻底问责,方能让所有失职渎职者有所警醒。

(资料来源:《理论与当代》2010 年 02 期)

二、前提条件

1. 计划前提

要制定一套科学的、切实可行的计划。控制的基本目的是防止工作出现偏差,需要将实际工作的进展与预先设定的标准进行比较,因此控制之前必须制定相应的评价标准,即计划。计划不仅为实际工作提供了行动路线,也为后续的控制工作奠定了基础。在制定计划时不仅要考虑其实施问题,还要考虑后续控制工作的需要。计划越明确、全面、完整,控制越容易,效果越好。

2. 组织结构前提

要有专司控制职能的组织机构,即控制机构。在开展控制工作之前应明确界定负责评价和纠正偏差工作的机构、岗位和个人。这样不仅明确职责也清楚相互之间的监督关系。

3. 信息沟通网络前提

应建立起相对完善的信息沟通网络。控制工作本身是一个信息交流的过程,控制者需要不断收集相关信息,以及时判断实际工作的进展。

三、控制的类型

1. 前馈控制(事前控制)

1)前馈控制的概念

前馈控制是在企业生产经营活动开始之前通过观察情况、收集整理信息、掌握规律、预测趋势,正确预计未来可能出现的问题,提前采取措施,将可能发生的偏差消除在萌芽状态中,为避免在未来不同发展阶段可能出现的问题而事先采取的措施。

管理过程理论认为,只有当管理者能够对即将出现的偏差有所觉察并及时预先提出某些措施时,才能进行有效的控制,因此前馈控制具有重要的意义。

2)优缺点

(1)优点:①防患于未然;②不针对具体人员,易于被员工接受并付诸实施。

(2)缺点:需要的条件多,要拥有大量准确可靠的信息,对计划行动过程有清楚的了解,懂得计划行动本身的客观规律性并要随着行动的进展及时了解新情况和新问题。

2. 同期控制(现场控制或过程控制)

1)同期控制的概念

同期控制,控制点处于事物发展进程的过程中,是对正在进行的活动给予指导与监督,以保证活动按规定的政策、程序和方法进行,这类控制是针对行动过程,一旦发生偏差,马上予以纠正。其目的就是要保证本次活动尽可能少地发生偏差,改进本次而非下一次活动的质量。

2)优缺点

(1)优点:具有指导的职能,有助于提高工作人员的工作能力和自我控制能力,将问题消灭在萌芽之中。

(2)缺点:

① 易受管理者的时间、精力、业务水平的制约;

② 应用范围较窄;

③ 易在控制者和被控制者之间形成心理上的对立,易损害被控制者的工作积极性和主动精神。

3. 反馈控制(成果控制或事后控制)

1)反馈控制的概念

在工作结束或行为发生之后进行的控制。把注意力主要集中于工作或行为的结果上,通过对工作结果进行测量、比较和分析,采取措施,从而矫正今后的行动。主要包括财务分析、成本分析、质量分析及职工成绩评定等。

2)优缺点

(1)优点:反馈控制的分析结果对未来的发展有一定的指导作用。

（2）缺点：滞后。反馈控制的主要作用是通过总结过去的经验和教训，为未来计划的制定、活动的安排提供借鉴。

总的说来，三种控制方式都各有优缺点。有效的管理控制不能只依靠某一种控制方式，而必须根据特定情况将各种控制方式各有侧重地结合起来使用，以取得综合控制效果。

四、有效控制的特征

1. 适时控制

适时控制是对企业经营活动中产生的偏差及时采取措施加以纠正，避免偏差的扩大，或防止偏差对企业不利影响的扩散。

及时纠偏，要求管理人员及时掌握能够反映偏差产生及其严重程度的信息。如果等到偏差已经非常明晰，且对企业造成了不可挽回的影响后，反映偏差的信息才姗姗来迟。那么，即使这种信息是非常系统、绝对客观、完全正确的，也不可能对纠正偏差带来任何指导作用。

2. 适度控制

（1）防止控制过度或控制不足。

（2）处理好全面控制与重点控制的关系。

（3）使花费一定费用的控制得到足够的控制收益。

3. 客观控制。

客观控制是指控制的标准、方法与过程应尽量脱离主观性，建立在科学、客观的基础之上。

控制系统必须是精确的，这个道理似乎是显而易见的，然而，在现实生活中，许多管理人员的决策往往是基于不精确的信息。销售人员在估计销量时说些模棱两可的话，以迎合主管上司的看法；生产车间的管理人员为了达到上级制定的目标隐瞒生产成本的上升；一些管理者为了得到领导的青睐而虚报成绩。这些都给管理人员的正确决策带来了负面影响。

4. 弹性控制

弹性控制，是指控制行为能够适应组织内部条件与外部环境的变化，具有灵活性。弹性控制通常与控制的标准有关，有时也与控制系统的设计有关；通常组织目标并不是单一的，而是多重目标的组合。

第二节 有效控制的方法

一、预算控制

1. 预算控制的概念及作用

预算就是用数字编制未来某一个时期的计划，也就是用财务数字（例如，在财务预算和投资预算中)或非财务数字(例如,在生产预算中)来表明预期的结果。西方与中国习惯所用的"预算"概念,在含义上有所不同。在中国,"预算"一般是指经法定程序批准的政府部门、事业单位和企业在一定时期的收支预计;而西方的预算概念则是指计划的数量说明,不仅仅是金额的反映。预算的过程如图 9 - 1 所示。

在管理控制中使用最广泛的一种控制方法就是预算控制。预算控制最清楚地表明了计划与控制的紧密联系。预算是计划的数量表现。预算的编制是作为计划过程的一部分开始的,而预算本身又是计划过程的终点,是转化为控制标准的计划。然而,在一些非营利的组织中,例如政府部门、学校等,却普遍存在着计划与预算脱节的情况。在那里,二者是分别进行的,而且往往互不通气。在许多组织中,预算编制工作往往被简化为一种在过往基础上的外推和追加的过程,而预算审批则更简单,甚至不加研究调查,以主观想象为根据任意削减预算,从而使得预算完全失去了应有的控制作用,偏离了其基本目的。正是由于存在这种不正常的现象,促使一些新的预算方法发展起来,它们使预算这种传统的控制方法恢复了活力。

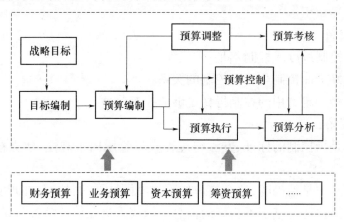

图 9 - 1　预算的过程

2. 优点

它使得企业在不同时期的活动效果和不同部门的经营绩效具有可比性,可以使管理者了解企业经营状况的变化方向和组织中的优势部门与问题部门,从而为调整企业活动提供了依据;也为协调企业的活动提供了依据;大大方便了控制过程中的绩效衡量工作,为采取纠正措施奠定了基础。

3. 缺点

(1)它只能帮助企业控制那些可以计量的活动。

(2)编制预算时通常参照上期的预算项目和标准,从而会忽视本期活动的实际需要。

(3)外部环境的变化会使预算变得不合时宜。

(4)可能会使主管们在活动中精打细算,反而忽视了部门活动的本来目的。

(5)可能会成为低效部门的保护伞。

二、生产控制

控制贯穿于生产系统运动的始终。生产系统凭借控制的动能,监督、制约和调整系统各环节的活动,使生产系统按计划运行,并能不断适应环境的变化,从而达到系统预定的目标。生产系统运行控制的活动内容十分广泛,涉及生产过程中各种生产要素、各个生产环节及各项专业管理。其内容主要有:对制造系统硬件的控制(设备维修)、生产进度控制、库存控制、质量控制、成本控制、数量控制等。

1. 生产进度控制

生产进度控制是对生产量和生产期限的控制,其主要目的是保证完成生产进度计划所规定的生产控制流程生产量和交货期限。这是生产控制的基本方面。其他方面的控制水平,诸如库存控制、质量控制、维修等都对生产进度产生不同程度的影响。在某种程度上,生产系统运行过程的各个方面问题都会反映到生产作业进度上。因此,在实际运行管理过程中,企业的生产计划与控制部门通过对生产作业进度的控制,协调和沟通各专业管理部门(如产品设计、工艺设计、人事、维修、质量管理)和生产部门之间的工作,可以达到整个生产系统运行控制的协调、统一。

2. 设备维修

设备维修是对机器设备、生产设施等制造系统硬件的控制。其目的是尽量减少并及时排除物资系统的各种故障,使系统硬件的可靠性保持在一个相当高的水平。如果设备、生产设施不能保持良好的正常运转状态,就会妨碍生产任务的完成,造成停工损失,加大生产成本。因此,选择恰当的维修方式、加强日常设备维护保养、设计合理的维修程序是十分重要的。

3. 库存控制

库存控制是使各种生产库存物资的种类、数量、存储时间维持在必要的水平上。其主要功能在于,既要保障企业生产经营活动的正常进行,又要通过规定合理的库存水平和采取有效的控制方式,使库存数量、成本和占用资金维持在最低限度。

4. 质量控制

质量控制,其目的是保证生产出符合质量标准要求的产品。由于产品质量的形成涉及生产的全过程,因此,质量控制是对生产政策、产品研制、物料采购、制造过程以及销售使用等产品形成全过程的控制。

5. 成本控制

成本控制同样涉及生产的全过程,包括生产过程前的控制和生产过程中的控制。生产过程前的成本控制,主要是在产品设计和研制过程中,对产品的设计、工艺、工艺装备、材料选用等进行技术经济分析和价值分析,以及对各类消耗定额的审核,以求用最低的成本生产出符合质量要求的产品。生产过程中的成本控制,主要是对日常生产费用的控制。其中包括:材料费、各类库存品占用费、人工费和各类间接费用等。实际上,成本控制是从价值量上对其他各项控制活动的综合反映。因此,成本控制,尤其是对生产过程中的成本控制,必须与其他各项控制活动结合进行。

6. 数量控制

数量控制是对产品及零部件的生产数量进行控制。生产数量控制有以下三个特点。

(1) 不得少于计划数量。

(2) 不得多于计划数量。

(3) 要进行配套生产。

三、综合控制方法

1. 标杆控制法

标杆控制是以在某一项指标或某一方面实践上竞争力最强的企业或行业中的领先企业或组织内某部门作为基准,将本企业的产品、服务管理措施或相关实践的实际状况与这些基准进行定量化的评价、比较,在此基础上制定、实施改进的策略和方法,并持续不断反复进行的一种管理方法。

第一步,制定对标计划,确保对标计划与公司的战略一致。

第二步,建立对标团队。团队的结构取决于对标范围的大小、公司规模、对标预算、对标程序和环境等要素。其次是就对标程序、分析工具和技术、交流能力、公司背景和系统对团队人员进行培训。

如果让专人负责对标的实施过程,就能大大激发他们的责任心,提高实施效率。除了领导能力外,对标团队还应当具备分析、程序处理和资料检索等技能,3～5 人最理想。

第三步,收集必要的数据。首先,要收集本公司的流程表、客户反馈、程序手册等信息进行自我分析。否则将看不到与别人的差距,无法发现改善的机会。其次,找到适合自己的模仿对象。公司做一个候选对象的名单,选择那些获奖公司、在商业杂志或者其他媒体尤其是年度行业报告中得到公认的公司,或由供应商、客户、咨询师推荐的企业。然后就这些企业进行调查,筛选出 3～5 家公司作为信息交换和对标合作伙伴。

第四步,分析业绩差距数据。在理解对标对象最佳的方法基础上,衡量自己与别人业绩的差距。可用的指标包括:利润率、投资回报、产品周期、每个员工销售量、每种服务/产品成本,或者如何开发一种新产品或服务等。

比较时,必须就相同的事情进行对比,苹果比苹果,而不是比梨子。同时根据经济规模、不同的管理思路、市场环境做出调整。

通过比较业绩,企业就会发现与最好公司的差距。"别人能行,为什么我们不行?"这样对标就可以帮助公司建立一个战略目标。在将相关信息告诉高层管理人员和整个公司后,企业要根据数据设计行动计划、实施办法以及监督衡量标准。

第五步,持续进行对标管理。企业在减少与最佳案例的差距时,需时常用衡量标准来监测实施的有效性。另外,由于表现最佳的公司本身也会继续发展,所以"找到并实施最好的方法"的对标管理也是一个只要开始就没有结束的过程。

2. 平衡计分卡

平衡计分卡是从财务、客户、内部运营、学习与成长四个角度,将组织的战略落实为可操作的衡量指标和目标值的一种新型绩效管理体系。设计平衡计分卡的目的就是要建立"实现战略制导"的绩效管理系统,从而保证企业战略得到有效的执行。因此,人们通常称平衡计分卡是加强企业战略执行力的最有效的战略管理工具。

平衡记分卡的设计包括四个方面:财务角度、顾客角度、内部经营流程、学习和成长。这几个角度分别代表企业三个主要的利益相关者:股东、顾客、员工。每个角度的重要性取决于角度的本身和指标的选择是否与公司战略相一致。其中每一个方面,都有其核心内容:

1)财务层面

财务业绩指标可以显示企业的战略及其实施和执行是否对改善企业盈利做出贡献。财务目标通常与获利能力有关,其衡量指标有营业收入、资本报酬率、经济增加值等,也可能是销售额的迅速提高或创造现金流量。

2)客户层面

在平衡记分卡的客户层面,管理者确立了其业务单位将竞争的客户和市场,以及业务单位在这些目标客户和市场中的衡量指标。客户层面指标通常包括客户满意度、客户保持率、客户获得率、客户盈利率,以及在目标市场中所占的份额。客户层面使业务单位的管理者能够阐明客户和市场战略,从而创造出出色的财务回报。

3)内部经营流程层面

在这一层面上,管理者要确认组织擅长的关键的内部流程,这些流程帮助业务单位提供价值主张,以吸引和留住目标细分市场的客户,并满足股东对卓越财务回报的期望。

4)学习与成长层面

它确立了企业要创造长期的成长和改善就必须建立的基础框架,确立了未来成功的关键因素。平衡记分卡的前三个层面一般会揭示企业的实际能力与实现突破性业绩所必需的能力之间的差距,为了弥补这个差距,企业必须投资于员工技术的再造、组织程序和日常工作的理顺,这些都是平衡记分卡学习与成长层面追求的目标。如员工满意度、员工保持率、员工培训和技能等,以及这些指标的驱动因素。

最好的平衡记分卡不仅仅是重要指标或重要成功因素的集合。一份结构严谨的平衡记分卡应当包含一系列相互联系的目标和指标,这些指标不仅前后一致,而且互相强化。例如,投资回报率是平衡记分卡的财务指标,这一指标的驱动因素可能是客户的重复采购和销售量的增加,而这二者是客户的满意度带来的结果。因此,客户满意度被纳入记分卡的客户层面。通过对客户偏好的分析显示,客户比较重视按时交货率这个指标,因此,按时交付程度的提高会带来更高的客户满意度,进而引起财务业绩的提高。于是,客户满意度和按时交货率都被纳入平衡记分卡的客户层面。而较佳的按时交货率又通过缩短经营周期并提高内部过程质量来实现,因此这两个因素就成为平衡记分卡的内部经营流程指标。进而,企业要改善内部流程质量并缩短周期的实现又需要培训员工并提高他们的技术,员工技术成为学习与成长层面的目标。这就是一个完整的因果关系链,贯穿平衡记分卡的四个层面。

平衡记分卡通过因果关系提供了把战略转化为可操作内容的一个框架。根据因果关系,对企业的战略目标进行划分,可以分解为实现企业战略目标的几个子目标,这些子目标是各个部门的目标,同样各中级目标或评价指标可以根据因果关系继续细分直至最终形成可以指导个人行动的绩效指标和目标。

管理故事

七人分粥的启示

有七个人曾经住在一起,每天分一大桶粥。要命的是,粥每天都是不够的。一开始,他们抓阄决定谁来分粥,每天轮一个。于是每周下来,他们只有一天是饱的,就是自己分粥的那一天。后来他们开始推选出一个道德高尚的人出来分粥。强权就会产生腐败,大家开始挖空心思去讨好他,贿赂他,搞得整个小团体乌烟瘴气。然后大家开始组成三人的分粥委员会及四人的评选委员会,但他们常常互相攻击、扯皮,粥吃到嘴里全是凉的。最后想出来一个方法:轮流分粥,但分粥的人要等其他人都挑完后拿剩下的最后一碗。为了不让自己吃到最少的,每人都尽量分得平均,就算不平,也只能认了。大家快快乐乐,和和气气,日子越过越好。

同样是七个人,不同的分配制度,就会有不同的风气。所以一个单位如果有不好的工作习气,一定是机制问题,一定是没有完全公平、公正、公开,没有严格的奖勤罚懒。如何制定这样一个制度,是每个领导需要考虑的问题。

管理启示 "七人分粥"给我们展现了这样一个情境——由七个人组成的小团体,他们每个人都是平等的,但同时又是自私自利的。他们想通过制度创新来解决每天的吃饭问题——在没有计量工具或有刻度的容器的状况下分食一锅粥。那么,如何分食这一锅粥?多次博弈后这七个人的小团体形成了以下诸种规则,但是规则形成的同时也不可避免地会连带产生一些问题。

规则一:指定一人负责分粥事宜,成为专业分粥人士。很快大家发现,这个人为自己分的粥最多最好,于是又换一个人。结果,总是主持分粥的人碗里的粥最多最好。权力导致腐败,绝对的权力导致绝对的腐败,在这碗粥中体现得一览无余。

规则二:指定一个分粥人士和一名监督人士,起初比较公平,但到后来分粥人士与监督人士从权力制约走向"权力合作",于是分粥人士与监督人士分的粥最多。这种制度失败。

规则三:谁也信不过,干脆大家轮流主持分粥,每人一天。这样等于承认了个人有为自己多分粥的机会。虽然看起来平等了,但是每人在一周中只有 1 天吃得饱而且有剩余,其余 6 天都饥饿难挨。大家认为这一制度造成了资源浪费。

规则四:大家民主选举一个信得过的人主持分粥。这位品德尚属上乘的人开始还能公平分粥,但不久以后他就有意识地为自己和溜须拍马的人多分。大家一致认为,不能放任其腐化和风气的败坏,还要寻找新制度。

规则五:民主选举一个分粥的委员会和一个监督委员会,形成民主监督与制约的机制,公平基本上做到了,可是由于监督委员会经常提出各种议案,分粥委员会又据理力争,等分粥完毕时,粥早就凉了。此制度效率太低。

规则六:对于分粥,每人都有一票否决权。这有了公平,但恐怕最后谁也喝不上粥。

规则七:每个人轮流值日分粥,但分粥的那个人要最后一个领粥。令人惊奇的是,在这一制度下,七只碗里的粥每次都是一样多,就像用科学仪器量过一样。每个主持分粥的人都认识到,如果每只碗里的粥不相同,他确定无疑将享用那份最少的。

这些规则其实揭示的是管理中"管"与"理"的平衡问题。

何谓"管理"? 追根溯源,"管理"一词源于两个不同的概念。

"管",我国古代指钥匙,引申为管辖、管制之意,管是法治,是依靠制度规范组织行为,体现着权力的归属;所谓"理",在古代是雕琢玉器、整治土地、治疗疾病。引申有疏通、引导、处理事务之意。"管""理"二字连用,表示在权力范围内,对事物的管束和处理过程。因此,"管"与"理"的组合决定了管理的两大基本职能,即控制职能与协调职能。

曾看过一份权威的调查分析报告称:在中国,管理者 80% 的时间用在管理,仅有 20% 的时间用在工作。著名经济学家胡鞍钢曾指出:西方发达资本主义国家管理工作中的"管"与"理"遵照的是 20% 与 80% 的比例,这与中国管理中的"管"与"理"的比例恰好颠倒。

我们常常看到的现象是:组织中具有一整套规章制度,也不缺乏良好的指挥流程,但效益就是上不去。究其原因在于管理者将太多的精力和热情倾注到"管"上。原本很简单的事情却莫名其妙地变得很复杂,严格的规章和流程由于到具体事务上无用而成了摆设。甚至,还常常陷于这样的无奈:部门之间互相推诿、扯皮,可无法明晰责任。

经济学家说得很清楚:管理 = 管 + 理 = 管好管住 + 理清理顺。不言而喻,"管"蕴含着权力,表现的是指挥与服从,支持"管"的是一套规章制度。"理"则蕴含着智慧,表现的是沟通与协作,它更需要的是一种韬略,一种富有人文精神内涵的情怀,支持"理"的是一种文化精神。

因此,良好的管理机制应有权责明确的制度,并辅之以文化的润滑和组织架构的匹配。只有这样,我们才可能像 CEO 韦尔奇一样真正领略"管理得少"就是"管理得好"的精妙。

管理定律

乔布斯法则：网罗一流人才

乔布斯说，他花了半辈子时间充分意识到人才的价值。他在最近一次讲话中说："我过去常常认为一位出色的人才能顶两名平庸的员工，现在我认为能顶50名。"由于苹果公司需要有创意的人才，所以乔布斯说，他大约把四分之一的时间用于招募人才。高级管理人员往往能更有效地向人才介绍本公司的远景目标。而对于新成立的富有活力的公司来说，其创建者通常在挑选职员时十分仔细，管理者亲临招聘现场，则可使求职者以最快速度了解与适应公司的文化氛围和环境。

点评：宁要一个诸葛亮，不要三个臭皮匠。

本单元小结

1. 控制的目的是使战略被执行，从而使组织的目标得以实现。管理人员在事故发生之前就采取正确有效的预防措施，防患于未然，这样的控制活动，是控制的最高境界。

2. 控制曾被称为是管理的孪生子之一，它的孪生兄弟是计划。控制是必要的，因为一旦管理者制定了计划和战略，就必须保证计划得到执行。就是说，确保其他人正在做、需要做的事是正确的，而不是其他不适当的事。

3. 控制的类型有前馈控制、同期控制和反馈控制，三种方式都各有优缺点，有效管理不能只依靠某一种控制方法，必须根据特定情况将各种控制的方式有侧重地结合起来使用，以取得综合控制的效果。

4. 选择有效的控制方法是管理控制的主要工作。

思考与讨论

一、填空题

1. 控制就是采用正确的标准衡量计划的执行过程，目的是引导人们的行为，以达到＿＿＿＿＿＿＿＿＿＿＿。

2. 前馈控制是在企业生产经营活动＿＿＿＿＿＿＿＿＿＿通过观察情况、收集整理信息、掌握规律、预测趋势，正确预计未来可能出现的问题，＿＿＿＿＿＿＿＿＿＿采取措施，将可能发生的偏差消除在萌芽状态中，为避免在未来不同发展阶段可能出现的问题而＿＿＿＿＿＿＿＿＿＿采取的措施。

3. 同期控制,控制点处于事物发展进程的过程中,是对_____的活动给予指导与监督,以保证活动按规定的政策、程序和方法进行,这类控制是针对行动过程,一旦发生偏差,马上予以纠正。

4. 生产系统行控制的活动内容十分广泛,涉及生产过程中各种生产要素、各个生产环节及各项专业管理。其内容主要有:对制造系统硬件的控制(设备维修、生产进度控制、_____、_____、成本控制、数量控制等。

5. 平衡计分卡是从_____、_____、_____四个角度,将组织的战略落实为可操作的衡量指标和目标值的一种新型绩效管理体系。

二、简答题

1. 简述有效控制的特征。

2. 简述预算控制的概念及优缺点。

3. 简述生产控制的主要内容。

4. 简述标杆控制法的主要步骤。

5. 简述平衡计分卡的核心内容。

三、训练项目

自由结组,每小组选取适当有效的控制方法,结合班集体的管理,制定行之有效的班级管理控制方案来解决实际问题,例如班费管理、学生管理、逃课、迟到、跑早操不积极等问题的解决。最后形成方案报告,以小组形式进行成果汇报。

管控整改方案

项目1:

_____

项目2:

_____

项目3:

_____

项目4:

_____

四、案例分析

案例一 小张下岗后开了一间小型餐饮店。他知道,要取得经营成功,除了要有可口的饭菜外,周到的服务和与顾客的良好关系也是十分重要的。为此,他采取了如下控制措施:

(1)在店内显眼的位置挂一本顾客意见簿,欢迎顾客提出意见和批评;

(2)让领班严密地监视服务人员的行为,并对棘手问题的处理提供协助与建议;

(3)在员工上岗之前进行工作技能和态度的培训;

（4）明确规定半年后要对服务质量好的员工给予奖励。

问题：上述控制措施各属于什么类型的控制？请根据有效控制的方法，为小张的管理控制再提出几条可行方法。

案例二　美国某信用卡公司的卡片分部认识到高质量客户服务是多么重要。客户服务不仅影响公司信誉，也和公司利润息息相关。比如，一张信用卡每早到客户手中一天，公司可获得33美分的额外销售收入，这样一年下来，公司将有140万美元的净利润，及时地将新办理的和更换的信用卡送到客户手中是客户服务质量的一个重要方面，但这远远不够。

决定对客户服务质量进行控制来反映其重要性的想法，最初是由卡片分部的一个地区副总裁凯西·帕克提出来的。她说，"一段时间以来，我们对传统的评价客户服务的方法不大满意。向管理部门提交的报告有偏差，因为它们很少包括有问题但没有抱怨的客户，或那些只是勉强满意公司服务的客户。"她相信，真正衡量客户服务的标准必须基于和反映持卡人的见解。这就意味着要对公司控制程序进行彻底检查。第一项工作就是确定用户对公司的期望。对抱怨信件的分析指出了客户服务的三个重要特点：及时性、准确性和反应灵敏性。持卡者希望准时收到账单、快速处理地址变动、采取行动解决抱怨。

了解了客户期望，公司质量保证人员开始建立控制客户服务质量的标准。所建立的180多个标准反映了诸如申请处理、信用卡发行、账单查询反应及账户服务费代理等服务项目的可接受的服务质量。这些标准都基于用户所期望的服务的及时性、准确性和反应灵敏性上。同时也考虑了其他一些因素。

除了客户见解，服务质量标准还反映了公司竞争性、能力和一些经济因素。比如：一些标准因竞争引入，一些标准受组织现行处理能力影响，另一些标准反应了经济上的能力。考虑了每一个因素后，适当的标准就成形了，所以开始实施控制服务质量的计划。

计划实施效果很好，比如处理信用卡申请的时间由35天降到15天，更换信用卡从15天降到2天，回答用户查询时间从16天降到10天。这些改进给公司带来的潜在利润是巨大的。例如，办理新卡和更换旧卡节省的时间会给公司带来1750万美元的额外收入。另外，如果用户能及时收到信用卡，他们就不会使用竞争者的卡片了。

该质量控制计划潜在的收入和利润对公司还有其他的益处，该计划使整个公司都注重客户期望。各部门都以自己的客户服务记录为骄傲。而且每个雇员都对改进客户服务做出了贡献，使员工士气大增。每个雇员在为客户服务时，都认为自己是公司的一部分，是公司的代表。

信用卡部客户服务质量控制计划的成功，使公司其他部门纷纷效仿。无疑，它对该公司的贡献将是非常巨大的。

案例思考：

1. 该公司控制客户服务质量的计划是前馈控制、同期控制还是反馈控制？

2. 找出该公司对计划进行有效控制的三个因素。

3. 为什么该公司将标准设立在经济可行的水平上,而不是最高可能的水平上?

案例三 如果你在好莱坞或贝弗利山举办一个晚会,肯定会有这样一些名人来参加,如尼科尔森、麦当娜、克鲁斯、切尔、查克皮克。"查克皮克?""当然!"没有停车服务员你不可能开一个晚会,在南加州停车行业内响当当的名字就是查克皮克。查克停车公司中的雇员有100多人,其中大部分是兼职的,每周他至少为几十个晚会办理停车业务。在一个最忙的周六晚上,可能要同时为6～7个晚会提供停车服务,每一个晚会可能需要3～15位服务员。

查克停车公司是一家小企业,但每年的营业额差不多有100万美元。其业务包含两项内容:一项是为晚会料理停车;另一项是不断地在一个乡村俱乐部办理停车经营特许权合同。这个乡村俱乐部要求有2～3个服务员,每周7天都是这样。但是查克的主要业务来自私人晚会。他每天的工作就是拜访那些富人或名人的家,评价道路和停车设施,并告诉他们需要多少个服务员来处理停车的问题。一个小型的晚会可能只要3～4个服务员,花费大约400美元。然而一个特别大型的晚会的停车费用可能高达2000美元。

尽管私人晚会和乡村俱乐部的合同都涉及到停车业务,但它们为查克提供的收费方式却很不相同。私人晚会是以当时出价的方式进行的。查克首先估计大约需要多少服务员为晚会服务,然后按每人每小时多少钱给出一个总价格。如果顾客愿意"买"他的服务,查克就会在晚会结束后寄出一份账单。在乡村俱乐部,查克根据合同规定,每月要付给俱乐部一定数量的租金来换取停车场的经营权。他收入的唯一来源是服务员为顾客服务所获得的小费。因此,在私人晚会服务时,他绝对禁止服务员收取小费,而在俱乐部服务时的小费是他唯一的收入来源。

案例思考:

1. 你是否认为查克的控制方法在两种场合下相同?

2. 在前馈、反馈和同步控制三种类型中,查克应采取哪一种手段对乡村俱乐部业务进行控制? 对私人晚会停车业务,又适宜采取何种控制手段?

学习单元十 创 新

苹果的成功

截至 2010 年 7 月 30 日,苹果公司的市值接近 2500 亿美元,超越了微软公司,成为全球最具价值的科技公司。但是早在 2003 年初,苹果公司的市值也不过 60 亿美元左右,一家大公司,在短短 7 年之内,市值增加了 40 倍,这可以说是一个企业史上的奇迹。苹果公司可以从之前的"烂苹果"变成现在的"金苹果",其成功主要源于不断创新。

1. 产品的创新

从 1998 年到 2010 年,苹果公司陆续推出以 i 为前缀的创新产品。

(1) 1998 年,第一款 iMac 推出。后面跟随的是塑料机箱,包括 tangerine、blueberry、strawberry、lime 四种颜色,这种糖果色的计算机大热,第一年便成为市场上的最畅销款,它们也是第一个以 i 为前缀的苹果产品。

(2) 2001 年,iPod 音乐播放器推出。此后 Apple 陆续推出 10 款 iPod 型号,包括从视频屏幕到更小的 iPod Nano,到 2007 年 4 月为止,已售出 1 亿只 iPod。

(3) 2003 年推出 iTunes。建立了强大商业模式的优秀软件,证明只要价格合适、界面足够简单,人们实际上是可以为音乐付费的。

(4) 2007 年,苹果公司推出 iPhone。掀起了一场手机革命,此设备将 E-mail、电影、音乐和网站浏览结合到一个 3.5 英寸的移动电话中。

(5) 2010 年初,苹果又推出 iPad。这款新产品采用了和 iPhone 同样的操作系统,外观也像一个放大版的 iPhone,在应用软件方面也沿用了 iPhone APP Store 的模式。虽然这款产品存在很多争议,但受到了"苹果粉"的狂热拥护。

2. 理念的创新

1) 根据用户需要而非技术需求设计新产品

在产品的设计上,首先考虑用户的个性化需求以及操作的简便性。比如 iPod 不是第一款音乐播放器,但却是第一款能够满足用户在欣赏音乐过程中的各种需求的播放器。iPod 开发团队首先对 MP3 播放器为何滞销进行了调查,发现其中一个原因就是存储容量小,当用户想听别的歌曲时不得不将内容一条条地进行替换,不能给用户提供一种良好的体验,因此,iPod 的开发首先就定位在大容量播放器上。在设计上,为了使用户能更方便地操控,一切和音乐无关的硬件尽量避免。此外,iPod 还有一些附加的功能,如录音功能、数码相机伴侣、可以像移动硬盘一样存储非音频格式的数据文件等,方便了用户的工作和生活需求。

2) 超越顾客的需求

不仅满足顾客的需求,而且要给他们必定想要的但还没有想到的。例如,用户对手机的追求已经不再是简单的通话功能,各种应用程序和良好的移动互联网体验才是现在以及未来用户所关注的焦点,而 iPhone 提前为用户准备好了一切。于是,iPhone 不仅仅是取得了自身的成功,而是将手机市场引入了另一个境界,智能、触控、大屏幕、应用程序,在传统手机市场还没有反应过来时,它已经成为了新一代手机市场的领军者。

3. 商业模式的创新

1) 重新审视客户的价值主张,创造出一个新的市场

iTunes Music Store 就是这样一种成功的商业模式。它是苹果开办的在线音乐商店,和第三代 iPod 同时发布,其曲目更新速度往往比唱片出版还快,歌手众多,曲目、专辑信息非常详尽。苹果采用的这种服务模式非常切合消费者的实际需求,在这里,用户可以用 0.99 美元的价格下载新唱片中的任意一首歌,而不必为一两首歌买下整张专辑。并且在唱片公司的授权许可下,用户可以将歌曲刻录成普通 CD,有限制地复制到其他计算机上。另一方面,iTunes Music Store 的销售对于内容提供商来说边际成本很低,即使低价出售也有利润,因此他们有动力为 iPod 提供更多的服务内容。在这一“三赢”的模式下,至 2005 年 7 月,iTunes Music Store 销售的歌曲超过了 5 亿首。现在,iPod + iTunes 已经成为突破传统产业模式的一种新型、全方位服务提供模式,它覆盖了硬件、软件、服务和配套产品,可以说是创新和服务的集成。其中,硬件是 iPod 播放器,包括 iPod、iPod nano、iPod shuffle 等,软件是 iTunes 的交互界面,只要硬件的结构和内容发生改变,那么 iTunes 的功能也相应地变动。

苹果真正的创新不是硬件层面的,而是让数字音乐下载变得更加简单易行。利用 iTunes iPod 的组合,苹果开创了一个全新的商业模式——将硬件、软件和服务融为一体。这种创新改变了两个行业——音乐播放器产业和音乐唱片产业。对于苹果而言,iPhone 的核心功能就是一个通信和数码终端,它融合手机、相机、音乐播放器和掌上计算机的功能,这种多功能的组合为用户提供了超越手机或者 iPod 这样单一的功能。苹果的 APP Store 拥有近 20 万个程序,这些程序也是客户价值主张的重要组成部分。除此之外,苹果在用户体验方面做得非常出色,这些都是苹果提供的客户价值主张。

2) 创新的赢利模式

对于苹果公司而言,赢利路径主要有两个:一个是靠卖硬件产品来获得一次性的高额利润,二是靠卖音乐和应用程序来获得重复性购买的持续利润。由于优秀的设计,以及超过 10 万计的音乐和应用程序的支持,无论是 iPod、iPhone 还是 iPad,都要

比同类竞争产品的利润高很多。同样,由于有上面这些硬件的支持,那些应用程序也更有价值。

 学习目标

1. 了解创新的概念及理论基础。
2. 掌握创新的方法。
3. 了解如何开展创新管理。

第一节　创新概述

一、创新的概念

创新是指:以现有的思维模式提出有别于常规或常人思路的见解为导向,利用现有的知识和物质,在特定的环境中,本着理想化需要或为满足社会需求,而改进或创造新的事物、方法、元素、路径、环境,并能获得一定有益效果的行为。

创新是以新思维、新发明和新描述为特征的一种概念化过程。起源于拉丁语,它原意有三层含义:第一,更新;第二,创造新的东西;第三,改变。创新是人类特有的认识能力和实践能力,是人类主观能动性的高级表现形式,是推动民族进步和社会发展的不竭动力。一个民族要想走在时代前列,就一刻也不能没有理论思维,一刻也不能停止理论创新。创新在经济、商业、技术、社会学以及建筑学这些领域的研究中有着举足轻重的分量。

二、创新理论基础

人们对创新概念的理解最早主要是从技术与经济相结合的角度,探讨技术创新在经济发展过程中的作用,主要代表人物是现代创新理论的提出者约瑟夫·熊彼特。独具特色的创新理论奠定了熊彼特在经济思想发展史研究领域的独特地位,也成为他经济思想发展史研究的主要成就。熊彼特的创新理论主要有以下几个基本观点:

(1)创新是生产过程中内生的。他说:“我们所指的‘发展’只是经济生活中并非从外部强加于它的,而是从内部自行发生的变化。”尽管投入的资本和劳动力数量的变化,能够导致经济生活的变化,但这并不是唯一的经济变化;还有另一种经济变化,它是不能用从外部加于数据的影响来说明的,它是从体系内部发生的。这种变化是那么多的重要经济现象的原因,所以,为它建立一种理论似乎是值得的。这里的“另一种经济变化”就是“创新”。

(2)创新是一种“革命性”变化。熊彼特曾作过这样一个形象的比喻:不管把多大数量的驿路马车或邮车连续相加,也决不能得到一条铁路。“而恰恰就是这种‘革命性'变化的发生,才是我们要涉及的问题,也就是在一种非常狭窄和正式的意义上的经济发展的问题。"这就充分强调创新的突发性和间断性的特点,主张对经济发展进行"动态"性分析研究。

(3)创新同时意味着毁灭。一般说来,"新组合并不一定要由控制创新过程所代替的生产或商业过程的同一批人去执行",即并不是驿路马车的所有者去建筑铁路,而恰恰相反,铁路的建筑意味着对驿路马车的否定。所以,在竞争性的经济生活中,新组合意味着对旧组织通过竞争而加以消灭,尽管消灭的方式不同。如在完全竞争状态下的创新和毁灭往往发生在两个不同的经济实体之间;而随着经济的发展,经济实体的扩大,创新更多地转化为一种经济实体内部的自我更新。

(4)创新必须能够创造出新的价值。熊彼特认为,先有发明,后有创新;发明是新工具或新方法的发现,而创新是新工具或新方法的应用。"只要发明还没有得到实际上的应用,那么在经济上就是不起作用的。"因为新工具或新方法的使用在经济发展中起到作用,最重要的含义就是能够创造出新的价值。把发明与创新割裂开来,有其理论自身的缺陷;但强调创新是新工具或新方法的应用,必须产生出新的经济价值,这对于创新理论的研究具有重要的意义。所以,这个思想为此后诸多研究创新理论的学者所继承。

(5)创新是经济发展的本质规定。熊彼特力图引入创新概念以便从机制上解释经济发展。他认为,可以把经济区分为"增长"与"发展"两种情况。所谓经济增长,如果是由人口和资本的增长所导致的,并不能称作发展。"因为它没有产生在质上是新的现象,而只有同一种适应过程,像在自然数据中的变化一样。""我们所意指的发展是一种特殊的现象,同我们在循环流转中或走向均衡的趋势中可能观察到的完全不同。它是流转渠道中的自发的和间断的变化,是对均衡的干扰,它永远在改变和代替以前存在的均衡状态。我们的发展理论,只不过是对这种现象和伴随它的过程的论述。"所以,"我们所说的发展,可以定义为执行新的组合。"这就是说,发展是经济循环流转过程的中断,也就是实现了创新,创新是发展的本质规定。

(6)创新的主体是"企业家"。熊彼特把"新组合"的实现称之为"企业",那么以实现这种"新组合"为职业的人们便是"企业家"。因此,企业家的核心职能不是经营或管理,而是看其是否能够执行这种"新组合"。这个核心职能又把真正的企业家活动与其他活动区别开来。每个企业家只有当其实际上实现了某种"新组合"时才是一个名副其实的企业家。这就使得"充当一个企业家并不是一种职业,一般说也不是一种持久的状况,所以企业家并不形成一个从专门意义上讲的社会阶级。"熊彼特对企业家的这种独特的界定,其目的在于突出创新的特殊性,说明创新活动的特殊价值。但是,以能否实际实现某种"新组合"作为企业家的内在规定性,这就过于强调企业家的动态性,这不仅给研究创新主体问题带来困难,而且在实际生活过程中也很难把握。

学术界在熊彼特创新理论的基础上开展了进一步的研究,使创新的经济学研究日益精致和专门化,仅创新模型就先后出现了许多种,其代表性的模型有:技术推动模型、需求拉动模型、相互作用模型、整合模型、系统整合网络模型等,构建起技术创新、机制创新、创新双螺旋等理论体系,形成关于创新理论的经济学理解。

按照熊彼特的观点和分析,所谓创新就是建立一种新的生产函数,把一种从来没有过的关于生产要素和生产条件的新组合引入生产体系。在熊彼特看来,作为资本主义"灵魂"的企业家的职能就是实现创新,引进新组合。所谓经济发展就是指整个资本主义社会不断地实现新组合。资本主义就是这种"经济变动的一种形式或方法",即所谓"不断地从内部革新经济结构"的"一种创造性的破坏过程"。

在熊彼特假定存在的一种所谓循环运行的均衡情况下,不存在企业家,没有创新,没有变动和发展,企业总收入等于总支出,生产管理者所得到的只是"管理工资",因而不产生利润,也不存在资本和利息。只有在他所说的实现了创新的发展的情况下,才存在企业家和资本,才产生利润和利息。这时,企业总收入超过总支出,这种余额或剩余就是企业家利润,是企业家由于实现了新组合而应得的合理报酬。资本的职能是为企业家进行创新提供必要的支付手段,其所得利息便是从企业家利润中偿付的,如同对利润的一种课税。在这个创新理论中,人们只能看到生产技术和企业组织的变化,而资本主义的基本矛盾和剥削关系则完全忽视。

第二节　创新的方法

一、奥斯本核检表法

所谓的检核表法是根据需要研究的对象的特点列出有关问题,形成检核表,然后一个一个地来核对讨论,从而发掘出解决问题的大量设想。它引导人们根据检核项目的一条条思路来求解问题,以力求比较周密的思考。奥斯本检核表法是指以该技法的发明者奥斯本命名、引导主体在创造过程中对照九个方面的问题进行思考,以便启迪思路,开拓思维想像的空间,促进人们产生新设想、新方案的方法,主要面对九个大问题:有无其他用途、能否借用、能否改变、能否扩大、能否缩小、能否代用、能否重新调整、能否颠倒、能否组合。

奥斯本的检核表法属于横向思维,以直观、直接的方式激发思维活动,操作十分方便,效果也相当好。

下述九组问题对于任何领域创造性地解决问题都是适用的,这九个问题不是奥斯本凭空想象的,而是他在研究和总结大量近、现代科学发现、发明、创造实例的基础上归纳出来的。

(1) 现有的东西(如发明、材料、方法等)有无其他用途? 保持原状不变能否扩大用途? 稍加改变,有无别的用途?

人们从事创造活动时,往往沿这样两条途径:一种是当某个目标确定后,沿着从目标到方法的途径,根据目标找出达到目标的方法;另一种则与此相反,首先发现一种事实,然后想象这一事实能起什么作用,即从方法入手将思维引向目标。后一种方法是人们最常用的,而且随着科学技术的发展,这种方法将越来越广泛地得到应用。

某个东西,"还能有其他什么用途?""还能用其他什么方法使用它?"……这能使我们的想象活跃起来。当我们拥有某种材料,为扩大它的用途,打开它的市场,就必须善于进行这种思考。德国有人想出了300种利用花生的实用方法,仅仅用于烹调,他就想出了100多种方法。橡胶有什么用处?有家公司提出了成千上万种设想,如用它制成床毯、浴盆、人行道边饰、衣夹、鸟笼、门扶手、棺材、墓碑等。炉渣有什么用处?废料有什么用处?边角料有什么用处?……当人们将自己的想象投入这条广阔的"高速公路"上就会以丰富的想象力产生出更多好的设想。

(2)能否从别处得到启发?能否借用别处的经验或发明?外界有无相似的想法,能否借鉴?过去有无类似的东西,有什么东西可供模仿?谁的东西可供模仿?现有的发明能否引入其他的创造性设想之中?

当伦琴发现"X光"时,并没有预见到这种射线的任何用途。因而当他发现这项发现具有广泛用途时,他感到吃惊。通过联想借鉴,现在人们不仅已用"X光"来治疗疾病,外科医生还用它来观察人体的内部情况。同样,电灯在开始时只用来照明,后来,改进了光线的波长,发明了紫外线灯、红外线加热灯、灭菌灯等。科学技术的重大进步不仅表现在某些科学技术难题的突破上,也表现在科学技术成果的推广应用上。一种新产品、新工艺、新材料,必将随着它的越来越多的新应用而显示其生命力。

(3)现有的东西是否可以作某些改变?改变一下会怎么样?可否改变一下形状、颜色、声音、味道?是否可改变一下意义、型号、模具、运动形式?……改变之后,效果又将如何?

如汽车,有时改变一下车身的颜色,就会增加汽车的美感,从而增加销售量。又如面包,给它裹上一层芳香的包装,就能提高嗅觉诱力。据说妇女用的游泳衣是婴儿衣服的模仿品,而滚柱轴承改成滚珠轴承就是改变形状的结果。

(4)放大、扩大。现有的东西能否扩大使用范围?能不能增加一些东西?能否添加部件,拉长时间,增加长度,提高强度,延长使用寿命,提高价值,加快转速?……

在自我发问的技巧中,研究"再多些"与"再少些"这类有关联的成分,能给想象提供大量的构思设想。使用加法和乘法,便可能使人们扩大探索的领域。

"为什么不用更大的包装呢?"——橡胶工厂大量使用的黏合剂通常装在一加仑(1加仑=3.785412)的马口铁桶中出售,使用后便扔掉。有位工人建议黏合剂装在五十加仑的容器内,容器可反复使用,节省了大量马口铁。

"能使之加固吗?"——织袜厂通过加固袜头和袜跟,使袜的销售量大增。

"能改变一下成分吗?"——牙膏中加入某种配料,成了具有某种附加功能的牙膏。

（5）缩小、省略。缩小一些怎么样？现在的东西能否缩小体积，减轻重量，降低高度，压缩、变薄？……能否省略，能否进一步细分？……

前面一条沿着"借助于扩大""借助于增加"而通往新设想的渠道，这一条则是沿着"借助于缩小""借助于省略或分解"的途径来寻找新设想。袖珍式收音机、微型计算机、折叠伞等就是缩小的产物。没有内胎的轮胎，尽可能删去细节的漫画，就是省略的结果。

（6）能否代用。可否由别的东西代替，由别人代替？用别的材料、零件代替，用别的方法、工艺代替，用别的能源代替？可否选取其他地点？

如在汽体中用液压传动来替代金属齿轮，又如用充氩的办法来代替电灯泡中的真空，使钨丝灯泡提高亮度。通过取代、替换的途径也可以为想象提供广阔的探索领域。

（7）从调换的角度思考问题。能否更换一下先后顺序？可否调换元件、部件？是否可用其他型号，可否改成另一种安排方式？原因与结果能否对换位置？能否变换一下日程？……更换一下，会怎么样？

重新安排通常会带来很多的创造性设想。飞机诞生的初期，螺旋桨安排在头部，后来，将它装到了顶部，成了直升飞机，喷气式飞机则把它安放在尾部，说明通过重新安排可以产生种种创造性设想。商店柜台的重新安排、营业时间的合理调整、电视节目的顺序安排、机器设备的布局调整……都有可能导致更好的结果。

（8）从相反方向思考问题，通过对比也能成为萌发想象的宝贵源泉，可以启发人的思路。倒过来会怎么样？上下是否可以倒过来？左右、前后是否可以对换位置？里外可否倒换？正反是否可以倒换？可否用否定代替肯定？……

这是一种反向思维的方法，它在创造活动中是一种颇为常见和有用的思维方法。第一次世界大战期间，有人就曾运用这种"颠倒"的设想建造舰船，建造速度也有了显著的加快。

（9）从综合的角度分析问题。组合起来怎么样？能否装配成一个系统？能否把目的进行组合？能否将各种想法进行综合？能否把各种部件进行组合？等等。

例如把铅笔和橡皮组合在一起成为带橡皮的铅笔，把几种部件组合在一起变成组合机床，把几种金属组合在一起变成种种性能不同的合金，把几件材料组合在一起制成复合材料，把几个企业组合在一起构成横向联合……

应用奥斯本检核表是一种强制性思考过程，有利于突破不愿提问的心理障碍。很多时候，善于提问本身就是一种创造。

二、和田十二法

和田十二法，又叫"和田创新法则"（和田创新十二法），是我国学者许立言、张福奎在奥斯本检核问题表基础上，借用其基本原理，加以创造而提出的一种思维技法。它既是对奥斯本检核问题表法的一种继承，又是一种大胆的创新。比如，其中的"联一联""定一定"等等,就是一种新发展。同时,这些技法更通俗易懂,简便易行,便于推广。

1. 具体内容

（1）加一加:加高、加厚、加多、组合等。

（2）减一减:减轻、减少、省略等。

（3）扩一扩:放大、扩大、提高功效等。

（4）变一变:变形状、颜色、气味、声音、次序等。

（5）改一改:改缺点、改不便、不足之处。

（6）缩一缩:压缩、缩小、微型化。

（7）联一联:原因和结果有何联系,把某些东西联系起来。

（8）学一学:模仿形状、结构、方法,学习先进。

（9）代一代:用别的材料代替,用别的方法代替。

（10）搬一搬:移作他用。

（11）反一反:能否颠倒一下。

（12）定一定:定个界限、标准,能提高工作效率。

拓展案例

根据和田十二法中的"缩一缩",石家庄市第一中学的王学青同学发现地球仪携带不方便,便想到,如果地球仪不用时能把它压缩、变小,携带就方便了。他想若应用制作塑料球的办法制作地球仪就可以解决这个问题。用塑料薄膜制的地球仪,用的时候把气吹足,放在支架上,可以转动;不用的时候把气放掉,一下子就缩得很小,携带很方便了。

和田十二法是对奥斯本检核问题表法的一种继承,又是一种大胆的创新。比如,其中的"联一联""定一定"等,就是一种新发展。同时,这些技法更通俗易懂,简便易行,便于推广。

三、5W1H 法

5W1H(WWWWWH)分析法也叫六何分析法,是一种思考方法,也可以说是一种创造技法。在企业管理、日常工作生活和学习中得到广泛的应用。

5W+1H:是对选定的项目、工序或操作,都要从原因(何因 Why)、对象(何事 What)、地点(何地 Where)、时间(何时 When)、人员(何人 Who)、方法(何法 How)等六个方面提出问题进行思考。

1. 对象（What）——什么事情

公司生产什么产品?车间生产什么零配件?为什么要生产这个产品?能不能生产别的?我到底应该生产什么?例如,如果这个产品不挣钱,换个利润高点的好不好?

2. 场所（Where）——什么地点

生产是在哪里进行的？为什么偏偏要在这个地方？换个地方行不行？到底应该在什么地方？这是选择工作场所应该考虑的。

3. 时间和程序（When）——什么时候

例如,这个工序或者零部件是在什么时候做的？为什么要在这个时候做？能不能在其他时候做？把后工序提到前面行不行？到底应该在什么时间做？

4. 人员（Who）——责任人

这个事情是谁在做？为什么要让他做？如果他既不负责任,脾气又很大,是不是可以换个人？有时候换一个人,整个生产就有起色了。

5. 为什么（Why）——原因

为什么采用这个技术参数？为什么不能有变动？为什么不能使用？为什么变成红色？为什么要做成这个形状？为什么采用机器代替人力？为什么非做不可？

6. 方式（How）——如何

生产手段也就是工艺方法,例如,我们是怎样做的？为什么用这种方法来做？有没有别的方法可以做？到底应该怎么做？有时候方法一改,全局就会改变。

第三节　创新管理

一、经营管理创新

1. 以供应链理为核心整合管理活动

中国企业正从各部门体系的小利益范围中摆脱出来,管理活动前向、后向延伸与整合,提升组织和业务的整体性。这种以供应链管理为核心的延伸与整合发展所呈现的趋势是:朝着集中计划与分散执行相结合的模式发展,即基于事件反应时间、集成高新信息技术的管理模式;减少供应商的数量,精简供应链组织,使得供应链更为紧凑和简约;重视客户服务与客户满意度,注重客户对服务水平的感受;终端消费品市场以零售商为主导的供应链管理模式等。

2. 以业务流程管理为核心,让管理简单化、柔性化

以业务流程为核心的管理强调企业组织为流程而定,突破部门职能分工界限,按照企业特定的目标和任务,把全部业务流程当作整体,将有关部门管理职能进行集成和组合,强调全流程绩效表现取代个别部门或个别活动的绩效,实现全过程、连续性的管理和服务。

这种管理方式弱化中间主管层次的领导作用,缩短过长的管理路线,建立管理中心下移的体制;实行业务流程的"顺序服从"关系,讲求的是流程上下环节的服从,流程内的成员互相合作和配合,流程各环节从对上级负责转换为追求下一流程环节的满意,组织单元之间的绝大多数工作衔接将按照确定的顺序及规则进行。

企业文化管理走向量化。企业竞争的硬性成本基本趋同,关键的影响因素变成了软成本,即企业文化成本——员工的情绪、投入、敬业精神、忠诚度等。

3. 以业务营运为核心的战略化管理

这种管理方式要求企业具备更前瞻的眼光,勇于和善于预测,并积极构造战略架构;要求企业更关注核心能力发展和资源沉淀,必须从全国甚至全球、从产业的角度来考虑资源配置,以核心能力为龙头,在资金、人力资源、产品研发、生产制造、市场营销等方面进行有机整合;要求企业成为产业新标准或规则的制订者,在产业的核心竞争力方面领先,由市场份额、产品或服务的竞争转向对商业机会的竞争;要求企业不必过多考虑战略目标是否与企业资源相匹配,而是根据业务的战略规划创造性地通过各种途径来整合资源,从而为顾客创造价值。

4. 企业文化管理走向量化

企业竞争的硬性成本基本趋同,关键的影响因素变成了软成本,即企业文化成本——员工的情绪、投入、敬业精神、忠诚度等。但企业文化对企业究竟能影响到什么程度? 企业文化怎样才能帮助企业把资源激活?

企业文化管理开始从定性走向定量,但不是片面数据化,而是具体化和精细化。一方面,对企业的文化管理所表现出来的现状进行分析、评价量化,包括定序、定比、定量、定距等。另一方面,对照差距找到文化管理的短板,具体化和精细化管理策略。

5. 以信息化应用创新为核心的管理创新趋势

国内真正具有应用集成示范效果的企业为数不多,但大多数 CIO(首席信息官)认为,集成应用是信息管理的主流方向,且侧重于以下几方面:在理念方面,面向企业管理需求,解决集成与随需应变、领域专业应用与全面集成的矛盾,在分步应用与全面集成之间找到平衡;在应用实施方面,主要是实现数据层面的集成,实现信息共享、消灭信息孤岛,部分信息管理先进的企业可能实现系统应用集成,使不同应用系统之间能够相互调用信息,但最理想层次的业务流程集成,即通过流程把所有应用、数据管理起来,使之贯穿于众多应用系统、数据、用户和合作伙伴,则由于大多数企业缺乏相当的管理基础,这一层次的集成很难实现。

6. 以竞争战略及合作模式创新为核心的管理创新趋势

(1)由人才竞争转向知识管理、创新人才两极竞争。
(2)由部门战术层次竞争转向企业整体策略层次竞。
(3)由持续经营合作转向项目型经营合作。
(4)由资源互补合作转向资源交易合作。

二、信息化应用创新

由单一功能应用转向集成应用。要通过信息化集成更好地将市场、经营、生产的各种信息打通,积极协调企业现有和将来的应用程序、数据及员工与合作伙伴之间的互动,以便实现对关键业务流程实时的有效管理。

由单一的管理功能转向管控与服务一体化。集成应用也带来信息管理模式的转变。过程数据的管理、调度指令的实时传送、计算机在线管理、资源优化管理等可以在业务节点(业务组织单元)和管控节点(职能管理组织单元)进行信息交换与共享,实现在线实时管控与服务。当然,这种管控与服务一体化更多地体现业务性管理,如"三流一活动"(信息流、资金流、物流和具体的作业活动)的管控与服务,而对战略性决策管理和策略性举措管理还缺乏有效的应用。

三、竞争战略及合作模式创新

随着市场不断成熟,由市场、销售部门主导的价格、品质等战术层次的竞争因素已经不是主导的决定性因素。这些因素很容易被模仿,因此吸引力正渐渐变小。为了与众多对手相区别,企业在整体策略层面开始设计竞争手段,竞争的内容出现了许多新的变化,像品牌、客户满意度服务、公益广告、企业文化等因素组合并左右顾客的选择。同时,在每一个竞争领域,由于企业的模仿能力强、竞争压力大,在同一内容的竞争中也出现了多种变化,所以在任何一个竞争领域,企业都必须跟上环境变化,不断地弥补、修改、提升、创新整体策略层面的竞争力。

由持续经营合作转向项目型经营合作。多数企业基于战略的长远框架已经搭建,即基于长远的企业利润模式已经明晰,所以持续经营型合作(法人之间合作成立新设法人组织)形式越来越减少。虽然有些跨行业或跨产业领域持续经营合作形式依然存在,但数量在急剧下降。独特性和一次性业务活动在企业实践中所占价值比重越来越大。这种环境因素和趋利性的本性使得企业趋向于选择短期合作形式即项目型经营合作,无论是同行业间还是跨行业或产业,为某一营运事项成立法人组织,而待事项一完成,法人组织也就依法解散。

由资源互补合作转向资源交易合作。基于持续经营合作模式的营运基础是资源和能力的优势互补,转向项目型经营合作后,顺其自然,资源就成为一种交易性合作,而且往往成为项目型经营合作的制约要素,一方往往为寻求有效资源交易而与拥有资源的另一方主动合作,以交易的方式形成合作模式。

拓展阅读

马云:创新不是要打败对手而是与明天竞争

——摘自马云在"清华创新论坛"上的讲话(新浪科技网,互联网板块新闻)

阿里巴巴董事局主席马云在出席清华创新论坛时表示,企业创新不是为打败对手,而是跟明天竞争。"我不相信有一流的人才,我只相信有一流的努力",马云表示,知识是可以灌输的,但是智慧是启迪的、唤醒的,这也是教育上面临的巨大创新挑战。

对于企业创新,马云认为创新不是要打败对手、不是为更大的名,而是为了社会、客户、明天。"创新不是和对手竞争,而是跟明天竞争",马云说,真正的创新一定是基于使命感,这样才能持久地进行。

上述话题延伸到企业内部,马云再次强调了阿里巴巴的价值观,即做自己的原则。他表示"在这个原则基础上什么事情都可以谈,在这个原则之外什么事情都不能谈"。

此外,马云还借给儿子18岁时写的一封信,阐释了他理解的人才观。首先是拥有独立判断,其次是保持乐观,第三是讲真话。"这三个基本要求谁都能做到",马云也补充说,"人才他一定有点怪异,所以领导要包容。"

以下为在出席清华创新论坛时马云主要演讲内容的文字实录:

尊敬的委员长、朱部长、顾校长、各位领导、各位同事,非常荣幸,从来没想过自己会参加清华百年校庆,小时候有很大的梦想,想进清华北大,也有很大的使命,想为国做贡献,但缺乏创新的手段,没有考上清华。跟开复有点不一样,开复想要寻找的是一流的人才,我不是一流的人才,但我也不是四流的人才,天生我材必有用,我越想越有道理,你想找到适合自己的方法一定有办法,我不相信有一流的人才,我只相信有一流的努力。有的人开会多了,吃饭多了,越来越胖,我刚好相反。我跟人吃饭也不少,但是越吃越瘦,大部分的时候我在听别人讲,或者在讲我自己认为我坚持的东西。所以很少有时间吃饭,但是我觉得我跟很多同事分享的时候,假如你毕业于北大,毕业于清华,你用欣赏的眼光看看别人。假如你毕业于普通的学校,你用欣赏的眼光看看自己。

我今天讲一些我自己的观点,我坐在下面我在思考我要讲什么,因为每次讲我都是临时想的,我真实的想法,创新无模式,创新就是你的感触,你对问题的看法。我想表达一下我对创新的看法,未必对,只是分享给大家。我自己在想为什么没考进清华,小学我念了七年,中学念了三年,高考考了三次,一直以来从来没有被认为好学生,但也没变成一个坏学生。小学我是最好的小学生之一,我们去参加考试'全军覆没',后来实在没有中学要我们,就把我们改为杭州天水中学。在杭州历史上只有一所小学改中学的,我有时候看见北大、清华、哈佛这些毕业生出于嫉妒心理,我经常讽刺多一点。我认为我考进的杭州师范学院是最好的学校。

我特别喜欢这两个字——启迪,现在的教学我觉得灌输的知识,刚才委员长讲,知识已经是爆炸时代,我分析为什么我考试考不好,老师讲的东西我永远记不住,优秀的学生是老师讲的他记得很清楚,我觉得启迪这两个字,我认为知识是可以灌输的,但是人类的智慧是启迪的,是唤醒的。我们进入21世纪,在知识爆炸的时候,重要的不是获取更多的知识,以前时代你可能需要大量的记忆,我以前那些同学我太佩服了,中国人的文化是勤劳勇敢,勤劳是很重要,机器是永远不会偷懒的,人和机器最大的差别是,我们懂得创新。我觉得未来学校的改革,未来教育最大的改革是发现,我非常同意好奇,独特的思考,我们去唤起人的智慧。其实像我们这样的人,真的考试记不住，王安石变法是哪年，高考就考那些东西，我以前数学还不错，后来高考数学考了一分，当然我觉得数学后来考得也不错。不同思考模式的人，假如我们懂得唤醒人的智慧，发现孩子的强项，我觉得这可能是我们未来最大的挑战，这也是我们今天在教育上面需要找出来的巨大创新。

第二个企业的创新，我分享一下我的看法，创新在我理解，就是创造新的价值，创新不是因为你要打败对手而创新，不是为更大的名，而是为了社会、为了客户、为了明天，创新不是为对手竞争，而是跟明天竞争。真正的创新一定是基于使命感，我自己在问自己这个问题，这么多年来越来越辛苦，越来越累。我特别欣赏开复一个优秀的东西，不是他做了很多企业，参加了 Google，而是他懂得分享，把自己的经验，把学到的东西跟别人分享。

我自己觉得我们一定要问自己一个问题，我到底为了什么，其实有时候很多论坛邀请我去演讲，我会拒绝很多，但有时候还得去，为什么？要想清楚自己有什么，要什么，要放弃什么。其实我们一无所有，也没有一个有钱的爸，也没有一个有钱的舅舅，我做到现在感谢这个时代，感谢很多的朋友，感恩互联网，感恩所有信任我的朋友，他们的信任让我走到了今天。我是侥幸，但是有多少可以像淘宝像阿里巴巴，他们能够走过我们一样的路，我今天说，十多年来，我做阿里巴巴从来没改过的使命，让天下没有难做的生意，让小企业成长起来，成为明天的谷歌，明天的百度，明天的阿里巴巴。微博上说了，阿里巴巴是投资负增长，我们挣钱却没游戏公司多，但我们挣得踏实。我没骗过投资者，我第一天就讲，我拿的钱今天影响了一个行业，我不敢说我们有多大的贡献，但中国电子商务发展到今天，阿里人作出的贡献很大，我们自己可能没挣很多钱，但是我们创建了电子商务，我们创建了诚信体系，我们创建了物流体系，明白自己有什么，明白自己要什么，明白自己放弃什么。做企业有钱的人千万不要想有权，当政府有权的人千万不要想自己有钱，这两个东西就像火药一样。只有明白自己要什么，走得才会踏实。基于使命感的创新才是持久的，另外，我自己觉得企业内部的创新，创新一定在企业外部。前一段时间美国一个学者问我，你认为学校应该怎么培养学生？我认为学校是最好的学校，学校培育了我们。在我最困难的时候，管理混乱，不知道怎么办的时候，我专门去研究了一下，我们公司内部换一个经理，所有人都要辞职，后来我们改成总监以上是集团直接管理，越管越靠谱。我们今天换一个总监，换一个副总裁很方便，这样的机制才能可持续发展，所以创新在公司以外。

另外我讲一下人才，我觉得我们需要的是平凡的人，我儿子 18 岁的时候写了一封信，我说，儿子 18 岁了，我送你三句话，永远用自己的脑袋思考问题，独立判断，第二永远保持乐观的心态，世界是有很多问题，但解决问题的办法总比问题多，世界所有的问题，人类这么多年都过来了，为什么我们就过不去？第三个讲真话，跟老爸讲真话。今天员工同事也一样，我希望是乐观的员工，喜欢有独立思考的员工，希望讲真话的员工，我们都是平凡的人，这三个基本要求谁都能做到。我也希望我的员工，我的公司是个'动物园',而不是'农场','农场'永远做不出创新,农场就是一群鸡一群鸭都一样,服装都统一的,麻烦大了,我们需要的是各类动物,有开心有快乐,由于是人才,他一定有点怪异,所以领导要包容。

第三个企业内部要有创新机制,文化很重要的一点是舒服。我刚才一穿西装打领带我特不舒服,我就不会讲话了。阿里巴巴讲一个价值观,那就是做自己的原则,在这个原则基础上什么事情都可以谈,在这个原则之外什么事情都不能谈。阿里有今天,我们特别强调文化。前段时间我们阿里巴巴 B2B 的 CEO 卫哲辞职,是承担了他应该承担的责任,并没有网上传的利益分配,内部斗争,哪有那么复杂,违背价值体系,违背我们的原则,谁都该承担责任,就是那么简单。有人说马云你的价值观连你的 CEO 都不理解,这不是我的价值观,这是'我们'的价值观,诚信,这是人类共同拥有的价值观,谁违背谁承担责任。"

管理故事

解开绳结

公元 1202 年,铁木真和王汉联兵大战札木合取得胜利。札木合投降了王汉。那年秋天,铁木真率部来到了斡难河畔,河畔有一棵五人方能合抱的大树,大树上系着一个复杂的绳结。据蒙古传说,谁能解开这个绳结,谁就能成为蒙古之王。每年,蒙古都会有很多人来解这个结。札木合来过,王汗也来过,可他们总是不知如何下手,这个结异常复杂,连绳头也看不到。铁木真仔细观察了这个绳结,他也找不到绳头。他想了一会儿,拔出剑来,将绳结一劈两半,然后对众人说道:"这,就是我铁木真解开绳结的方式!"

灵犀一点:有时单刀直入就能使问题迎刃而解。

管理定律

跳蚤效应

"跳蚤效应"来源于一个有趣的实验:生物学家曾经将跳蚤随意向地上一抛,它能从地面上跳起一米多高。但是如果在一米高的地方放个盖子,这时跳蚤会跳起来,撞到盖子,而且是一再地撞到盖子。过一段时间后,你拿掉盖子,你会发现,虽然跳蚤继续在跳,但已经不能跳到一米高以上了,直至结束生命都是如此。为什么呢? 理由很简单,它们已经调节了自己跳的高度,而且适应了这种情况,不再改变。不但跳蚤如此,人也一样,有什么样的目标就有什么样的人生。同样,不要让既定的目标限制了组织的创新,没有创新意识的企业是无法长久生存的。

本单元小结

1. 创新作为管理的五项基本职能之一,是组织发展的基础,是保持组织活力、提高组织竞争力的保证。组织目标和组织计划等方面的变革,对组织管理影响很大,它直接关系到组织的生存和发展方向,因此,正确有效的创新方法可以督促组织开展创新,以不断实现组织最优化的存在状态。

2. 创新是企业的灵魂,选择合适的创新方法,不断推陈出新才是企业长存之道。

思考与讨论

一、选择题

1. 创新是以新思维、新发明和新描述为特征的一种概念化过程,起源于拉丁语,它原意有三层含义,其中不包含哪一项?(　　)

A. 更新　　　　B. 创造新的东西　　　　C. 改变　　　　D. 实践

2. 奥斯本检核表法是指以该技法的发明者奥斯本命名、引导主体在创造过程中对照(　　)个方面的问题进行思考,以便启迪思路,开拓思维想像的空间,促进人们产生新设想、新方案的方法。

A. 7　　　　　B. 8　　　　　C. 9　　　　　D. 10

3. 和田十二法,又叫"和田创新法则"(和田创新十二法),下列属于和田十二法的是(　　)。

A. 加一加　　B. 减一减　　　　　C. 扩一扩　　D. 变一变

4. 创新管理包含哪几方面内容?(　　)

A. 经营管理创新　　　　B. 信息化应用创新

C. 竞争战略　　　　　　D. 合作模式创新

二、简答题

1. 请简述熊彼特的创新理论。

2. 请简述和田十二法。

3. 浅谈创新管理在企业中的作用。

三、训练项目

利用奥斯本检核表选取一样物品进行创新思维训练,形成训练报告。参考案例如表 10-1 所列。

表 10 - 1　检表法举例玻璃杯的改进方案分析

序号	核检项目	发散性设想	初选方案
1	能否他用	作灯罩 可食用 当量具 作装饰 拔火罐 作圆规	装饰品
2	能否借用	自热杯 磁疗杯 保温杯 电热杯 音乐杯 防爆杯	自热磁疗杯
3	能否改变	塔形杯 动物杯 防溢杯 自洁杯 密码杯 幻影杯	自洁幻影杯
4	能否扩大	不倒杯 防碎杯 消防杯 过滤杯 多层杯	多层杯
5	能否缩小	微型杯 超薄杯 可伸缩杯 扁形杯 勺形杯	伸缩杯
6	能否代用	纸杯 一次性杯 竹木制杯 可食质杯 塑料杯	可食质杯
7	能否调整	系列装饰杯 系列高脚杯 系列口杯 酒杯 咖啡杯	系列高脚杯
8	能否颠倒	透明不透明 彩色非彩色 雕花非雕花 有嘴无嘴	不透明雕花杯
9	能否组合	与温度计组合 与香料组合 与中草药组合 与加热器组合	与中草药组合杯

四、案例分析

浙江久立集团的前身是湖州防火电缆厂和湖州不锈钢管厂,创建于 1987 年 12 月,是一家乡镇企业。该集团于 1989 年与上海电缆研究所技术合作,联合开发氧化镁矿物绝缘电缆,即 MI 电缆,填补了国内空白。又于 1991 年与上海电缆研究所成立科研生产联合体,"八五"期间投入 4320 万元技改资金,扩建 MI 电缆生产线,生产各种系列氧化镁矿物防火电缆,产品替代进口。

市场是检验技术创新成功与否的最终标准,是技术创新的归宿,同时也是技术创新的出发点。浙江久立集团公司董事长兼总经理周志江正是看准了市场,坚持百年艰难的氧化镁矿物耐火电缆技术创新。

过去我国大厦埋设的电缆都是不耐火的,在 50℃ 以上温度下就损失功能,一遇火灾,埋设的电缆就全部烧坏,电缆报废也就导致大楼报废。少数高级宾馆和大厦要花巨资从国外进口耐火电缆。随着我国建筑业的发展,对大厦的质量要求不断上升,防火电缆是一个很大的潜在市场。周志江正是看准这个市场,于 1989 年与上海电缆研究所合作开发氧化镁矿物防火电缆。在上海电缆研究所技术人员的帮助下,通过久立技术人员的不懈努力,产品开发终于成功,并通过了国内权威部门验证。产品质量达到同类进口产品水平,产品价格仅为同类进口产品的 1/8。然而,市场一直没有订单,连续 5 年,公司每年投入 30 万元,试制费用,加上技术转让费用 30 万元,直接投入研究开发费用 180 万元,再加上生产设备、厂房投资,占用资金几千万元。

技术创新工作的艰难不仅来自技术本身,更是来自市场,在压力面前,周志江始终抱定一个信念:从国外建筑市场需求的现状和我国市场的发展趋势分析,防火电缆研究要发展。功夫不负有心人。1995 年开始,国内市场逐渐从观望转向实际需求,1996 年、1997 年市场订货连续上升,至 1997 年产值达 5000 万元,国内一些主要工程项目纷纷来函、来人订购氧化镁矿物防火电缆,一些国内重点工程项目如北京国际贸易中心、上海浦东东方明珠电视塔、解放日报新闻大楼、深圳商业中心、广州百货大楼、南京中国银行等项目,都采用了久立耐火电缆。

技术创新之路不平坦,然而,只要看准市场、集思广益,坚持不懈地研究开发,开拓市场,必定能到达胜利的彼岸。久立人用顽强的毅力创新成功 MI 电缆,为企业创出了经济效益,填补了国内空白,为国家节省了大量外汇。

案例思考:

1. 对该厂创新管理进行分析,什么是创新成功与否的唯一检验标准? 为什么?

2. 企业的创新过程要从哪些方面入手?

参 考 文 献

[1] 斯蒂芬·P·罗宾斯,大卫·A·德森佐. 管理学原理[M].5 版. 毛蕴诗,译. 沈阳:东北财经大学出版社,2005.

[2] 安德鲁·J杜柏林. 管理学精要[M].6 版. 胡左浩,陈莹,袁媛,译. 北京:电子工业出版社,2003.

[3] 胡建宏,刘雪梅. 管理学原理与实务[M]. 北京:清华大学出版社,2009.

[4] 刘涛,赵蕾. 管理学原理[M]. 北京:清华大学出版社,2009.

[5] 赵国忻. 管理学基础[M] 北京:科学出版社,2008.

[6] 胡伟. 管理学[M]. 北京:化学工业出版社,2009.

[7] 杜明汉. 管理学原理[M]. 北京:电子工业出版社,2009.

[8] 陈友星,王爱林.《管理学》学习辅导与习题集[M]. 广州:暨南大学出版社,2009.

[9] 冯国珍. 管理学习题与案例[M]. 上海:复旦大学出版社,2008.

[10] 曾宪达,毛园芳. 新编管理学基础实训教程[M]. 杭州:浙江大学出版社,2009.

[11] 刘丰. 小理论,大管理[M]. 广州:广东省出版集团、广东经济出版社,2010.

[12] 李石华. 趣味管理学[M]. 郑州:郑州大学出版社,2007.

[13] 雅瑟. 管理就像一本故事书[M]. 北京:北京工业大学出版社,2009.

[14] 王惠忠. 企业人力资源管理[M]. 上海:上海财经大学出版社,2004.

[15] 芮明杰. 管理学[M]. 上海:上海人民出版社,1999.